LES MÉTIERS DU TOURISME

Cours de français

Odile Chantelauve Chiari

Sophie Corbeau

Chantal Dubois

HACHETTE F.L.E.
58, rue Jean-Bleuzen
92170 Vanves

LES MÉTIERS DU TOURISME, un ensemble qui comprend :

- un livre de l'élève, de 224 pages
  (22 *dossiers* et 8 *itinéraires*) ;

- une cassette sonore où sont enregistrés les dialogues et textes qui ouvrent la plupart des dossiers. Dans le livre de l'élève, ils sont repérés par le pictogramme ●● ;

- un guide pédagogique (avec des indications méthodologiques, des suggestions d'exploitation, les corrigés de tous les exercices).

Odile Chantelauve Chiari a conçu les vingt-deux dossiers de la première partie de l'ouvrage. Sophie Corbeau et Chantal Dubois ont réalisé les huit itinéraires de la seconde partie.

AVANT-PROPOS

Lorsque l'on me fit parvenir un exemplaire du manuscrit LES MÉTIERS DU TOURISME en me priant de bien vouloir en rédiger l'avant-propos, j'hésitai à donner une réponse affirmative. En effet, la qualité de l'écriture et des approches méthodologiques, la conception de l'ouvrage, le thème de chaque *itinéraire* retenu, la richesse de la documentation, parlent d'eux-mêmes ; ils n'ont nullement besoin de ce coup d'envoi qu'est l'avant-propos. L'ouvrage se suffit à lui-même.

Odile Chantelauve Chiari a su écrire un livre à l'approche facile, à la fois pour le professeur comme pour l'apprenant, complété et enrichi par deux enseignantes de la Chambre de Commerce et d'Industrie de Paris, Sophie Corbeau et Chantal Dubois. Les textes, judicieusement choisis, reflètent un souci constant de l'exploitation du document professionnel authentique. L'ensemble témoigne d'une profonde réflexion pédagogique.

Pour vendre du tourisme dans sa propre langue comme dans une langue étrangère, le français en l'occurrence, il ne suffit pas d'être enthousiaste. Si la maîtrise de la langue est une chose, son utilisation dans son environnement socio-professionnel et la connaissance de cet environnement, en est une autre.

Ici, le double but est atteint : mettre en place et développer des compétences en langue française en même temps qu'un savoir-faire professionnel, le tout lié aux différentes activités des métiers du tourisme.

Voilà donc bien un ouvrage qui arrive à point pour figurer harmonieusement dans les bibliographies consacrées à la préparation des examens de français des affaires et des professions pour étrangers. Il me semble tout particulièrement approprié pour la préparation au certificat de français du Tourisme et de l'Hôtellerie que vient de créer, récemment, la Chambre de Commerce et d'Industrie de Paris.

Jacques CARTIER

Directeur des Relations Internationales
de la Direction de l'Enseignement,
de la Chambre de Commerce et d'Industrie de Paris.
Responsable des examens de français des affaires.
Vice-Président Fondateur de l'APFA
(Actions pour Promouvoir le Français des Affaires).

SOMMAIRE

Première partie :
Dossiers 1-22

S e c t i o n   1

L'opérateur touristique qui s'occupe de transports doit savoir:

● *se renseigner sur*

les horaires
les prix
les lieux de départ
la disponibilité de places
les conditions particulières de transport

des trains
des avions
des bateaux

les exigences des clients

● *renseigner* les clients sur tout ce qui a trait aux transports

● *vendre des billets* et *faire des réservations*

Transports

Pour faire les opérations ci-contre, vous apprendrez dans cette section à

faire des dialogues   surtout en face à face
mais aussi par téléphone

lire les horaires et les autres informations, dans des manuels ou sur un terminal d'ordinateur

remplir des formulaires

accessoirement, *lire et écrire* des lettres.

In order to be valid, this
ticket must be date-stamped
before boarding the train

Billet   Classe 2

RENNES

Via LE MANS
ST BRIEUC

Pour être valable, ce
titre doit être composté
lors de l'accès au train

SNCF

Départ PARIS MONTPARNASSE, 1
Dép.

Arrivée MORLAIX
Arrivée

Utilisable DU 29.03.91 AU 28.05.91
Valid on

POUR L'ALLER ET LE RETOUR

Particularités
Remarks

	Tarif/Tariff	Réduction	Adultes/Adults	Enfants/Children	Animaux	Prix Price
	PT	00	001	000	0	F***506,00 ‡

3 *563/*569
5823 004814
PARIS MONT 1
29.03.91   09

58234813

0010

107162345

In order to be valid, this
ticket must be date-stamped
before boarding the train

Résa   Classe 2

Voiture 20
Coach

Train TGV 8757
Places 93, 94
02 Références

RESA 300

****

Pour être valable, ce
titre doit être composté
lors de l'accès au train

SNCF

Départ 17.40 PARIS MONTPARNASSE 1
Dép

Arrivée 21.27 MORLAIX
Arriv

Date LE 29.03.91
Valid on DEPART TRAIN EN PERIODE ROUGE

Particularités SALLE NON FUMEURS
Remarks 1 FENETRE 1 COULOIR

Prestations Accommodation	Réduct.	Nombre	Prix Price
ASSISE	00	02	F***156,00 ‡

870310359!
161
PARIS ST L B
06.03.91 12
64041537

011538

030706903

12-90-8539.0.2.0377

03-90-8539.0.2.0001

Paris-Lyon en T.G.V.

Paris, Gare de Lyon, mardi 4 septembre, 6h du soir;
au guichet «réservations», du T.G.V.
Un monsieur s'adresse à l'employée.

— Bonjour, Madame, je voudrais réserver des places pour Lyon dans le T.G.V., demain matin.
— Oui, vous voulez partir à quelle heure?
— Assez tôt.
— Il y a celui de 6 h 15 qui est sans supplément; ceux de 6 h 45 et de 7 h sont avec supplément.
— Non, 6 h 15, ça va.
— Vous êtes combien?
— Deux adultes et un enfant.
— Vous n'avez pas de carte de réduction?
— Non.
— Il a quel âge, l'enfant?
— Six ans.
— 1re ou 2e classe?
— 2e.
— Vous voulez voyager en voiture fumeurs ou non-fumeurs?

— Non-fumeurs.
— Très bien; aller simple ou aller-retour?
— Aller simple; je ne sais pas quand je reviendrai.
(L'employée pianote sur son terminal d'ordinateur).
— Voilà, Monsieur, places 13, 14, 18, voiture numéro 4.
(Elle donne le billet au monsieur)
— Merci, c'est combien?
— 240, 240 et 120; 600 francs, Monsieur.
— Je vous fais un chèque?...
Voilà, Madame... A Lyon, il s'arrête seulement à Perrache ou aussi à la gare de la Part-Dieu?
— A Perrache et à la Part-Dieu.
— Au revoir, Madame, merci.

Compréhension

1. **Ecoutez et prenez note des informations principales**

a) *Ecoutez deux fois le dialogue en prenant note des éléments suivants relatifs au voyage:*

— jour de départ ....

— gare de départ ....

— heure de départ ....

— classe ....

— fumeurs ou non-fumeurs ....

— nombre de voyageurs ....

b) *Vérifiez les 3 premières informations sur le tableau ci-contre qui présente les horaires de la ligne Paris-Lyon-Saint-Etienne.*

2. **Avez-vous bien compris tout le dialogue?**

Ecoutez encore une ou deux fois tout le dialogue, puis dites si les affirmations suivantes sont vraies ou fausses. Indiquez les éléments du dialogue qui vous permettent de le dire.

— Le monsieur veut aller à Lyon un mercredi.
— Il sera à Lyon dans la matinée.
— Il fait un voyage d'affaires.
— Pour voyager en T.G.V., il faut payer un supplément.
— L'enfant a droit à une place demi-tarif.
— A Lyon, il y a deux gares.
— Le monsieur rentrera à Paris le jour même.
— La S.N.C.F. n'accepte pas les chèques, pour l'achat des billets.

— si le T.G.V. de 6h 15 s'arrête au Creusot;
— si celui de 7h est à supplément tous les jours;
— s'il y a la deuxième classe dans tous les T.G.V.;
— quels jours de la semaine le T.G.V. de 8h est à supplément;
— quels jours il y a un T.G.V. à 13h 25;
— à quelle heure arrive à la Part-Dieu le T.G.V. de 7h 30;
— à quelle heure part de Paris le dernier T.G.V. de la journée pour Lyon, le lundi.

Faites ces dialogues de deux répliques par groupes de deux.

3. **Consultez l'horaire et renseignez les voyageurs**

En consultant le tableau ci-contre, répondez à un voyageur qui vous demande :

○ TGV sans supplément.
★ TGV avec supplément.
◐ TGV à supplément seulement pour les voyageurs descendant à Lyon.
◑ TGV à supplément sauf pour les voyageurs montant à Lyon.

PARIS → LYON ┌ SAINT-ÉTIENNE
└ GRENOBLE

N° du TGV	651	731	731/603	701/803	701	605	653 ▲	607	609	657	737/613	615	619	617
Restauration	◐□	◐□	◐□	◐□	◐□	◐□	◐□	◐□	◐□	◐□	◐□	◐□	◐□★	◐□★
Paris-Gare de Lyon D	6.15	6.45	6.45	7.00	7.00	7.00	7.30	8.00	8.00	8.20	10.00	11.00	11.55	12.00
Le Creusot TGV A	7.41								9.26					13.20
Lyon-Part-Dieu ◀A	8.23	8.45	8.45	9.02	9.02	9.02	9.30	10.02	10.08	10.20	12.02	13.00	14.03	14.00
Lyon-Perrache ◀A	8.33		8.58			9.12	9.40	10.12	10.18	10.30	✦12.15	13.10	14.13	14.10
Saint-Étienne A				9.48	9.48		b	a	a	a	b	b	b	b
Grenoble A		9.55	9.55			b		b	f		13.18		b	b

N° du TGV	621/703	741/625	627	677	629	743/679	831	631	681	745/681	635	747	747/685	639/705	641	643	643/645	647	649
Restauration	◐□	◐□	◐□	◐□	◐□	◐□	◐□	◐□	◐□	◐□	◐□	◐□	◐□★	◐□	◐□	◐□	◐□	◐□	◐□
Paris-Gare de Lyon D	13.00	14.00	15.00	15.25	16.00	16.22	16.49	17.00	17.27	17.27	18.00	18.28	18.28	19.00	19.23	20.00	20.00	21.00	21.50
Le Creusot TGV A	14.26				17.26		18.16							20.27	20.50				
Lyon-Part-Dieu ◀A	15.08	16.02	17.00	17.25	18.08	18.24	18.58	19.04	19.31	19.31	20.04	20.32		21.10	21.33	22.04	22.04	23.04	23.54
Lyon-Perrache ◀A	15.18	16.15	17.10	17.35	18.18	18.37		19.14	19.44	19.44	20.14			21.20	21.43	22.14	22.14	23.14	0.04
Saint-Étienne A	15.53	a	c	b	a	a		a		a		a		21.55		a	a	g	a
Grenoble A		17.18	b			19.45		b		■20.44		21.47	21.47		d	b		e	b

SEMAINES TYPES		Lundi	★		●	●	○		★		★		★		○		○					○	★		★		★		★			★		○	○	

du 2 au 30 juin et du 2 au 28 septembre / du 1ᵉʳ juillet au 1ᵉʳ septembre — schedule grid with ○ / ★ / ● symbols by day of week.

A Arrivée   D Départ
◀ Les TGV ne prennent pas de voyageurs à Lyon pour Saint-Étienne.
▲ Ce TGV ne comporte que des voitures 1ʳᵉ classe.
✦ TGV 1ʳᵉ classe seulement pour Lyon-Perrache du lundi au vendredi jusqu'au 30 juin et à partir du 2 septembre ; 1ʳᵉ/2ᵉ classes les autres jours.
(1) Ne dessert pas Lyon-Perrache du 29 juillet au 1ᵉʳ septembre.

■ Pour Grenoble TGV 1ʳᵉ classe seulement.
◐□ Service restauration à la place en 1ʳᵉ classe, en réservation (voitures Grenoble dans les TGV 737 et 747).
□ Coffrets-repas froids, en 2ᵉ classe sans réservation dans les voitures Paris-Lyon-Perrache.
★ Coffrets-repas froids en 1ʳᵉ classe également.

a Correspondance à Perrache.
b Correspondance à Part-Dieu.
c Correspondance à Part-Dieu sauf samedis, dimanches et fêtes, ou à Perrache sauf dimanches et fêtes.
d Correspondance à Part-Dieu sauf samedis.
e Correspondance à Part-Dieu sauf vendredis et dimanches jusqu'au 30 juin et à partir du 2 septembre.
f Correspondance à Part-Dieu les samedis, dimanches et fêtes.
g Correspondance à Perrache les lundis, mardis, mercredis et jeudis sauf le 14 août.

L'animateur du train est également comédien, ou chanteur, et fera preuve de son talent au cours d'un spectacle de théâtre, de son tour de chant, ou d'une conférence qui aura lieu durant une petite heure de voyage. Certains jours, d'autres artistes viendront jouer pour vous un spectacle de café-théâtre ou de poésie ; la bonne humeur ou la tendresse vous accompagneront pendant votre voyage.

Des artisans locaux, des groupes folkloriques illustreront les arts et traditions populaires, qui sont encore très vivants en France. Peut-être aurez-vous la surprise de déguster des produits locaux qui vous seront offerts, ou d'apprendre comment on fabrique la dentelle, ou les couteaux... Voilà une bonne occasion de vous distraire à bord.

La description de certains sites tout au long de la ligne, l'histoire des habitants de ces régions vous seront évoquées par l'animateur.

Vous qui serez sur le CÉVENOL, après Langogne, en direction de Marseille, vous parviendrez à la Bastide-Saint-Laurent, point culminant de la ligne, à 1022 mètres d'altitude. Puis vous pénétrerez dans les Cévennes. C'est un monde secret qu'il faut mériter, le royaume des torrents. Ici, de 1702 à 1705, moins de 2000 paysans révoltés tinrent tête à plus de 25 000 soldats, à la suite de la révocation de l'Edit de Nantes qui abolissait les privilèges protestants accordés par Henri IV, interdisant de fait la pratique de ce culte. Voilà un passage émouvant de l'histoire ; vous en découvrirez bien d'autres au cours de cette journée.

ANIMATION DES TRAINS :
LE CÉVENOL,
L'AUBRAC,
LE VENTADOUR.

LOISIRAIL

SNCF

11

Entraînement

4. L'animation dans le train

1 — Lisez rapidement le texte publicitaire de la S.N.C.F. reproduit à la page précédente et dites en quelques mots ce que ce train a de particulier.

2 — Sur une carte de France tracez l'itinéraire du Cévenol.

3 — Relisez plus attentivement et notez par écrit la liste des animations proposées dans ce train.

4 — Pour un train à long parcours circulant dans votre pays (précisez le parcours), proposez des formes d'animation tenant compte des caractéristiques économiques et historiques des régions traversées.

5 — Comme ce dépliant, évoquez en quelques lignes l'histoire d'une des régions traversées de façon à inciter les voyageurs à prendre ce train et à les intéresser.

6 — Relevez dans le texte les mots et expressions qui montrent que la S.N.C.F. veut donner une bonne image d'elle-même.

5. Exercez-vous à poser oralement des questions aux voyageurs

Demandez à un voyageur:

a) *avec est-ce que...*

— s'il a une réduction *(Est-ce que vous avez une réduction?)*
— s'il veut partir le matin ou l'après-midi;
— s'il voyage en première ou en deuxième classe;
— s'il part à 6h 15 ou à 7h 15;
— s'il a des bagages à expédier;
— s'il va jusqu'à Lyon ou jusqu'à Avignon;
— s'il veut réserver sa place;
— s'il veut réserver une couchette.

b) *avec l'intonation ascendante:*

Répétez les questions précédentes *(Vous avez une réduction?).*

c) *avec le mot interrogatif à la fin* (v. page ci-contre)

Demandez:

— combien ils sont *(Vous êtes combien?);*
— où il veut aller;
— à quelle heure il veut partir;
— quel jour il veut partir;
— quelle place il préfère;
— quel âge a sa fille;
— quand il veut revenir;
— à quel guichet il a fait sa réservation.

6. Exercez-vous à donner des indications d'heure

En consultant le tableau-horaire reproduit dans ce dossier, dites à un voyageur (votre voisin) à quelle heure part de Paris le T.G.V. n°... et à quelle heure il arrive à Lyon. Donnez les indications pour huit trains différents, et des trois manières suivantes (24 indications en tout):

a) *Le T.G.V. n°... part de Paris à... et arrive à Lyon à...*
b) *Vous partez à... et vous arrivez à Lyon à...*
c) *Départ de Paris à..., arrivée à Lyon à...*

V os compétences

Vous devez savoir	— comprendre, en face à face, par téléphone, ou plus rarement par télex, les demandes des voyageurs (billets, réservations)

— comprendre, en face à face, par téléphone, ou plus rarement par télex, les demandes des voyageurs (billets, réservations)
— consulter horaires et tarifs
— faire les opérations correspondantes (billets, etc.) directement ou par l'intermédiaire d'un terminal d'ordinateur
— comprendre les questions sur les voyages et y répondre
— poser des questions aux voyageurs et à d'autres professionnels

Pour cela: vous devez connaître et savoir utiliser:

des formes interrogatives

avec est-ce que: *Est-ce que vous voulez voyager en première?*

avec l'intonation: *Vous voyagez seul?*

avec l'expression de la question
à la fin:

     phrase complète   *Vous voulez partir à quelle heure?*
                                   Vous êtes combien de personnes?

     sans verbe   *A quelle heure?*
                              Pour quel jour?

des verbes au présent

il part, vous partez
il arrive, vous arrivez
vous avez la correspondance à 20h 35

Ces verbes sont souvent remplacés par...

des formes nominales

départ à..., arrivée à... correspondance à...

des formes pour indiquer le temps:

à 9h 15
le lundi, les jours bleus
le matin, le soir

des chiffres, pour

les heures, les prix, les numéros de place, de train, etc.

Des mots

un voyage	l'arrivée	la destination	la voiture
un voyageur	arriver	le contrôleur	le compartiment
un billet	la correspondance	l'aller	la salle
un titre de transport	la réservation	le retour	composter un billet
la ligne (ferroviaire)	réserver	l'aller-retour	le compostage
la réduction	le guichet	le train	la consigne
un supplément	la place	la gare	les bagages
enregistrer	rembourser	le quai	un wagon-lit
l'enregistrement	le remboursement	la S.N.C.F. (Société	une couchette
le retard	un abonnement	nationale des	une voiture-restaurant
le départ	le tarif	chemins de fer	une voiture-bar
partir	plein tarif	français)	la première classe
	demi-tarif	le T.G.V. (train à grande	la seconde classe
		vitesse)	

Activités professionnelles

7. Complétez la conversation téléphonique

Complétez la conversation téléphonique suivante entre une dame qui veut réserver une place dans le T.G.V. et l'employé du bureau de réservation. Utilisez les indications entre parenthèses.

— Allô!
— Allô, S.N.C.F., réservation T.G.V., je vous écoute.
— Bonjour, Monsieur, je voudrais réserver une place dans le T.G.V. pour Lyon, cet après-midi.
— (13h 15, 14h 15, 16h 15)
— 13h 15.
— ....
— 1re.
— ....
— Fumeurs.
— ....
— Madame Vallet, Marilène.
— Très bien, Madame. Vous pourrez retirer votre réservation au guichet, avant le départ.
— — ....

8. Un aller-retour Lyon-Bordeaux pour trois personnes: créez le dialogue

A partir des indications suivantes, créez, par groupes de deux, le dialogue entre l'employé d'une agence de voyages de Lyon et un voyageur:

Un monsieur veut acheter les billets et réserver les places pour un voyage aller-retour Lyon-Bordeaux pour trois personnes: deux adultes et un enfant de huit ans. Il s'informe aussi des horaires et prend des couchettes pour le retour.

— Aller : départ Lyon : 11h 04 ; arrivée Bordeaux 20h 32 ; 31 mars ;
— Retour : départ Bordeaux : 16h 45 ; arrivée Lyon : 7h 43 ; 5 avril ;
— Compartiment non-fumeurs ;
— Prix du billet aller : 283 francs, plein tarif ;
— Prix du billet aller-retour : 566 F, plein tarif.
— Prix de la couchette : 78 francs (pas de réduction) ;
— Prix de la réservation : 16 francs par personne et par voyage.

9. Le billet de train et la réservation

Lisez les indications contenues dans le billet et la réservation p. 8 et dites si les affirmations suivantes sont vraies ou fausses.

	V	F
— Il s'agit d'un billet de train Paris Montparnasse → Rennes.	☐	☐
— Le train ne dessert pas la gare du Mans.	☐	☐
— La validité du billet est de 2 mois.	☐	☐
— La validité de la réservation est de 2 mois.	☐	☐
— Le billet et la réservation ont été émis pour le même nombre de voyageurs.	☐	☐
— PT signifie plein tarif.	☐	☐
— Cette réservation concerne un voyage en compartiment non-fumeurs.	☐	☐
— Les places 93 et 94 de la voiture 20 sont situées l'une à côté de l'autre.	☐	☐
— Une réservation coûte 156 F.	☐	☐
— L'heure de départ du train 8757 est en période bleue.	☐	☐
— La réservation indique qu'il s'agit d'un voyage en train à grande vitesse.	☐	☐
— Les titres de transport sont validés avant l'accès au train.	☐	☐

10. Renseignez des voyageurs français sur les transports dans votre pays

Procurez-vous des horaires ferroviaires (dans une gare ou dans une agence de voyages) et renseignez oralement des voyageurs français désireux de visiter votre pays en train.
— Conseillez-les sur des parcours possibles (avec ou sans changements).
— Communiquez-leur les horaires.

Faites l'exercice par groupes de deux.

11. Ecrivez les horaires pour les voyageurs

Pour chacun des voyages présentés ci-dessus dans l'exercice 10, écrivez pour les voyageurs une brève note avec les horaires des arrivées, des départs et des correspondances.

Deux places
sur le vol AF 650

**Dans une agence de voyages
à Montmartre, à Paris.**

— Bonjour, Monsieur.

— Bonjour, Mademoiselle. Je voudrais deux places d'avion pour Milan, pour demain matin.

— Pour demain matin, c'est un peu court. Je vais quand même voir... Sur le vol de 7h 40 ?

— C'est un peu tôt... Il faut se présenter combien de temps avant le départ, pour l'enregistrement ?

— Un quart d'heure si vous n'avez pas de bagages, 25 minutes si vous en avez.

— ... Oui, ça nous oblige à partir bien tôt... Il part de Roissy, n'est-ce pas ?

— Oui... Le suivant est à 11h.

— Et il arrive à Milan à... ?

— A 12h 35.

— Oui, ça va.

— On va voir s'il y a des places. Classe affaires ou classe touriste ?

— Classe affaires.

— Deux places, vous m'avez dit ?
(Elle téléphone à Air France.)

Allô ? Ici, Corinne Levasseur, de Montmartre-Voyages. Je voudrais deux places en classe affaires sur le vol AZ 345, demain, 17 juin...

— Le vol AZ 345 est complet, je regrette.

— Ah ! Attendez, ne quittez pas... *(au client)* Monsieur, je regrette, le vol est complet. Qu'est-ce que je fais ? Je vous mets en liste d'attente ou j'essaye sur le vol suivant, à 12h 25 ?

— 12h 25, ça nous fait arriver à Milan à 2h ; c'est encore bon.

— *(Au téléphone.)* Alors, deux places sur le vol AF 650, au nom de Monsieur et Madame Houdebine, Michel et Anne-Marie.

— D'accord.
(Elle prépare les billets.)

— Voilà, Monsieur, 4260 francs.

— Vous acceptez les cartes de crédit ?

— Qu'est-ce que c'est, comme carte, VISA ? Bien sûr. Voilà, signez là, s'il vous plaît.. Très bien. Au revoir, Monsieur, merci, et bon voyage.

— Au revoir, Mademoiselle, merci.

C ompréhension

DEPART DE PARIS — Departure from Paris

VILLES / TOWNS	DEPART	ARRIV	JOURS / Days	VALIDITE du / au (from / to)	AEROP	N° DES VOLS / flight numbers	ESCALE
MIAMI U.S.A Fl. -5 MIA	11 30	15 30	2 5 6 7	28-10●30-03	C1	PA135	
	12 35	20 45	2 4 6	30-10●30-03	OS	AM451	1
	14 00	18 00	2 4	30-10●10-01	C2	AF043	
	14 00	18 00	5	02-11●04-01	C2	AF043	
	14 00	18 00	6	03-11●05-01	C2	AF043	
	14 00	18 00	2 4 5 6	11-01●30-03	C2	AF043	
MILAN Italie +1 MIL	07 15	08 40	1 2 3 4 5 6	29-10●30-03	C2	AZ317	
	07 40	09 05	7	28-10●24-03	C2	AF650	
	07 40	09 05	1 2 3 4 5	29-10●29-03	C2	AF650	
	07 40	09 05	6	03-11●30-03	C2	AF650	
	10 05	11 30	1 2 3 4 5 6 7	28-10●30-03	C2	AZ345	
	11 05	12 30	7	28-10●24-03	C2	AF652	
	11 05	12 30	1 2 3 4 5 6	29-10●30-03	C2	AF652	
	14 10	15 35	1 2 3 4 5	28-10●29-03	C2	AZ327	
	14 55	16 20	1 2 3 4 5	29-10●29-03	C2	AF654	
	17 00	18 25	1 2 3 4 5 6 7	28-10●30-03	C2	AZ331	
	18 35	20 00	7	28-10●24-03	C2	AF656	
	18 35	20 00	1 2 3 5	29-10●29-03	C2	AF656	
	18 35	20 00	4	01-11●28-03	C2	AF656	
	18 35	20 00	6	03-11●30-03	C2	AF656	
	19 55	21 20	7	28-10●24-03	C2	AF658	
	19 55	21 20	1 2 3 4 5	29-10●29-03	C2	AF658	
	21 00	22 25	1 2 3 4 5 6 7	28-10●30-03	C2	AZ337	
MOMBASA Kenya +3 MBA							
MONASTIR Tunisie +1 MIR	19 00	21 30	6 7	28-10●30-03	OS	TUAF731	
MONTEVIDEO Uruguay -3 MVD							
MONTLUCON France +1 MCU	08 05	09 00	1 2 3 4 5	28-10●30-03	OW	UH5005	
	19 50	20 45	1 2 3 4 5	28-10●30-03	OW	UH5007	
MONTPELLIER France +1 MPL	07 10	08 15	1 2 3 4 5	28-10●04-11	OW	IT873	
	07 10	08 15	1 2 3 4 5	03-11●23-12	OW	IT873	
	07 10	08 15	1 2 3 4 5	24-12●31-12	OW	IT873	
	07 10	08 15	2 3 4 5	31-12●06-01	OW	IT873	
	07 10	08 15	1 2 3 4 5	05-01●30-03	OW	IT873	
	08 35	09 40	1 2 3	28-10●31-10	OW	IT973	
	08 35	09 40	5 7	28-10●30-03	OW	IT973	
	08 35	09 40	4 6	29-10●04-11	OW	IT973	
à suivre	08 35	09 40	1 2 3 4	04-11●22-12	OW	IT973	

⑤ : vol bleu - 5 : vol blanc - ⑤ : vol rouge
Comment se servir de l'indicateur : voir pages H2 et H3

H 68

ARRIVEE A PARIS — Arrival at Paris

VILLES / TOWNS	DEPART	ARRIV	JOURS / Days	VALIDITE du / au (from / to)	AEROP	N° DES VOLS / flight numbers
MIAMI U.S.A Fl. -5 MIA	16 30V	11 30	2 4 6	28-10●29-10	OS	AM450
	18 00V	10 50	2 4 6	30-10●30-03	OS	AM450
	19 15V	09 45	2 5 6 7	28-10●30-03	C1	PA134
	19 30V	09 50	7	22-10●28-10	C2	AF042
	19 50V	10 10	3 5	31-10●11-01	C2	AF042
	19 50V	10 10	6	03-11●05-01	C2	AF042
	19 50V	10 10	7	04-11●06-01	C2	AF042
	19 50V	10 10	3 5 6 7	12-01●30-03	C2	AF042
MILAN Italie +1 MIL	07 20	08 40	1 2 3 4 5 6	29-10●30-03	C2	AF659
	07 45	09 10	1 2 3 4 5 6 7	28-10●30-03	C2	AZ336
	10 05	11 25	7	28-10●24-03	C2	AF651
	10 05	11 25	1 2 3 4 5 6	29-10●30-03	C2	AF651
	11 55	13 20	1 2 3 4 5	28-10●30-03	C2	AZ344
	14 45	16 10	1 2 3 4 5 6 7	28-10●30-03	C2	AZ330
	17 20	18 40	1 2 3 4 5	29-10●29-03	C2	AF655
	18 35	20 00	1 2 3 4 5 6 7	28-10●30-03	C2	AZ326
	20 30	21 55	1 2 3 4 5	28-10●29-03	C2	AZ316
	21 00	22 20	1 2 3 5 7	28-10●29-03	C2	AF657
	21 00	22 20	4	01-11●28-03	C2	AF657
	21 00	22 20	6	03-11●30-03	C2	AF657
MOMBASA Kenya +3 MBA	05 35V	15 20	7	28-10●24-03	OS	KQ124
	09 40	18 20	7	28-10●24-03	OS	KQ1122
	10 10	18 50	5	21-12●29-03	OS	KQ1128
MONASTIR Tunisie +1 MIR	15 30	18 00	6 7	28-10●30-03	OS	TUAF730
MONTEVIDEO Uruguay -3 MVD	15 50V	10 30	7	03-11●29-12	C2	AF098
	15 50V	10 30	7	05-01●30-03	C2	AF098
MONTLUCON France +1 MCU	06 30	07 25	1 2 3 4 5	28-10●30-03	OW	UH5004
	18 30	19 25	1 2 3 4 5	28-10●29-03	OW	UH5006
MONTPELLIER France +1 MPL	06 35	07 50	2 3	28-10●31-10	C2	IT998
	06 35	07 50	1	28-10●23-12	C2	IT998
	06 35	07 50	4 5	29-10●04-11	C2	IT998
	06 35	07 50	6	03-11●30-03	C2	IT998
	06 35	07 50	2 3 4 5	04-11●23-12	C2	IT998
	06 35	07 50	1 2 3 4 5	24-12●31-12	C2	IT998
	06 35	07 50	3 4 5	31-12●06-01	C2	IT998
	06 35	07 50	1 2 3 4 5	05-01●30-03	C2	IT998
à suivre	06 55	08 05	3 4	28-10●04-11	OW	IT874

⑤ : vol bleu - 5 : vol blanc - ⑤ : vol rouge
Comment se servir de l'indicateur : voir pages H2 et H3

H 6

N.B. : pour l'indication des jours, 1 indique un vol du lundi, 7 un vol du dimanche, etc. Pour les vols AIR INTER, les vols rouges sont ouverts aux passagers payant plein tarif ou aux abonnés ; les vols blancs et bleus à tous les passagers.

▮1. Lès indications relatives au voyage

En écoutant la conversation, prenez note des informations suivantes relatives au voyage :

— Aéroport départ: ....
— Aéroport arrivée: ....
— Numéro vol: ....
— Heure départ: ....
— Heure arrivée: ....
— Classe: ....
— Prix: ....
— Date: ....

▮2. Avez-vous bien compris le dialogue?

Réécoutez le dialogue et dites si les affirmations suivantes sont vraies ou pas. Précisez chaque fois quel mot ou quelle phrase vous permet de répondre :

— La scène se passe le 16 juin ;
— Le monsieur est un habitué des vols Paris-Milan ;
— Il n'a pas trop de problèmes économiques ;
— Il n'a pas envie de se lever très tôt ;
— L'agence dispose d'un terminal d'ordinateur, pour les réservations ;
— Le vol Paris-Milan dure moins de deux heures ;
— L'employée de l'agence ne connaît pas le client.

3. Apprenez à consulter un indicateur horaire

En consultant la page de l'indicateur des Aéroports de Paris reproduite ci-contre, dites si les affirmations suivantes sont vraies. Eventuellement, rectifiez:

— Le dimanche 24 mars, il y a six vols Milan-Paris.
— Tous les vols pour Miami durent huit heures.
— Tous les vols Paris-Milan sont directs.
— Tous les vols en provenance de Montpellier atterrissent à l'aéroport Charles-de-Gaulle – aérogare 2.
— Ce calendrier est valable toute l'année.
— Ce calendrier concerne seulement les vols en direction de l'Europe.
— Un passager désirant bénéficier d'une réduction sur un vol Montpellier-Paris pourra voyager le lundi 18 mars.
— En février, il y a deux vols hebdomadaires au départ de Mombasa pour Paris.
— Le vol AF 098 au départ de Montevideo pour Paris part le dimanche.
— La liste des horaires est consultable sur Minitel.
— Le 29-3, le dernier vol Paris-Milan est à 19h 55.

4. Le billet d'avion

Ce billet d'avion a été émis par *AIR FRANCE* par l'intermédiaire de l'agence *Havas Voyages* de Paris, le 30 mai 1991, au nom de Mme Anne Beriaux. Il est valable pour le voyage Paris-Londres-Paris. Ce sont les vols *BA 319* (British Airways 319) du *3 juin à 19h 40,* et *AF 825* (AIR FRANCE 825) du *5 juin à 19h 00.*
Mme Beriaux voyagera en *classe affaires* (C); elle paye le tarif *classe économique* (Y) et a droit a 30 kg de franchise bagages. La réservation a été *confirmée* (OK) par *AIR FRANCE.* Le billet a coûté *2700 F.*

— Trouvez sur le billet toutes ces indications.
— Sur ce modèle, rédigez le billet Air France de M. Houdebine. Il voyage à plein tarif (PT).

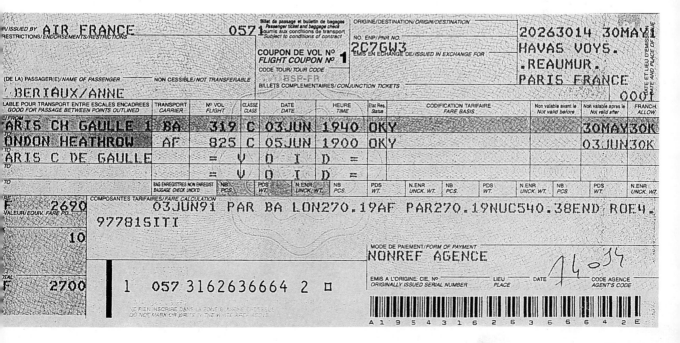

Entraînement

5. Une publicité d'AIR FRANCE

— Regardez la publicité de la page précédente et dites laquelle des images suivantes la compagnie AIR FRANCE veut donner d'elle-même : *confort, accueil, technicité, exactitude, courtoisie, sécurité.*

— Justifiez votre réponse en disant quels éléments du texte (mots, types de phrases) et de la photo contribuent à donner cette image.

— Cherchez dans la presse écrite (si possible française) d'autres publicités de compagnies aériennes. Pour chacune, définissez de la même manière l'image que la compagnie veut donner d'elle-même.

6. Indiquez des obligations

Dites à des clients, de trois manières différentes (v. page ci-contre) qu'ils doivent:

— avoir un visa pour aller en U.R.S.S.;

— se faire vacciner contre le choléra et la fièvre jaune pour aller en Gambie ;

— faire une déclaration en douane pour importer un appareil photo;

— avoir l'accord de la Compagnie pour transporter des animaux;

— réserver leurs places 48 heures à l'avance;

— demander une autorisation pour transporter un fusil de chasse.

7. Indiquez des interdictions

Dites à des voyageurs, de quatre manières différentes (v. p. ci-contre) qu'ils ne peuvent pas:

— transporter des produits explosifs;

— porter des bagages encombrants dans la cabine;

— sortir de l'aéroport dans les pays de transit;

— céder leurs billets à d'autres voyageurs sans en avertir la Compagnie.

8. Indiquez des possibilités

Dites à des clients, en variant la forme (v. p. ci-contre) qu'ils peuvent:

— réserver leurs places un mois à l'avance;

— bénéficier des réductions pour les groupes;

— emporter 20 kilos de bagages en franchise;

— demander le remboursement de billets non utilisés;

— faire transporter sans supplément une voiture d'infirme;

— obtenir un tarif réduit pour l'aller-retour, pour aller au salon de l'auto.

9. Les expressions utilisées par téléphone

Lisez la transcription du dialogue introductif de ce *dossier,* et notez les expressions typiques utilisées par téléphone.

10. Demandez des informations par téléphone à AIR FRANCE

Des clients vous posent des problèmes un peu particuliers. Pour leur répondre, vous téléphonez à AIR FRANCE. Faites les dialogues de cinq ou six répliques, par groupes de trois : l'employé de l'agence, le client, l'employé d'AIR FRANCE, sans oublier les expressions typiques du téléphone. N'oubliez pas de remercier. La réponse est suggérée entre parenthèses.

— Un client veut savoir s'il peut emporter ses bouteilles d'air comprimé (non).

— Un client veut savoir si son bébé (8 mois) a droit à une franchise-bagages (non).

— Un client veut savoir s'il peut emporter en cabine le berceau portatif de son bébé (oui).

— Un client veut savoir si, étant infirme, il peut emporter sa voiture spéciale (oui).

— Un client veut savoir s'il peut emporter une bicyclette (oui, en payant le tarif bagages).

Vos compétences

— tout ce que vous avez vu dans le dossier précédent;
— vous informer et informer sur les formalités: passeports, douane, problèmes sanitaires, et sur les bagages admis;
— vous informer et informer sur les autorisations, interdictions et obligations.

Pour cela   vous devez savoir:

Poser des questions:

— Forme interrogative directe: v. dossier précédent.
— Forme interrogative indirecte:
  • Je voudrais savoir
  • J'aimerais savoir   à quelle heure part...
  • Est-ce que vous pouvez me dire   s'il y a des places.

Indiquer une obligation

— *Vous devez* demander un visa
— Le visa *est obligatoire*
— *Il est obligatoire* de faire une déclaration en douane

Indiquer une interdiction

— *Il est interdit* de transporter des produits dangereux
— Les produits dangereux *sont interdits*
— *Vous ne pouvez (devez) pas* transporter...

Indiquer une possibilité

— *Vous pouvez* réserver votre place
— La réservation *est possible*
— Les bagages à main *peuvent être* transportés en cabine
— *Vous avez le droit de...*

N.B. : observez : dans toutes ces formes, les personnes du verbe utilisées sont la 3e (sing. ou pl.) et la 2e du pluriel.

Indiquer des lieux

Villes, aéroports: à Paris, à Roissy, à Linate, à Madrid, à Londres, à New York

Pays: *en* France, *en* Italie, *en* Suisse, *en* Irlande, *en* Belgique, *en* Australie, *en* Allemagne, *en* Suède, *en* Angleterre

au Brésil, *au* Danemark, *au* Chili, *au* Portugal

aux Etats-Unis, *aux* Pays-Bas

N.B.: **en** devant les noms de pays féminins singuliers
au devant les noms de pays masculins singuliers
aux devant les noms de pays pluriels

Vous devez connaître aussi des mots :

un vol	le transit	le décollage	la taxe d'aéroport
un vol régulier	la cabine	une hôtesse	les boutiques hors-taxes
un (vol) charter	la classe affaires	un stewart	les formalités
un aéroport	la classe économique/touriste	le commandant	l'embarquement
une aérogare	une escale	annuler	la carte d'embarquement
un terminal	atterrir	une annulation	les vaccinations
une compagnie aérienne	l'atterrissage	le passeport	l'heure locale
une porte (à l'aéroport)	décoller	le visa	l'heure internationale
une navette		l'enregistrement	ou temps universel (T.U.)

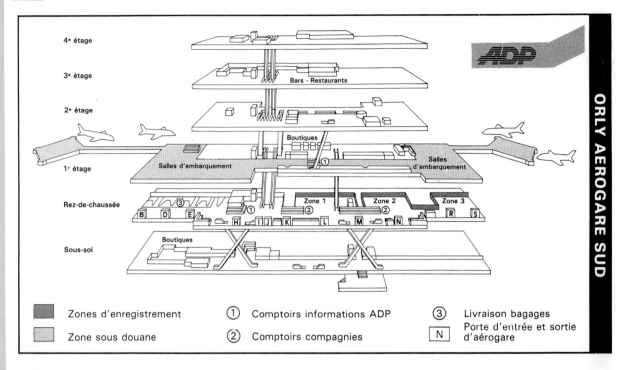

4ᵉ étage	
3ᵉ étage	Bars - Restaurants
2ᵉ étage	Boutiques
1ᵉʳ étage	Salles d'embarquement — Salles d'embarquement
Rez-de-chaussée	Zone 1 Zone 2 Zone 3
Sous-sol	Boutiques

ORLY AEROGARE SUD

▬ Zones d'enregistrement   ① Comptoirs informations ADP   ③ Livraison bagages

▭ Zone sous douane   ② Comptoirs compagnies   N Porte d'entrée et sortie d'aérogare

11. **Deux places dans le vol pour Monastir**

Monsieur Février est au siège de TUNISAIR, à Paris. Il veut deux places touriste dans l'avion de 9h pour Monastir (v. horaire reproduit dans ce dossier) le 30 septembre. L'employée lui dit qu'il y a des places. Il veut savoir si le vol est direct, quels sont les horaires précis de départ et d'arrivée et quel est l'aéroport de départ (Orly Sud). Il demande le prix et paye par chèque.

Jouez cette scène par groupes de deux.

12. **Un voyage de groupe**

Un professeur d'anglais de Paris a organisé pour 25 de ses élèves un voyage à New York. Il va à AIR FRANCE demander si son groupe aurait droit à une réduction. La réponse est «Oui, 30 %». Ils prendraient des places «touriste». Le plein tarif est de 11 050 francs par personne, aller-retour. Il prend une option. Il a intérêt à confirmer le plus rapidement possible, car il est difficile de trouver 26 places.

Jouez cette scène par groupes de deux.

13. **Un voyage en famille**

Monsieur et Madame Rivoire, de Paris, et leurs deux enfants (1 an et 6 ans) partent en vacances en Corse. Ils veulent prendre un vol AIR INTER. Madame Rivoire va à l'agence AIR INTER pour les réservations. Ils ont droit à une réduction «famille»: le bébé ne paie rien; l'enfant de 6 ans paie 25% du tarif, un adulte paie plein tarif, l'autre demi-tarif, à condition qu'ils prennent un «vol bleu» (un vol pas trop fréquenté).

Elle veut savoir combien de bagages ils peuvent emporter (20 Kg par personne, mais pas pour le bébé). Elle prend donc les billets aller-retour:

— Aller : mardi 1ᵉʳ juin ; départ Orly Ouest : 14 h 10 ; arrivée Ajaccio : 15 h 45 ;

— Retour : jeudi 24 juin ; départ Ajaccio : 20 h ; arrivée Orly Ouest : 21 h 35 ;

— Plein tarif aller-retour : 2 260 francs par personne.

Jouez cette scène par groupes de deux.

14. **Une réservation téléphonique**

Monsieur Houdebine (v. dialogue introductif du dossier) téléphone à Montmartre-Voyages au lieu de s'y rendre, pour faire ses réservations. L'employée lui dit qu'elle va s'informer et qu'elle le rappellera («Je vous rappelle»). Elle lui demande son numéro de téléphone (46.67.01.54). Elle s'informe par téléphone auprès d'AIR FRANCE. Il y a des places sur le vol de 12h 25. Elle rappelle Monsieur Houdebine, lui dit qu'elle a réservé les places et qu'il peut passer à l'agence pour retirer ses billets. L'agence est ouverte jusqu'à 18h 30.

Faites par groupes de trois ces conversations téléphoniques.

Une traversée Continent-Corse

DEMANDE DE RESERVATION DE PLACES SUR LES LIGNES DE LA CORSE

Nom et Prénom .... Tél.: ....

Adresse ....

Localité .... Code Postal ....

BENEFICIEZ-VOUS D'UNE REDUCTION (OUI-NON) TYPE: .... TAUX: ....

VOYAGE ALLER Date...

Trajet de.. à ....

Nombre total de personnes................... de chiens.............

Hommes............. Dames............ Enfants 4 à 12 ans.............

Voiture marque............................. Type...................

    Caravane
    Bateau   Hauteur.............. Longueur..............
    Camping car

NAVIRE ALLER

Heure de départ.....................................

Classe...

Installations souhaitées:..........................

Fauteuils ☐   Couchettes S.N.C.F. ☐

Couchettes-lavabo   ☐

Type Wagons-lits   ☐

VOYAGE RETOUR Date...

Trajet de.. à ....

Nombre total de personnes................... de chiens.............

Hommes............. Dames............ Enfants 4 à 12 ans.............

Voiture marque............................. Type...................

    Caravane
    Bateau   Hauteur.............. Longueur..............
    Camping car

NAVIRE RETOUR

Heure de départ.....................................

Classe...

Installations souhaitées:..........................

Fauteuils ☐   Couchettes S.N.C.F. ☐

Couchettes-lavabo   ☐

Type Wagons-lits   ☐

Monsieur Sanguinetti, qui habite 6, avenue Lafayette – 69006 Lyon veut passer ses vacances en Corse avec sa famille. Le 23 mars, il envoie à la Société Nationale Corse-Méditerranée, Division Passagers, 61, boulevard des Dames – 13222 Marseille, Cedex 1, la demande de réservation ci-dessous. Vous la remplissez pour lui, en tenant compte des données suivantes :

— Sa famille compte 5 personnes : sa femme, lui, 3 enfants de 8, 6 et 2 ans ;

— Il a une Peugeot 205 et une caravane de 4 m ;

— Il embarquera à Nice à 8h sur le navire Napoléon, le jeudi 21 juin ; il débarquera à Bastia à 14h ;

— Pour le retour, il prendra à Bastia, le 24 juillet, à 8h 30, le navire Estérel et il débarquera à Nice à 14h 45 ;

— Ils voyageront en 2e classe, en fauteuil, à l'aller et au retour ;

— Il a droit, comme tous les Français qui ont au moins trois enfants, à la réduction «Famille nombreuse».

Compréhension

1. La lettre de confirmation de réservation

— Lisez la lettre ci-contre;
— Quel rapport y a-t-il entre cette lettre et la «demande de réservation» de la page précédente?
— Que devra faire M. Sanguinetti après avoir reçu cette lettre?
— Pourquoi, dans la lettre, parle-t-on de *deux* enfants alors que M. Sanguinetti en a *trois*?
— Faites le calcul: laquelle de ces sommes M. Sanguinetti devra-t-il verser sur le compte de la S.N.C.M.: 1070 F; 1916 F; 2140 F; 5000 F?
— Avant quel jour devra être effectué le paiement?
— Comment devra-t-il être effectué?
— Qu'est-ce que M. Sanguinetti recevra, quand il aura payé?

2. Demandez des informations au passager

Pour réserver, M. Sanguinetti aurait pu aller dans une agence au lieu d'envoyer sa demande de réservation. L'employé lui aurait posé un certain nombre de questions. Il lui aurait demandé :

— quel jour il veut partir;
— combien il a d'enfants;
— quel âge ils ont;
— quelle voiture il a;
— combien mesure sa caravane;
— s'il veut voyager de jour ou de nuit;
— quel jour il veut revenir;
— s'il a sa carte de réduction «Famille Nombreuse».

Faites, par groupes de deux, ces dialogues de deux répliques.

3. Le coupon d'embarquement

Remplissez à la place de l'employé le «coupon d'embarquement» suivant, qu'il doit remettre à M. Sanguinetti (voyage aller).

ÉMIS PAR **SOCIÉTÉ NATIONALE MARITIME CORSE-MÉDITERRANÉE**			SÉRIE			TARIFICATION	
NOM DU PASSAGER	DE		NAVIRE		CLASSE	PASSAGERS	
NON TRANSFÉRABLE	À		DATE DÉPART		HEURE	NOURRITURE	
INSTALLATION					CODE MONNAIE	VOITURE	
						TRACTÉ	
AUTO-VÉHICULE	N. PASSAGERS			RÉDUCTIONS		DATE ET LIEU D'EMISSION	
	1	¹/₂	0	CODE	DOCUMENT		COUCHETTES .... OU WAGON-LITS
TYPE IMMAT. N°							
TRACTÉ							TÉLEX ....
TYPE IMMAT. N°							
BUREAU EMETTEUR		COUPON D'EMBARQUEMENT PASSAGERS ET VÉHICULES					TOTAL ....
VALABLE POUR L'EMBARQUEMENT						Pour les conditions de transport, voir au verso.	

SOCIÉTÉ NATIONALE MARITIME CORSE-MÉDITERRANÉE

Division Passagers
61, boulevard des Dames
13222 MARSEILLE Cédex 1
tél.: 91-91-92-20
télex: FERYMER
Crédit Marseillais, n° S-3725/RG

v. réf.:

n. réf.:

OBJET:

Monsieur SANGUINETTI
6, Avenue Lafayette
69006 LYON

Marseille, le 29-3-1991

Monsieur,

En réponse à votre demande du 23 courant, nous avons le plaisir de vous informer que les réservations suivantes ont été faites à votre nom:

21 juin: NICE-BASTIA, navire NAPOLEON, départ 8h: 2 adultes, 2 enfants, une voiture, une caravane.

24 juillet: BASTIA-NICE, navire ESTEREL, départ 8h 30: 2 adultes, 2 enfants, une voiture, une caravane.

TARIFS: *Passagers*, Famille Nombreuse:

> *adultes :* 440 F par personne et par traversée;
>
> *enfants de 4 à 12 ans :* 240 F par enfant et par traversée;
>
> *automobile jusqu'à 3,80 m. :* 660 F par traversée;
>
> *caravane de 3,80 m à 4,42 m. :* 480 F par traversée.

Votre réservation deviendra effective après versement sur notre compte bancaire de la somme correspondante, versement qui devra être effectué au plus tard 30 jours avant la date du départ.

Les billets vous seront expédiés par courrier dès réception de votre paiement.

Veuillez agréer, Monsieur, nos meilleures salutations.

LE CHEF DU SERVICE RÉSERVATIONS

R.C. MARSEILLE B 777.558.463

D. Paoli

Entraînement

4. Les parties d'une lettre commerciale

— Dans la lettre reproduite à la page précédente, distinguez les parties suivantes: l'en-tête; la vedette; les références; l'objet; le lieu et la date; le corps de la lettre; la signature.

— Où est indiqué, dans cette lettre, le numéro d'inscription au registre du commerce?

— Comparez la présentation d'une lettre commerciale en France et dans votre pays.

5. Les formes grammaticales typiques des lettres commerciales

Lisez, page suivante, ce qu'on vous dit des formes grammaticales fréquentes dans les lettres et recherchez-en tous les exemples dans la lettre de la page précédente.

6. Ecrivez: faites des transformations passives

Les phrases suivantes sont surtout orales. Mettez-les à la forme passive pour en faire des phrases écrites de lettres (Attention à l'accord du participe passé!):

— Nous vous avons réservé quatre couchettes en 1ère classe.

— J'ai effectué le paiement par versement sur votre compte bancaire.

— Je vous ai expédié votre billet par lettre le 30 avril.

— On vous livrera votre voiture au port de Marseille, quai de la Joliette.

— On pourra vous rembourser votre billet si vous annulez votre voyage plus de 72 heures avant le départ.

— On ne vous remboursera pas votre billet si vous annulez votre voyage moins de 24 heures avant le départ.

7. Ecrivez: faites des transformations nominales

Pour faire des phrases nominales (v. p. ci-contre), cherchez, dans ce dossier, dans les précédents, et, si c'est nécessaire, dans le dictionnaire, les noms correspondant aux verbes:

partir (départ); arriver; embarquer; débarquer; payer; rembourser; réserver; verser; annuler; expédier; modifier; acheter; vendre; traverser; recevoir; répondre; réduire; enregistrer; vacciner; transporter; sortir; déclarer; confirmer; interdire; autoriser; importer; exporter; accorder; animer; indiquer; présenter; accepter; refuser.

8. Ecrivez en style télégraphique

Les phrases suivantes pourraient appartenir à des conversations orales. Transformez-les par nominalisation pour les insérer dans des textes écrits où il faut être bref:

— On part immédiatement.
— Il est obligatoire d'enregistrer les bagages.
— Il est interdit de transporter des produits dangereux.
— On embarquera quai de la Joliette.
— On arrive à Londres à 9h.
— Il est possible de réserver.
— Le prix est réduit pour les familles nombreuses et pour les jeunes.
— Le trajet peut être modifié.
— Il faut déclarer les bagages à la douane.
— Il faut confirmer par lettre.

V o s c o m p é t e n c e s

— tout ce que vous avez appris dans les dossiers précédents;
— faire et comprendre une lettre «professionnelle»;
— rédiger et remplir un formulaire, un billet, etc.

se caractérise en particulier par:

Une présentation et une mise en page rigoureuses

On distingue:

— *L'en-tête:* le nom et l'adresse de l'expéditeur, personne ou société, le type de société, le capital, le numéro d'inscription au registre du commerce (en France), un certain nombre d'indications pratiques: téléphone, télex, etc.
— *La vedette:* le nom et l'adresse du destinataire.
— *Les références,* de l'expéditeur et du destinataire (les initiales du signataire de la lettre et de celui qui l'a écrite).
— *L'objet,* qui synthétise le contenu.
— *Le lieu et la date,* obligatoires.
— *Le corps de la lettre.*
— *La signature,* obligatoire.

Une grande précision

On écrit tout ce qui est nécessaire et seulement ce qui est nécessaire.

Des formes grammaticales

typiques de la langue écrite et qu'on trouve aussi dans d'autres types de textes écrits, en particulier:

— **Des formes passives,** plus fréquentes qu'à l'oral:
  • *Les réservations ont été faites*
  • *Le billet vous a été expédié.*

— **Des nominalisations,** qui consistent à exprimer des actions par des noms au lieu de les exprimer par des verbes:
  • *Départ à 20h,* au lieu de *Il part à 20h.*
  • *Paiement au comptant,* au lieu de *Vous payez au comptant.*

N.B.: les *nominalisations* sont fréquentes dans le «style télégraphique».

Vous devez connaître des mots pour parler de voyages

une traversée	appareiller	le paiement	modifier
un port	l'appareillage	un versement	une modification
la gare maritime	embarquer	la gratuité	une taxe de modification
le paquebot	l'embarquement	un forfait	le bénéficiaire (d'une
le navire	débarquer	valable	réduction)
le bateau	le débarquement	la validité	un véhicule tracté
le ferry	les passagers	cessible	une remorque
l'aéroglisseur	la cabine	(billet non cessible)	une caravane
le pont	à bord		

A c t i v i t é s   p r o f e s s i o n n e l l e s

9. Monsieur Sanguinetti va personnellement à l'agence

M. Sanguinetti, au lieu d'envoyer sa demande de réservation, va personnellement à l'agence. Il dit qu'il veut embarquer à Nice, il dit qu'il préfère voyager de jour, il indique les dates de l'aller et du retour; l'employé lui indique les prix, pour les passagers et les véhicules. Il s'informe par terminal de la disponibilité des places. La réservation est confirmée. M. Sanguinetti paie tout de suite.

Faites par groupes de deux cette conversation complète, en vous servant des éléments figurant dans les pages précédentes.

10. M. Giacobbi veut louer une voiture

M. Giacobbi fait la traversée Nice-Bastia le 21 juin avec M. Sanguinetti, mais il n'emmène pas sa voiture. Il préfère en louer une à l'arrivée. Il se renseigne chez AVIS. Il veut trouver la voiture à son débarquement. Il veut une Renault 21. La location coûte : par jour, 370 F, T.T.C. (Toutes Taxes Comprises), plus 5,30 F par kilomètre. On lui demande son permis de conduire, une attestation de domicile et un acompte de 2 500 F sur le prix de la location. Il devra rendre la voiture à Bastia ; il payera le solde de la location à ce moment-là.

Faites par groupes de deux la conversation.

11. Une lettre de SEALINK, la compagnie maritime trans-Manche

Madame Thomas a demandé une réservation à la compagnie SEALINK pour une traversée aller-retour de Cherbourg (France) à Southampton (Grande-Bretagne).
Ecrivez la lettre que SEALINK lui envoie le 4 juin pour confirmer la réservation. Tenez compte des données suivantes :

— 4 personnes adultes ; une voiture ;
— Aller : 4 septembre, sur «Le Versailles»; départ Dieppe 13h 45, arrivée Newheaven 16h 45 ;
— Retour : 10 septembre, sur «Le Champs-Élysées»; départ Newheaven 10h, arrivée Dieppe 15h ;
— Prix par traversée : passager adulte : 200 F, automobile : 410 F (dont 100 F de réduction sur un billet plein tarif aller-retour entre le 1-6 et le 30-9).

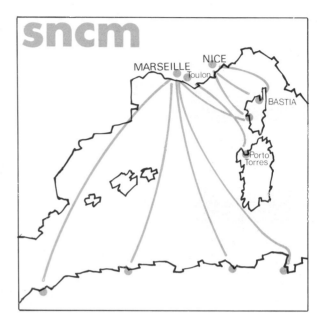

12. Conversation téléphonique: changement de programme

Un mois avant la date prévue de son départ, M. Sanguinetti doit changer de date : il ne pourra partir que le 28 juin. Il téléphone pour demander si la modification de la réservation est possible. Elle est possible, mais il y a une taxe de modification de 10 % qu'il devra payer au plus tôt (taxe applicable sur l'aller uniquement). L'horaire d'embarquement et le navire seront les mêmes.

Faites cette conversation téléphonique par deux.

13. Des Français en Sardaigne

Monsieur David a écrit à la S.N.C.M. pour avoir des renseignements sur les prix des traversées de Toulon à Porto Torres, début juin. La S.N.C.M. lui répond et lui envoie le dépliant avec les horaires et les prix. Elle attire son attention sur le fait que du 20 avril au 23 juin la voiture est transportée gratuitement, sauf 85F de frais d'embarquement.

Ecrivez cette lettre qui accompagne l'envoi des dépliants, en intégrant toutes les indications qui manquent (adresse de M. David, etc.).

NOUVEAUX AVIONS
NOUVELLES DESTINATIONS

AIR LIBERTE, grâce à l'accroissement de sa flotte, propose cette année, dix nouvelles destinations au départ de Paris et de province. AIR LIBERTE compte déjà 9 appareils neufs, dont 6 Mac Donnell Douglas MD83, deux Airbus A 300-600 et l'extension vers le long courrier: Réunion, USA, etc.

Une équipe de 420 personnes s'affaire jour et nuit afin que vous puissiez voyager dans les meilleures conditions possibles de confort, 35 équipages navigants n'ont qu'une préoccupation: vous servir et vous rendre le voyage le plus agréable.

Des plateaux repas de grande qualité, un service de vente à bord, avec une gamme de produits des plus variés: Yves Saint Christian Dior... pour les parfums, Marlboro, Philip Morris... pour le tabac, Swatch pour les montres, Johnnie Walker, G... pour les alcools.

AIR LIBERTE c'est aussi un véritable partenaire au service de l'entreprise, ses avions sont à votre disposition pour des v... cadre de séminaires, incentives, visites, lancements de produits... N'hésitez pas à nous contacter:

Direction Commerciale: *Florence Versini/Arnaud Pecout*
1, rue du Courson - SENIA 128 - THIAIS - 94517 RUNGIS Ced...
☎ (1) 46 86 25 00 - Télex: 263 793

air Liberté

Champs-Elysées :
Dieppe-Newhaven

Le "Champs-Elysées" est l'un des plus modernes et des plus luxueux navires de la flotte Sealink.

Pour les automobilistes, nous avons entièrement réaménagé le Motorists Lounge dans un style moderne mariant le bois, le tissu et l'acier. Pour les gourmets, un restaurant Smorgasbord : comme dans les pays scandinaves, vous pouvez vous servir à volonté, pour un prix forfaitaire raisonnable. Pour ceux qui ont juste une petite faim, nous avons créé un restaurant en self service, avec vue panoramique sur la mer.
Nous avons aussi pensé à ceux qui ont envie de se reposer : dans le salon Eurolounge, les sièges sont inclinables, (il y a un petit droit d'entrée)...

Caractéristiques : Champs-Elysées			
Longueur :	130 m	Puissance :	21 600 cv
		Vitesse :	20,5 nœuds
Largeur :	23 m	Nombre de passagers :	1 800
Tirant d'eau :	5 m	Capacité garage :	330 voitures ou 54 camions

---

CIV 87 0012044
INTER RAIL — 26   2 Class...   Cachet d'émission

FRANCE

Valable 1 mois

Nom _____ **SPECIMEN**   du   au

Né(e) le _____

Pièce d'identité N° _____   FRF

Signature _____

7016 o1296 3

H ô t e l s

L'opérateur touristique qui travaille dans un hôtel doit savoir:

— faire des réservations de chambres d'hôtel
— accueillir les clients et se mettre à leur service
— les informer sur l'hôtel et son environnement
— les distraire
— faire payer ses services

Pour cela, vous apprendrez dans cette section à

— faire des dialogues en face à face
  par téléphone
— noter et rapporter des messages
— comprendre et écrire des télex et des lettres
— remplir des fiches
— faire des devis et des factures
— rédiger des textes pour présenter un hôtel
— faire des affiches pour présenter l'animation

Vous apprendrez aussi à adapter votre style à la situation.

STRASBOURG
Deux étoiles dans la ville

Prince de Galles

L'Avenir vit en Accor

HÔTELLERIE

RESTAURATION

SERVICES

ACCOR
2, rue de la Mare-Neuve - 91021 Évry Cedex
Tél. : (1) 60 87 43 20 - Télécopie : (1) 60 77 04 58 - Télex : 601 85

Ils veulent séjourner à Rouen

Deux responsables d'une entreprise doivent séjourner à Rouen une semaine, en février. Le secrétaire téléphone à l'hôtel SORETEL pour se renseigner.
Il compose le numéro.
La standardiste répond.

— Ici l'hôtel SORETEL, bonjour.
— Bonjour, Madame. Ici, la maison Legros, de Metz. Notre directeur et un collaborateur doivent séjourner à Rouen une semaine en février. Ils pourraient descendre dans votre hôtel. J'aimerais avoir quelques renseignements...
— Oui, Monsieur, ne quittez pas. Je vous passe la réception.
— Allô? Réception, bonjour, Monsieur.
— Bonjour, madame. Je voudrais quelques renseignements sur votre hôtel pour un séjour éventuel du directeur de mon entreprise et d'un de ses collaborateurs.
— Oui, Monsieur. Notre hôtel est un très bon établissement trois étoiles, de construction récente. Il se trouve en ville, mais il est très bien insonorisé. Toutes nos chambres sont avec salle de bains. Il est très confortable.
— Il y a un restaurant?
— Bien sûr. Il est même excellent. Il y a aussi une salle de conférences.
— Pour les transports?
— L'aéroport de Rouen est à huit kilomètres, la gare à quatre kilomètres.
— Il y a un garage, pour le cas où ils iraient en voiture?
— Bien sûr, Monsieur. Le garage privé de l'hôtel. A proximité vous avez la possibilité de faire du golf et de l'équitation.
— Oui, ça, je ne sais pas s'ils pourront en profiter...
— Je peux vous envoyer un dépliant? Si vous voulez me donner votre adresse...
— Oui, alors, c'est Monsieur PINET.
— PINET avec un P comme Pierre, ou TINET avec un T comme Thérèse?
— PINET, P comme Pierre, P.I.N.E.T., établissement LEGROS, L.E.G.R.O.S., 46, Rue Pasteur, à Metz, dans la Moselle.

— Très bien. Je vous l'envoie tout de suite. Nous espérons vous accueillir bientôt.
— C'est probable. Au revoir, madame, merci.
— Merci à vous. Au revoir, Monsieur.

 Station thermale / Spa Thermalbad

 Restaurant dans l'hôtel et prix moyen de repas Restaurant in the hotel and average meal price Restaurant im Hotel und Durchschnittskpreis für eine Mahlzeit

 Ville / Town / Stadt

 Piscine dans l'hôtel Swimming-pool in the hotel Schwimmbad im Hotel

 Périphérie de ville Outskirts Stadtrand

 Tennis dans l'hôtel Tennis in the hotel Tennis im Hotel

 Mer / Sea / Meer

 Jardin · Parc Garden · Park Garten · Parkanlage

 Village / Village / Dorf

 Aéroport · Airport · Flughafen

 Montagne / Mountains / Gebirge

 Gare / Railway-station / Bahnhof

 Campagne / Countryside / Land

 Salle de réunion Conference room Konferenzzimmer

 Nombre total de chambres et prix moyen de chambre Total number of rooms and average room price Gesamtanzahl der Zimmer und Durchschnittszimmerpreis

 Installation de remise en forme Fitness facilities Fitness Einrichtungen

 Ascenseur / Lift / Fahrstuhl

 Dates de fermeture / Closure-dates / Schliessungszeiter

ROUEN - GRAND-QUEVILLY   B

HOTEL SORETEL
Patrick Gaudry   Tél. 35.69.63.50
Avenue des Provinces   Télex 180 743
76120 Grand-Quevilly (Seine-Maritime)   Fax 35.69.42.28

Périphérie
45   300/410
P   Garage   Rouen 6 km
85/170   Rouen 4 km

Hebdomadaire : restaurant samedi midi et dimanche soir

 Parking / Parking / Parkplatz

 Golf / Golf / Golf

 Accessibilité handicapés Facilities for disabled Geeignet für Behinderte

 Restaurant avec distinction gastronomique Restaurant noted for its excellent cuisine Restaurant mit ausgezeichnete Gastronomie

Compréhension

1. Ecoutez le dialogue et notez

En écoutant le dialogue (une ou deux écoutes), notez les informations suivantes.

— qui téléphone
— d'où
— pourquoi
— catégorie de l'hôtel
— restaurant: oui/non

— situation de l'hôtel
— récent ou ancien
— garage: oui/non
— aéroport
— gare

2. Comparez la présentation de l'hôtel faite oralement et celle du dépliant

L'Hôtel SORETEL fait partie de la chaîne FRANCE-ACCUEIL, qui, pour présenter ses hôtels, utilise les symboles reproduits à la page précédente.
— Regardez la signification de ces différents pictogrammes.
— Lisez le dialogue et reliez par des flèches les phrases et les pictogrammes correspondants.

3. Répondez aux questions du client

Vous êtes réceptionnaire dans cet hôtel. Un client vous pose des questions sur l'hôtel. Répondez-lui en vous basant sur les symboles reproduits à la page précédente.
Faites l'exercice par deux: une question par caractéristique présentée.

4. Les présentations des hôtels

— Lisez attentivement les présentations d'hôtels de la page ci-contre, tirées d'un opuscule sur les hôtels de la chaîne MAPOTEL.
— Soulignez tous les mots et expressions qui servent à *valoriser* les caractéristiques des hôtels.
— Remplissez la grille en mettant une croix pour les hôtels qui présentent les caractéristiques indiquées :

LE CHARME DE L'HÔTELLERIE TRADITIONNELLE

• *France Accueil*
Est une sélection de 144 hôtels traditionnels de bon confort répartis sur tout le territoire français.

• *Classement des hôtels*
Les hôtels France Accueil répondent à des normes internes à la Chaîne, leur classement officiel est 2 ou 3 étoiles.

• *Les prix France Accueil*
Ils varient en fonction des régions, de la localisation et de la catégorie des hôtels. À cet effet, vous trouverez, indiqués pour chaque établissement, le prix moyen d'une chambre, ainsi que le prix moyen d'un repas.

• *Les restaurants France Accueil*
Les hôtels France Accueil disposent (sauf dans certaines villes) d'un restaurant.
Certaines tables offrent notre qualité avec simplicité. Les autres sont plus élaborées et font honneur à la cuisine française, inspirée des traditions régionales. Plusieurs de nos établissements sont distingués par les principaux guides gastronomiques.
Il s'agit de maisons dont la qualité de la cuisine a une réputation nationale.
Vous les trouverez signalées dans ce guide, grâce au sigle 🆁 placé face au nom de la ville.
Un menu enfant est toujours proposé.

• *Les cartes de crédit et France Accueil*
La plupart des cartes de crédit sont acceptées dans les hôtels France Accueil. Néanmoins, il est toujours prudent d'en obtenir la certitude lors de la réservation.

• *Les animaux*
Nos amies les bêtes sont bienvenues chez France Accueil et généralement les hôteliers proposent une prestation. Toutefois, la courtoisie veut qu'un animal soit annoncé lors de la réservation.
L'hôtelier, responsable de l'exploitation de son établissement, peut dans certains cas se réserver le droit de refuser un animal domestique.

	1	2	3	4	5	6	7	8
moderne								
ancien								
en ville								
à l'extérieur des villes								
affaires								
vacances								
qualité de l'environnement								
raffinement								
services (séminaires, etc.)								

Plage du Ricanto, 20000 Ajaccio
Tél. 95-22-32-41 – Télex 460 087

Hôtel prestigieux, au milieu d'un parc planté de palmiers et bougainvillées, face à la plage de sable fin de Ricanto. Chambres avec vue sur mer ou sur maquis. Séminaires et congrès.

22, bd de la République, 71100 Chalon-sur-Saône
Tél. 85-48-07-28 – Télex 801 624

Hôtel centre ville-rénové avec goût. Travaux remarquables et efficaces d'insonorisation et climatisation. Bon restaurant et coin-bar délicieux.

14, rue Thiers, 64100 Bayonne
Tél. 59-25-48-22 – Télex 540 376

Oasis de repos dans le tourbillon du plein centre, excellent confort et accueil souriant.

64250 Aïnhoa
Tél. 59-29-91-04 – Télex 570 067

Au cœur du pays Basque, un superbe chalet où tout concourt à la détente, du confort des chambres à la qualité de la cuisine et à l'environnement plein de charme. Restaurant fermé le mercredi en basse saison.

Pl. du Cdt Rivière, 69100 Lyon-Villeurbanne
Tél. 78-89-81-10 – Télex 370 216

Un hôtel tout neuf, chaleureux et fonctionnel, spécialement conçu pour les hommes d'affaires, congrès, séminaires et groupes... Les clients apprécient la fine cuisine du restaurant.

Tél. 76-80-31-11 – Télex 320 807 OURSBLA
38750 Alpe d'Huez

Confort total dans une ambiance sports d'hiver, intime et décontractée. Il fait bon séjourner ici, au centre des pistes.

33, cours Mirabeau, 13100 Aix-en-Provence
Tél. 42-27-74-22 et 42-27-78-72 – Télex 440 184

Elégante résidence du XVIIIe siècle au centre historique d'Aix, sur le fascinant cours Mirabeau. Beau mobilier.

Place de la Halle, 61300 L'Aigle
Tél. 33-24-43-12 – Télex 170 979

Hôtel de tradition dirigé par d'excellents professionnels. La cuisine est remarquable.

33

Entraînement

5. Entraînez-vous à épeler

— Epelez votre nom et votre prénom, celui de votre rue et celui de votre ville.
— Epelez les noms de personnes suivants : *Larivière, Whitworth, Cordova, Chrzanowski, Temmar, Andropoulos, Schmitt, Di Giuseppe.*
— Epelez les noms de villes suivants : *Firenze, Stuttgart, Sevilla, Ouarzazate, Ljubljana, Buenos Aires, Edinburgh, Saint-Etienne.*
— Epelez trois de ces noms de personne et trois noms de ville en précisant : *F comme François,* etc. (v. p. ci-contre).

hôtel ibis
Bienvenue chez Ibis

Affaires, sport ou loisirs, sur la route de vos passions, voici quelques bonnes raisons de dire *"bis"* aux hôtels Ibis :

220 hôtels partout en France et en Europe,
+ Hôtels en ville ou à proximité du centre, près des aéroports et sur les grands axes routiers
+ Restaurant dans l'hôtel*
+ Accueil 24 h sur 24 h
+ Chambre moquettée et insonorisée avec sa salle de bains
+ Petit déjeuner avec buffet géant dès 6 h 30
+ Menu spécial enfant et lit gratuit
+ Réservation centralisée ou gratuite d'hôtel à hôtel
+ Offre spéciale week-end "Vitabis" pour les sportifs
+ Salles de réunions
+ Téléphone direct, TV couleurs, Minitel à disposition

* Sauf exceptions, consultez le Guide.

6. Indiquez la localisation

Donnez oralement à un client des indications sur la localisation de votre hôtel en combinant les éléments suivants (attention: *ils ne sont pas tous compatibles): donnez vingt indications différentes:*

Il est	à quelques pas de	la plage
Il se trouve	au centre de	le quartier des affaires
Il est situé	à proximité de	la gare
	à cent mètres de	la sortie de l'autoroute
	en face de	la foire exposition
	juste à côté de	la cathédrale
	près de	la tour Eiffel
	face à	les quartiers anciens

7. Indiquez les qualités des hôtels

A l'aide des adverbes suivants: très; particulièrement; extrêmement; exceptionnellement, *et des mots et expressions suivants:* bien environné; soigné; confortable; bien situé; bien décoré; moderne; luxueux; fonctionnel; bien insonorisé; accueillant; sympathique, *faites quinze phrases* pour indiquer des qualités d'un hôtel (d'une maison, d'un établissement).

Ex.: *C'est un établissement particulièrement bien décoré.*

8. Le meilleur

En vous servant des mots suivants, faites des phrases pour valoriser un hôtel.

1) hôtel; cuisine; restaurant; bar; accueil.
2) confortable; soigné; sympathique; renommé; célèbre; charmant; raffiné; fonctionnel; calme; chaleureux; agréable; séduisant.

Attention: choisissez bien les adjectifs et pensez aux accords.

9. Répondez aux questions des clients

Des clients vous posent des questions sur votre établissement. Répondez-leur en utilisant les suggestions données.

Ils veulent savoir:

— à quelle distance est l'aéroport (à 5 km)
— s'il y a une salle pour séminaires (oui, deux: 150 et 40 places)
— s'il y a un garage (non: un parking, mais à l'intérieur du parc)
— combien de chambres il y a (60 doubles)
— s'il est accessible aux handicapés (oui: rampes d'accès et ascenseurs)
— si le restaurant est ouvert tous les jours (pour les clients de l'hôtel, oui)
— s'il est insonorisé (non, mais il est au centre d'un grand parc)
— s'il y a une piscine (oui, ouverte du 1er juin au 30 septembre).

Faites les dialogues par groupes de deux.

Vos compétences

Vous devez savoir

— Décrire un hôtel et le localiser.
— Insister sur ses avantages, tant à l'oral qu'à l'écrit.
— Parler au téléphone, comprendre les noms propres et les épeler.

Pour épeler, en français on dit:

A	comme	Anatole	G	comme	Gaston	N	comme	Nicolas	
B	»	Berthe	H	»	Henri	O	»	Oscar	U comme Ursule
C	»	Célestin	I	»	Irma	P	»	Pierre	V » Victor
D	»	Désiré	J	»	Joseph	Q	»	Quintal	W » William
E	»	Eugène	K	»	Kléber	R	»	Raoul	X » Xavier
É	»	Émile	L	»	Louis	S	»	Suzanne	Y » Yvonne
F	»	François	M	»	Marcel	T	»	Thérèse	Z » Zoé

Décrire l'hôtel

— Il est   *grand, récent, moderne*

— C'est   *un hôtel*   *de grande classe*
        un établissement   *traditionnel, etc.*

— Toutes les chambres sont avec   *salle de bains*
                                     téléphone
                                     balcon, etc.

— Il y a   *un restaurant*
          un garage privé
          une salle pour séminaires

Localiser l'hôtel

— *A 8 kilomètres de l'aéroport*
— *A 50 mètres de la plage (A quelques pas de...)*
— *Au centre ville; au calme; à proximité de...; près de...*

Valoriser l'hôtel

— avec des superlatifs absolus ou des formes adverbiales:

                            bien situé
très   *confortable*
exceptionnellement   *accueillant*
extrêmement   *moderne*
particulièrement   *bien insonorisé*
                            raffiné, etc.

— avec des superlatifs relatifs:

                       confortable
C'est l'hôtel le plus   *accueillant*   *de la ville*
                       calme

— avec un grand nombre d'adjectifs ou de formes adjectivales (v. ci-dessous)

Vous devez connaître des mots :

un hôtel	un motel	bon	prestigieux	souriant
un restaurant	la réception	excellent	fonctionnel	intime
un bar	le (la) réceptionnaire	exceptionnel	rénové	décontracté
un établissement	le (la) réceptionniste	situé	traditionnel	de grande classe
une auberge	accueillir	confortable	sympathique	renommé
une chaîne	l'accueil	soigné	familial	célèbre
hôtelière	l'hospitalité	remarquable	chaleureux	charmant

Activités professionnelles

FIGEAC

R B

HOTEL DES CARMES

Nicolle et Jean-Louis Tillet — Tél. 65.34.20.78
Enclos des Carmes — Télex 520 794
46100 Figeac (Lot) — Fax 65.34.22.39

40
290/355

100/260

Rodez
70 km

Figeac 1 km

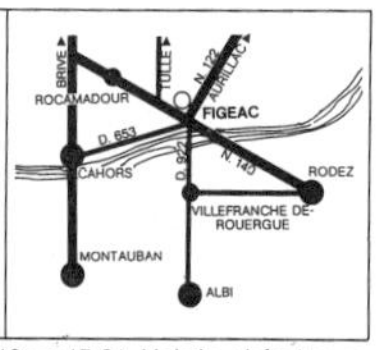

Annuelle : hôtel et rest. 15.12 au 15.01. Hebdo. : hôtel sam. et dim. 01.10/30.04 ; rest. sam. et dim. soir 01.10/30.04

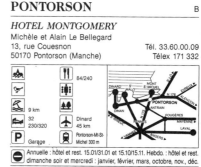

PONTORSON

B

HOTEL MONTGOMERY

Michèle et Alain Le Bellegard
13, rue Couesnon — Tél. 33.60.00.09
50170 Pontorson (Manche) — Télex 171 332

84/240

9 km

32
230/320

Dinard
45 km

Garage

Pontorson-Mt-St-Michel 300 m

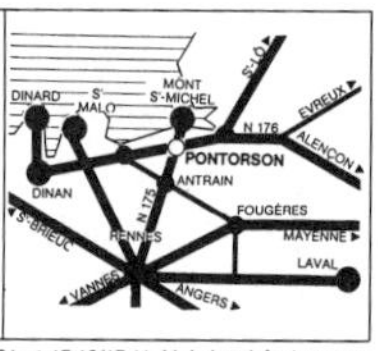

Annuelle : hôtel et rest. 15.01/31.01 et 15.10/15.11. Hebdo. : hôtel et rest. dimanche soir et mercredi : janvier, février, mars, octobre, nov., déc.

10. Présentez à des clients l'Hôtel des Carmes, de Figeac et l'Hôtel Montgomery, de Pontorson

D'après les présentations synthétiques ci-dessus présentez oralement à des clients ces deux hôtels, en mettant en valeur leurs avantages (quelques phrases).

11. Présentez ces deux hôtels dans un guide des hôtels

Sur le modèle des textes des pages précédentes, présentez par écrit ces deux hôtels. Le premier est moderne, le deuxième traditionnel.
Inventez, pour les qualités qui n'apparaissent pas.

12. Présentez les hôtels de votre ville

— Documentez-vous sur un hôtel de votre ville: situation, catégorie, nombre de chambres, confort, environnement, restaurant, services (salles de réunions, etc.), langues parlées, installations sportives, distance de la gare, de l'aéroport, etc.
— Pour un opuscule de présentation des hôtels de votre ville à des Français, présentez l'hôtel. Mettez: une photo, les informations pratiques sous forme de pictogrammes, un bref texte pour mettre en valeur ses caractéristiques.
— Réunissez en un opuscule les présentations des différents hôtels faites par les élèves de votre classe.

13. Un francophone téléphone à votre hôtel

Un client francophone téléphone à un hôtel de votre ville (celui de l'exercice précédent) pour se renseigner en vue d'un séjour. Vous êtes le réceptionnaire. Répondez-lui, renseignez-le le mieux possible et mettez en valeur votre établissement.

Faites, par groupes de trois, cette conversation téléphonique: le client, le standardiste et le réceptionnaire.

14. L'hôtel envoie un dépliant

Ecrivez la lettre qui accompagne l'envoi d'un dépliant au client qui a téléphoné à votre hôtel pour se renseigner (v. exercice précédent).

La lettre commence par
Comme suite à notre conversation téléphonique...

et se termine par
En espérant vous accueillir bientôt, je vous prie...

N.B.: Vous pouvez vous inspirer des documents et exercices du dossier précédent.

Une chambre pour deux nuits

A l'Hôtel ALBORO, de Thiais,
près de l'aéroport d'Orly
et des Halles de Rungis, le réceptionnaire
répond au téléphone...

— Hôtel Alboro, bonjour.
— Bonjour, Monsieur, ici la secrétaire de Monsieur Vincent, de Bordeaux.
— Ah! Bonjour, Mademoiselle. Comment allez-vous?
— Bien, je vous remercie. Je vous appelle pour vous demander de réserver une chambre pour Monsieur Vincent.
— Oui, pour quand?
— Demain et après-demain.
— Une chambre à un lit avec salle de bains?
— Oui.
— Alors, une chambre pour le 14 et le 15, au nom de Monsieur Vincent; Jacques, n'est-ce pas?
— C'est exact.
— Vous ne savez pas à quelle heure il arrivera?
— Il sera à Orly à 19h 55.
— Très bien. Nous enverrons notre chauffeur, comme d'habitude. Il dînera, en arrivant?
— Oui.
— Il lui faut quelque chose de particulier?
— Oui, il a besoin d'une machine à écrire, dans sa chambre. Vous pouvez la lui fournir?

— Bien sûr. Il la trouvera à son arrivée. Rien d'autre?
— Je ne crois pas. Je vous remercie.
— C'est moi qui vous remercie. Au revoir, Mademoiselle.
— Au revoir, Monsieur.

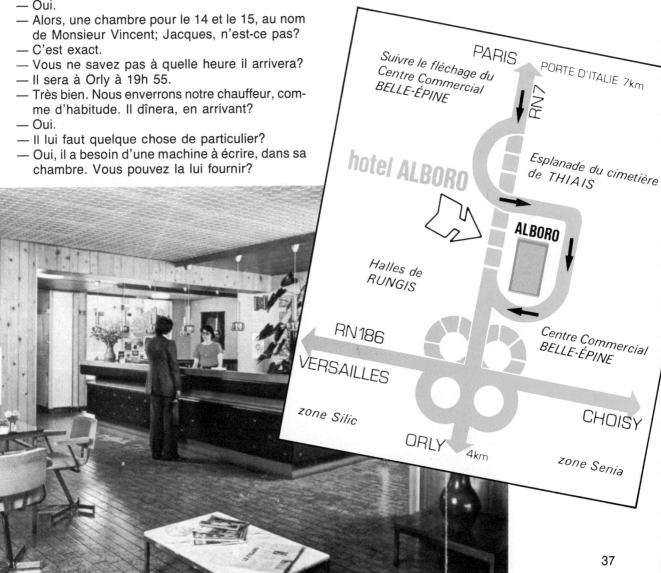

Compréhension

1. **Prenez note des éléments utiles de la conversation téléphonique**

Un bon réceptionnaire prend note des éléments utiles pour les réservations. En écoutant la conversation téléphonique, prenez note à la place du réceptionnaire de l'Hôtel Alboro des indications suivantes:

— Nom du client: ....

— Type de chambre: ....

— Dates du séjour: ....

— Heure d'arrivée: ....

— Moyen de transport utilisé: ....

— Exigences particulières: ....

2. **Avez-vous compris tout le dialogue?**

Réécoutez le dialogue et dites si les affirmations suivantes sont vraies; justifiez votre réponse dans tous les cas:

— Le réceptionnaire ne connaît pas la personne qui lui téléphone.
— La conversation a lieu le 13.
— Monsieur Vincent vient avec sa femme.
— Il n'arrivera pas en voiture.
— Il vient pour des raisons professionnelles.
— Ce n'est pas la première fois qu'il descend à cet hôtel.
— Le réceptionnaire ne se rappelle pas bien le nom du client.
— Monsieur Vincent est un client à traiter avec certains égards.

3. **Remplissez la «fiche de réservation»**

Avec les notes qu'il a prises (exercice 1), Franck, le réceptionniste, remplit la «fiche de réservation» reproduite ci-contre. Faites-le pour lui. Il attribue à Monsieur Vincent la chambre 201, qui coûte 575 francs par nuit. *Attention :* toutes les cases ne sont pas forcément remplies.

> Une autre manière de communiquer: le Télex

Le télex est un moyen rapide de communiquer; il est souvent moins cher que le téléphone. Il permet de garder une trace écrite des conversations.

```
014 1038              ] date et heure d'émission (le 14e jour de l'année à 10h 38)
910302 AEROVI I*      ] numéro télex et sigle destinataire
LOGOS 212075F         ] numéro télex et sigle expéditeur


ATTN : AEROVIAGGI PALERME          ] à l'attention de...; référence
REF. : RESA NOUVEAU GROUPE 17-20/05/91
BONJOUR, ICI LOGOS VOYAGES A PARIS          ] prise de contact
PAR CE PRESENT TELEX VS CONFIRME GRPE DE 41 PERSONNES AUX DATES
CITEES EN REF. SUR HOTEL COSTA VERDE, DPT DE PARIS.          ] Corps du télex
SEJOUR HOTEL EN PENSION COMPLETE


MERCI DE VTRE RECONFIRMATION ET BONNE COOP.          ] formules de politesse, prise de congé
MEILLEURES SALUTATIONS
ALINE MARTIN          ] signature


*910302 AEROVI I          ] répétition des sigles
LOGOS 212075F
MESSAGE : 458 -01 EMIS LE 14/01/91 A 10H41 DUREE : 01 MN 54          ] identification de ce télex
```

La «fiche de réservation» est un document de travail important pour l'hôtel. La personne qui la remplit tient compte des indications du client et du «planning» de l'hôtel, c'est-à-dire du tableau présentant schématiquement les chambres pour chaque jour. On y utilise souvent, comme ici, des abréviations internationales:

SB = chambre à un lit
      (Single Bed)
DB = chambre à un grand lit
      (Double Bed)
TB = chambre à deux lits
      jumeaux (Twin Bed)
TrB = chambre à trois lits
      (Triple Bed)
Appt = appartement

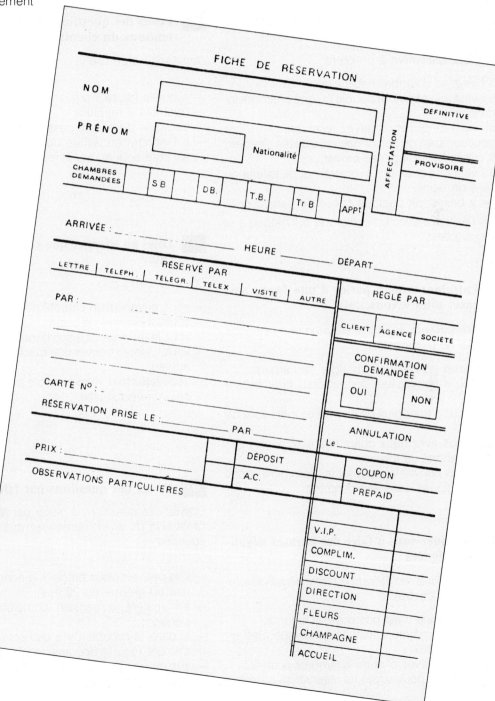

*E*ntraînement

4. Entraînez-vous à poser des questions aux clients

Demandez oralement à un client:

— s'il veut sa chambre habituelle;
— s'il veut une chambre double ou une chambre individuelle;
— au nom de qui vous devez réserver;
— pour combien de personnes vous devez réserver;
— à quelle heure il pense arriver;
— s'il veut une chambre avec cabinet de toilette ou salle de bains;
— s'il a besoin de quelque chose de particulier.

Faites l'exercice avec un camarade qui répond à la place du client.

5. Entraînez-vous à parler d'une façon soignée: dites «Nous...».

Dites à des clients, en utilisant la première personne du pluriel (v. p. ci-contre):

— que vous pouvez leur changer de l'argent;
— que vous pouvez leur donner deux chambres à un lit;
— que vous n'avez plus de chambres avec salle de bains;
— que vous avez deux chambres communicantes avec cabinet de toilette;
— que vous pouvez leur passer les communications téléphoniques dans leur chambre.

6. Entraînez-vous à faire des phrases négatives soignées

Dites à des clients, en utilisant la forme négative complète (v. p. ci-contre):

— que la piscine n'est pas ouverte le lundi;
— qu'aucune communication téléphonique n'est arrivée pour eux;
— que vous n'avez plus de chambres à un lit;
— que vous ne pouvez pas lui réserver sa chambre habituelle;
— que vous n'avez pas reçu sa lettre de réservation.

7. Posez des questions pour connaître les intentions du client: utilisez le futur

Demandez à un client:

— à quelle heure il arrivera;
— quel jour il repartira;
— combien de nuits il passera à l'hôtel;
— s'il viendra en voiture ou en avion;
— s'il sera seul ou accompagné.

8. Dites au client ce que vous ferez: utilisez le futur

Dites au client que

— vous enverrez un chauffeur à la gare;
— vous lui passerez la communication téléphonique;
— vous le rappellerez à son bureau dans la matinée;
— vous lui ferez trouver une machine à écrire, à son arrivée;
— vous ferez tout votre possible pour lui réserver sa chambre habituelle.

9. Posez des questions par télex

Ecrivez des questions à poser par télex en utilisant l'inversion du sujet; demandez aux clients ou aux agences:

— s'ils peuvent vous préciser le nombre de personnes du groupe du 22 mai;
— s'il veulent la pension complète ou la demi-pension;
— si dans le groupe il y a des enfants;
— s'ils ont reçu la documentation sur votre hôtel;
— si le groupe de Vienne pourrait être hébergé dans deux hôtels différents;
— s'ils resteront jusqu'au 24 au matin ou jusqu'au 25 au matin.

V os compétences

— prendre et confirmer des réservations

en face à face – par téléphone
par télex – par lettre

en étant extrêmement polis avec les clients

— remplir les fiches de réservation en consultant le planning.

vous devez....

...savoir poser des questions (v. dossiers précédents)

— Au nom de qui?
— Pour combien de personnes?
— Vous arrivez quand?
— Une chambre double?

...connaître le futur des verbes

Rappelez-vous: la plupart des verbes forment leur futur ainsi:
Vous *arriver*ez à quelle heure?
Je vous *fourni*rai une machine à écrire.
Voici le futur des verbes «irréguliers» dont vous aurez besoin:

avoir: j'*aur*ai
être: tu *ser*as
faire: il *fer*a
dire: nous *dir*ons
pouvoir: vous *pour*rez

vouloir: ils *voud*ront
envoyer: j'*enver*rai
recevoir: vous *recev*rez
venir: ils *viend*ront
revenir: ils *reviend*ront

N.B.: est en italique la partie du verbe qui reste la même pour tout le futur.

...éviter, avec les clients, les formes familières, même à l'oral

Utilisez :

— La 1re personne du pluriel, et non «on» :
Nous vous enverrons le chauffeur, et non *On vous enverra le chauffeur.*
— La forme négative complète, et non celle sans «ne» :
Vous ne savez pas à quelle heure il arrivera, et non *Vous savez pas...?*

...connaître les caractéristiques du télex

— Il est bref.
— On y utilise un style direct et plutôt télégraphique, avec de fréquentes nominalisations.
— On y utilise des expressions qui servent aussi par téléphone : *Ici Alptour,* ou en face à face : *Bonjour.*
— On y utilise souvent des abréviations de noms : ATTN ou ATT (à l'attention de), REF. (références), RESA (réservation), GRPE (groupe), PAX (personne), DPT (départ), COOP (coopération), TLX (télex), HTL (hôtel); d'adjectifs et de pronoms : VS (vous, vos), VTRE (votre)...
— On y utilise aussi des expressions typiques des lettres, mais abrégées : *Salutations.*
— Et aussi des expressions familières, entre professionnels : *Bonne journée, Bonne soirée,* etc.
— Les questions sont directes, et se font surtout par inversion du sujet : *Pouvez-vous...?*

... connaître des mots :

une chambre simple (à un lit)	un appartement
une chambre double (à deux lits *ou* à un grand lit)	une suite
une chambre avec salle de bains	le logement
une chambre avec douche	petit déjeuner compris (non compris)
une chambre avec cabinet de toilette	demi-pension (chambre + petit déjeuner + 1 repas)
une chambre avec WC particulier	pension complète (chambre + 3 repas)

*A*ctivités professionnelles

10. **La secrétaire de M. Vincent télexe à l'Hôtel Alboro**

Ecrivez le télex que la secrétaire de M. Vincent aurait pu envoyer à l'hôtel Alboro au lieu de téléphoner. Elle demande de réserver une chambre à un lit avec salle de bains et elle précise l'heure d'arrivée de M. Vincent. Elle demande une confirmation. Mettez tous les éléments utiles: nom abrégé du destinataire et de l'expéditeur, date, heure.

11. **La réponse par télex de l'Hôtel Alboro**

Le secrétaire de l'Hôtel Alboro répond par télex et confirme la réservation. Il dit que le chauffeur de l'Hôtel attendra M. Vincent à Orly (v. ex. 10). Rédigez ce télex complet.

12. **Un télex de l'agence réceptive AEROVIAGGI de Palerme**

Ecrivez le télex que l'agence réceptive AEROVIAGGI de Palerme envoie au voyagiste LOGOS à Paris pour reconfirmer la réservation du groupe. Elle rappelle le télex du voyagiste, elle dit que l'hôtel peut héberger le groupe aux dates demandées ; elle reconfirme la réservation de 41 sièges charter Paris-Palerme-Paris aux mêmes dates.

13. **La fiche de réservation**

Le secrétaire de l'Hôtel Alboro reçoit le télex ci-dessous. Après l'avoir lu, il remplit la fiche de réservation. Reproduisez cette fiche et remplissez-la pour lui.

14. **Le Centre Lait d'Aurillac téléphone à l'hôtel**

Le télex ci-dessous fait référence à une conversation téléphonique qui l'a précédé. Par groupes de deux, recréez cette conversation entre une employée du Service Commercial du Centre Lait et le réceptionnaire de l'Hôtel Alboro.

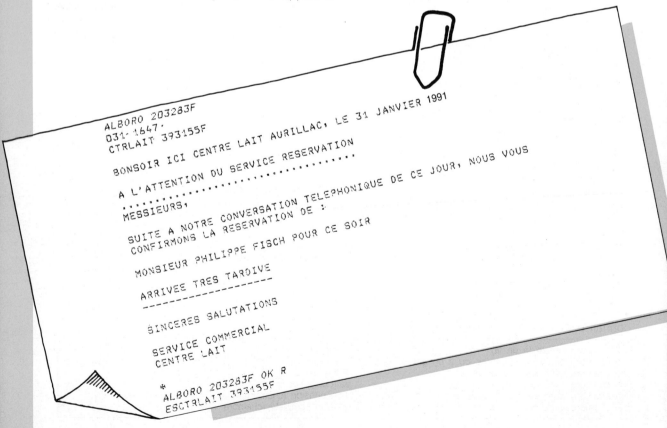

```
ALBORO 203283F
031-1647:
CTRLAIT 393155F

BONSOIR ICI CENTRE LAIT AURILLAC, LE 31 JANVIER 1991

A L'ATTENTION DU SERVICE RESERVATION
.............................
MESSIEURS,

SUITE A NOTRE CONVERSATION TELEPHONIQUE DE CE JOUR, NOUS VOUS
CONFIRMONS LA RESERVATION DE :

MONSIEUR PHILIPPE FISCH POUR CE SOIR

ARRIVEE TRES TARDIVE
--------------------
--------------------
        SINCERES SALUTATIONS
        SERVICE COMMERCIAL
        CENTRE LAIT

*  ALBORO 203283F OK R
   ESCTRLAIT 393155F
```

Elle a réservé une chambre

C'est le 23 avril. Il est 22 heures.
Une cliente arrive à l'Hôtel Mercure, de Saint-Malo.
Le réceptionnaire l'accueille.

— Bonjour, Monsieur.
— Bonjour, Madame.
— J'ai téléphoné, hier, pour réserver une chambre...
— Oui, c'est Madame...?
— Madame Mattis.
— Ah! Oui. Il y a un message pour vous: votre fille vous a appelée à 19h; elle a dit qu'elle vous rappellera demain matin vers 8h.
— Je vous remercie.
— Voilà *(il lui donne la clé de la chambre);* c'est la chambre 116, au premier étage.
Vous avez une pièce d'identité?
— Ma carte d'identité.
— Très bien; je vous la rends tout de suite.

(Il remplit la fiche de la cliente)
Vous restez trois nuits, n'est-ce pas?
— Oui. Est-ce qu'il est encore possible de dîner?
— Je regrette, Madame; le restaurant est fermé. Mais le bar est encore ouvert; vous pouvez vous y faire servir un sandwich ou un croque-monsieur.
— Oui, je vais voir.
— Je fais monter vos bagages dans votre chambre.
— Je peux passer un coup de fil?
— Bien sûr. Vous pouvez appeler de là *(geste),* mais si vous voulez il y a le téléphone direct dans votre chambre.
— Ah! très bien... Je voudrais qu'on me réveille à 7h, demain matin.
— Oui, Madame; il suffit que vous l'écriviez sur la fiche du petit-déjeuner que vous trouverez dans votre chambre. Et si vous avez besoin de quoi que ce soit, vous pouvez appeler la femme de chambre.
— Je vous remercie. Bonsoir, Monsieur.
— Le bar est là, à droite...
— Ah! oui; merci.

Compréhension

1. **Ecoutez le dialogue et dites si c'est vrai**

Ecoutez une fois le dialogue attentivement, puis lisez les affirmations suivantes. Ecoutez une deuxième fois le dialogue et dites si elles sont vraies ou pas. Indiquez les éléments du texte qui vous permettent de le dire:

— Madame Mattis est attendue à l'hôtel.
— Elle a réservé sa chambre par télex.
— Elle repartira à 7h le lendemain.
— Elle va recevoir un coup de téléphone.
— Le restaurant de l'hôtel est ouvert jusqu'à minuit.
— Le réceptionnaire monte les valises de la dame dans sa chambre.
— En arrivant dans sa chambre la dame va écrire quelque chose.

2. **La fiche du client**

A l'arrivée de la cliente, le réceptionnaire lui demande une pièce d'identité pour remplir sa fiche:

a) Préparez cette fiche au format 10/15 cm, en prévoyant la place pour: le numéro de la chambre; le nom et le prénom du client; son adresse habi-tuelle; sa profession; sa nationalité; le type de piè-ce d'identité produite (Carte d'identité, passeport, etc.); le nom de l'organisme qui l'a délivrée; la date d'arrivée.

b) Remplissez cette fiche au nom de Madame Mat-tis; inventez les indications qui manquent (en Fran-ce, la carte d'identité est délivrée par la préfecture de chaque département).

3. **Différentes manières de faire connaître son hôtel**

— Examinez attentivement les trois textes publicitai-res présentés sur la page ci-contre.
— Lequel donne le plus de renseignements? Lequel en donne le moins?
— En tenant compte du destinataire (à qui est desti-né chacun des textes) et du support (où chaque publicité est présentée), expliquez pourquoi ils donnent plus ou moins de renseignements.

4. **La fiche petit déjeuner**

Remplissez pour Mme Mattis la fiche qu'elle trouve dans sa chambre. Elle prend un petit déjeuner clas-sique, avec du café, dans sa chambre.

Prière de remplir cette fiche et de l'accrocher, avant de vous coucher, à la poignée extérieure de votre chambre.

CHAMBRE N° ....

NOM ....

DESIRE ETRE REVEILLE A ....h

PETIT DEJEUNER   CHAMBRE   ☐
                     SALLE A MANGER   ☐

A ....h pour .... PERSONNES

PETIT DEJEUNER A LA FRANÇAISE: pain, beurre, confiture

avec
café noir	☐	oeuf dur (supplément: 5 F)	☐
café au lait	☐	oeuf au jambon (supp. 15 F)	☐
thé	☐	jus d'orange (supp. 8 F)	☐
chocolat	☐		

D'AUTRES MANIÈRES DE SE FAIRE CONNAÎTRE

Hôtel MERCURE

SAINT-MALO - Chaussée du Sillon

A 200 m de la Porte Saint-Thomas, entrée principale de « Saint-Malo intra-muros », cet hôtel attenant au casino, face à la mer, met à votre disposition 68 chambres de grand confort.

Toutes les chambres sont pourvues de :
— Télévision couleur
— Radio
— Réveil automatique
— Téléphone direct

Chaque chambre est équipée :
— d'une salle de bains complète
— Toilettes indépendantes

Bar d'ambiance.

Garage en sous-sol.

PRIX 1991

— Chambre simple ...... de 370 à 470 F
— Chambre double ...... de 420 à 520 F
— Suites sur mer ...... 680 F

Hôtel MERCURE

Rue Joseph Loth
35400 SAINT-MALO
Tél. 99.56.84.84

Tél. 98.02.32.83 – Télex 940 470
Télécopie 99.56.45.73

Italie

VENISE

HOTEL LA FENICE ET DES ARTISTES
(près du Théâtre la Fenice)
5 minutes à pied de la place St-Marc.
Atmosphère intime, tout confort.
Prix modérés.
Réservation : 41-32-333 VENISE.
Télex : 411150 FENICE I.
Directeur : **Dante Apollonio.**

Suisse

CH
Vac

-Lac
Valai

- **La petite annonce** dans «Le Monde».

- **Le feuillet publicitaire** laissé dans les gares, dans des hôtels d'autres villes, etc.

- **Le télex**, envoyé aux agences de voyages.

```
ALPTOUR CHBY 320408 F
038 1991
MASS PARIS 630328

BONJOUR. ICI L'HOTEL MASSENET, 4, AVENUE FRENIET, 75016 PARIS.
NOUS SOMMES UN HOTEL TROIS ETOILES DE 90 CHAMBRES SITUE A PROXIMITE DES
CHAMPS-ELYSEES, A 10 MINUTES A PIED DE L'ARC DE TRIOMPHE.
TOUTES NOS CHAMBRES ONT SALLE DE BAINS OU DOUCHE, T.V. COULEURS, TELEPHONE
DIRECT.
TARIFS SPECIAUX POUR GROUPES JUSQU'AU PREMIER AVRIL.
N'HESITEZ PAS A NOUS CONTACTER POUR TOUTE INFORMATION COMPLEMENTAIRE.
NOTRE NUMERO DE TELEX EST 630328 ET NOTRE NUMERO DE TELEPHONE 1/45-24-52-17.

ELISABETH BOURDIEU HOTEL MASSENET
```

Entraînement

5. **Entraînez-vous à répondre «non» poliment**

Dites aux clients suivants, en utilisant l'expression «Je regrette», que:

— le restaurant est fermé le dimanche soir (à un monsieur)
— la piscine n'ouvre que le 1er avril (à une dame)
— le bar est fermé le matin (à une demoiselle)
— vous ne pouvez pas accepter des devises étrangères (à un monsieur)
— sa chambre habituelle n'est pas libre (à une dame)
— l'hôtel est complet pour toute la semaine (à une demoiselle).

6. **Entraînez-vous à répondre «Oui» avec empressement**

Répondez «Bien sûr» aux personnes suivantes (attention au ton!):

— *Une demoiselle demande:*
Je peux téléphoner?
— *Un monsieur demande:*
Vous pouvez me changer de l'argent?
— *Une dame demande:*
Je peux laisser ma valise jusqu'à midi?
— *Un monsieur et une dame:*
On peut déjeuner dans notre chambre?
— *Un monsieur et une dame:*
Vous pouvez faire descendre nos bagages?
— *Une dame:*
Je peux prendre un dépliant de l'hôtel?

Faites ces brefs dialogues par groupes de deux.

7. **Utilisez l'expression «Il suffit de...» pour donner à des clients les indications suivantes:**

— Pour commander le petit-déjeuner, accrocher la fiche à la porte.
— Pour faire laver son linge, s'adresser à la femme de chambre.
— Pour avoir des renseignements sur les spectacles, demander au concierge.

— Pour appeler un taxi, le dire à la réception.
— Pour rentrer après minuit, avertir le veilleur de nuit.

Refaites l'exercice en employant l'expression «Il suffit que...»

8. **Entraînez-vous à proposer des services**

En utilisant les expressions «Si vous avez besoin de...» ou «S'il vous faut...», proposez à des clients les services suivants:

— Pour avoir des renseignements sur la ville, s'adresser au concierge.
— Pour avoir une voiture de location, le concierge peut s'en occuper.
— Pour avoir de l'argent français, le bureau peut changer les lires.
— Pour avoir une couverture supplémentaire, demander à la femme de chambre.

9. **Entraînez-vous à rapporter des messages**

Avec les mots suivants, composez des messages que vous devez rapporter à des clients:

— Monsieur David — laisser — un mot.
— Une dame — passer — 5h — repassera dans la soirée.
— Monsieur Vincent — venir — midi — appellera vers 19h.
— Monsieur Durand — téléphoner — il y a une demi-heure — laisser son numéro de téléphone.

10. **Mille façons d'être polis et prévenants avec les clients**

Le personnel de l'hôtel doit être aimable et prévenant avec les clients par:
— l'attitude générale
— le sourire
— le ton de la voix
— les mots et expressions utilisés.

Relevez, dans les trois derniers dossiers, les mots et expressions par lesquels les employés des hôtels se montrent polis envers les clients.

Vos compétences

— Accueillir les clients et être prévenants avec eux.
— Recevoir des messages pour les clients, en prendre note et les leur communiquer.
— Présenter votre hôtel dans différents types de textes, oraux et écrits.

vous devez connaître un certain nombre d'expressions pour...

...dire «Non» poliment   Je regrette...

— *Je peux manger?*
— **Je regrette**, *Madame, le restaurant est fermé.*

...répondre «Oui» avec empressement:

Bien sûr...

— *Je peux téléphoner?*
— **Bien sûr**, *Madame.*

...proposer des services:

Si vous avez besoin de...
S'il vous faut...

— **Si vous avez besoin de** *quoi que ce soit, appelez la femme de chambre.*
— **S'il vous faut** *un plan de la ville, nous pouvons vous le procurer.*

...demander confirmation:

...n'est-ce pas?

— *Vous restez trois nuits,* **n'est-ce pas?**

...donner des indications:

Il suffit que... + verbe au subjonctif

N.B.: révisez la formation du subjonctif présent:

indicatif présent	*subjonctif présent*	Mais :
nous *écriv*ons	→ Il faut que vous *écriviez*	— Il faut que vous fassiez
nous *all*ons	→ Il faut que vous *alliez*	— Il faut que vous ayez
nous *pren*ons	→ Il faut que vous *preniez*.	— Il faut que vous soyez

Vous devez connaître le passé composé, pour rapporter les messages:

— *Votre fille* **a appelé**, *elle* **a dit** *qu'elle passera à 8h.*
— *Un monsieur* **est venu**, *il* **a laissé** *un mot.*

Vous devez connaître aussi :

Le nom du personnel de l'hôtel :	**La classification des hôtels en France, du plus luxueux au plus simple :**
le directeur	☆☆☆☆L : Quatre étoiles Luxe
le (la) réceptionnaire	☆☆☆☆ : Quatre étoiles
le (la) concierge	☆☆☆ : Trois étoiles
le voiturier	☆☆ : Deux étoiles
le chasseur, le groom	☆ : Une étoile
le bagagiste, le liftier	– : Sans étoile
le (la) standardiste	
le veilleur de nuit	(Il existe des hôtels non homologués c'est-à-dire qu'ils ne font
le garçon d'étage, la femme de chambre	pas l'objet d'un classement officiel.)
la gouvernante	

Activités professionnelles

11. Monsieur Vincent arrive à l'Hôtel Alboro

Monsieur Vincent (v. dossier 5) arrive à l'Hôtel Alboro à 21h. Le réceptionnaire lui demande s'il a fait bon voyage. Il lui demande une pièce d'identité et lui indique sa chambre. Monsieur Vincent demande si le restaurant est ouvert. Il l'est. Il demande si on a mis une machine à écrire dans sa chambre.

Faites ce dialogue par groupes de deux.

12. L'appel téléphonique pour Madame Mattis

Le 23 avril, à 20h, la fille de Madame Mattis téléphone à l'Hôtel Mercure de Saint-Malo. Elle demande à parler à sa mère... Le réceptionnaire répond qu'elle n'est pas encore arrivée, mais qu'il peut lui communiquer un message. Elle dit qu'elle rappellera le lendemain à 8h.

Faites par deux cette conversation téléphonique en tenant compte des formes particulières utilisées par téléphone.

13. Prendre note d'un message téléphonique

Chaque hôtel a un bloc de fiches pour prendre note des messages destinés aux clients. Chacune de ces fiches porte indication du nom du destinataire, du numéro de sa chambre, de ce qui s'est passé (visite,

coup de téléphone), du nom de la personne, du message qu'elle a laissé, et de l'heure.
a) Remplissez la fiche-standard que le réceptionnaire donne à Madame Mattis.
b) Imaginez et écrivez trois autres messages différents.

14. Une petite annonce de «Le Massenet», de Paris

Pour se faire connaître, «Le Massenet» (voir télex p. 47) met une annonce dans un quotidien de province. Ecrivez cette annonce en quarante mots maximum.
Vous pouvez vous inspirer de l'annonce de l'Hôtel «La Fenice», p. 45.

15. Une petite annonce d'un hôtel de votre ville

Un hôtel de votre ville ou de votre région est intéressé par la clientèle française. Il passe une petite annonce dans «Le Monde». Ecrivez-en le texte en quarante mots maximum, en mettant en valeur ses principaux avantages (position, etc.).

16. Une publicité de l'Hôtel Mercure à une radio libre

L'Hôtel Mercure de Saint-Malo veut attirer une clientèle parisienne. Il demande à une agence publicitaire de préparer un texte oral pour une radio «libre» de Paris. Préparez ce texte de trente secondes et dites-le.
Attention :
a) à l'oral, les phrases sont complètes et non télégraphiques ;
b) le ton doit être persuasif.

17. Des clients français à l'Hôtel «La Fenice»

Un monsieur et une dame, français, arrivent à l'Hôtel «La Fenice» (voir petite annonce, p. 47). Ils n'ont pas réservé, mais veulent une chambre double avec salle de bains. Il y en a une. Le réceptionnaire leur demande une pièce d'identité. Ils donnent leurs passeports. On leur indique leur chambre.
Faites ce dialogue par groupes de deux.

M. _____	App. n° _____
MESSAGE REÇU	

Le _____ à ___ ___ / ___ ___ h

De : _____

☐ A téléphoné   ☐ Veuillez l'appeler

☐ Est venu vous voir   ☐ Rappellera

Message :
_____
_____
_____
_____

centre international de séjour de choisy-le-roi

fédération unie des auberges de jeunesse

la Direction　　　　　　　Choisy-le-Roi, le *1er février 1991*

CONFIRMATION DE RESERVATION

Monsieur, Madame,

A la suite de votre demande, nous vous prions de trouver ci-joint :

1°) UNE DEMANDE DE RÉSERVATION que nous avons complétée avec les éléments que vous nous avez communiqués.

La première page de ce document doit nous être retournée pour le :

- _25 février_ , date limite d'option, accompagnée du montant des arrhes, soit la somme de :

- _____ F.

La facture définitive sera établie sur place. Elle devra être soldée avant le départ de votre groupe, sauf accord écrit de notre part.

2°) UN DEPLIANT qui localise notre Etablissement et notre Camping-Caravaning dans la région parisienne. Des exemplaires supplémentaires peuvent être adressés sur simple demande de votre part.

3°) Une note d'information où vous trouverez des informations pratiques sur le fonctionnement de notre Centre.

Dans l'attente du plaisir de vous recevoir.

Nous vous prions de croire, Monsieur, Madame à l'expression de nos sentiments très dévoués.

La Direction

Avenue de Villeneuve-Saint-Georges, 94600 Choisy-le-Roi - Tél. 48 90 92 30 - 48 90 87 39
Télex 250 303 Public x Paris

Membre de : Union des Centres de Rencontres Internationales de France
International Youth Hotel Federation - Fédération Internationale Organisations Tourisme de Jeunes

Téléphone : 48.90.92.30 - 48.90.87.39

C *ompréhension*

1. La «lettre de confirmation de réservation»

— Lisez le texte de la page précédente.

— Quels éléments précis vous font comprendre qu'il s'agit d'une lettre?

— Cette lettre a-t-elle été écrite pour un seul correspondant? Quels éléments précis vous permettent de le dire?

— Dites quel est *le but* de cette lettre.

— Identifiez, avec des mots que vous écrirez dans la marge, les parties suivantes de la lettre:
- référence à ce qui s'est passé précédemment;
- précisions sur le but de la lettre;
- éléments de politesse.

— Observez et dites comment sont signalés les éléments importants de la lettre (typographie).

— Des trois pièces jointes à la lettre, laquelle, à votre avis, est la plus importante? Justifiez votre réponse.

— Que devra faire le destinataire de cette lettre, avant le 25 février?

— Enumérez, et soulignez dans le texte au fur et à mesure que vous les rencontrez, toutes les indications sur ce «Centre International de Séjour» figurant sur le papier à lettres.

2. La «demande de réservation»

— Examinez attentivement le document de la page ci-contre.

— Y a-t-il un rapport entre ce document et la lettre de la page précédente?

— Y a-t-il une partie de ce document qui aurait pu remplacer la lettre? Laquelle? Pourquoi? Y a-t-il tout de même des différences entre cette partie et la lettre? Lesquelles?

— Cette «demande de réservation» est établie par les *Auberges de Jeunesse* (des hôtels bon marché pour les jeunes). Indiquez quels éléments ne figureraient pas sur les formulaires d'hôtels «normaux».

3. Un peu de terminologie: des expressions de la langue écrite administrative

En relisant attentivement la lettre et la demande de réservation présentées dans ce dossier, soulignez et notez (et essayez de vous en souvenir!) les mots et expressions suivants, puis traduisez-les dans votre langue :
nom, prénom, suite à votre demande, demande de réservation, barrez (rayez) les mentions inutiles, cochez, au verso, si possible, ci-dessous, ci-dessus,

à retourner avant le..., arrhes à verser, total, inclus, signature.

4. Rédigez le formulaire

— En quelles langues est rédigé ce formulaire? Pourquoi, à votre avis?

— Rédigez-le dans votre langue.

5. Remplissez cette «demande de réservation»

D'après les indications suivantes et celles contenues dans la lettre, remplissez la «demande de réservation»:
Le groupe en question est l'*Istituto Tecnico Commerciale* de Rovigo. Il séjournera en demi-pension au Centre du 11 mars au soir (ils dîneront en arrivant) au 15 mars au matin. Le responsable du groupe est Monsieur Bighetti. Le groupe est composé de 155 jeunes (75 garçons; 80 filles), 10 professeurs (7 femmes; 3 hommes), 3 chauffeurs (séjour gratuit). La pension complète coûte 162 F par personne, la demi-pension 124 F. Pour les chambres à deux lits, il y a un supplément de 20 F par personne et par nuit. Le montant des arrhes demandées est de 30 % du montant total du prix du séjour.

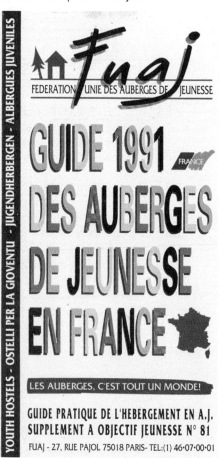

fédération unie
des auberges de jeunesse

CENTRE DE SÉJOUR
PARIS - CHOISY-LE-ROI
Av. de Villeneuve-St-Georges
94600 CHOISY-LE-ROI
Téléphone : 48.90.92.30 - 48.90.87.39
Crédit Lyonnais - Agence 614 YR
Compte 80714
Auberge de Jeunesse
C.C.P. 30327-43 La Source

DEMANDE DE RESERVATION
APPLICATION FORM
VORAUSBESTELLUNG

A Nom du groupe/name of the group/Gruppe

_____

Adresse/address/Anschrift _____

Ville/town/Stadt_____ Pays/country/Land_____ Téléphone/telephone/telefon _____

Nom du responsable/name of the leader/Leiter (Herr) (Frau) _____

Arrivée le/arrival date/Ankunft _____ vers h/approximate time/gegen _____ uhr_____

Départ le/departure date/Abfahrt _____ vers h/approximate time/gegen _____ uhr_____

Premier repas/first meal/Erste mahlzeit

(1) Petit déjeuner/déjeuner/dîner
(1) Breakfast/lunch/dinner   } à préciser
(1) Frühstück/Mittagessen/Abendessen

Dernier repas/last meal/Letzte mahlzeit

(1) Petit déjeuner/déjeuner/dîner
(1) Breakfast/lunch/dinner
(1) Frühstück/Mittagessen/Abendessen

(1) Barrer les mentions inutiles/Draw line through in correct responses/Nicht Zutreffendes, bitte, durchstreichen

B

A PRÉCISER

	garçons boys Jugendliche	filles girls Mädchen	messieurs men Herren	dames women Damen	Total Total number Zusammen
Nombre personnes Number of people Zahl der Teihne	+	+	+	=
	+	+	-	=

Chers Amis,
En réponse à votre demande de réservation, nous vous prions de bien vouloir compléter les paragraphes A, B, C, à la machine à écrire si possible, en suivant les indications portées au verso. Cordialement.

Dear Friends,
In answer to your application form, will you please type paragraphs A, B, C, according to the directions on the other side. Sincerely yours.

Liebe Freunde !
Nach Erhalten Ihrer Frage biz-einer Vorausbestellung möchte ich sie darum bitten die Nummern A. B. und C Womöglich mit der Maschine auszufüllen. Anweisungen liegen auf der Rückseite des Battes. Mit den besten Grüssen.

C Cochez ci-dessous les services demandés
Indicate below the required services
Bitte Folgendes ankrenzen

Lits faits à l'arrivée / Beds mede on your arrival / Bett tatsache	Inclus Included Inclusive	
Draps / Sheets / Bettlaken		Prix Price Preis
☐ Pension complète / ☐ Full-board / ☐ Vollpension		
☐ Demi-pension / ☐ Half-board / ☐ Halb Pension		
☐ Chambres de Responsables **Pour 2 personnes** / ☐ Leaders Room / ☐ Leiter Zimmer		
☐ Supplément séjour 1 nuit / ☐ Additional extra for 1 night / ☐ Übernachtungstarife erhören einzelne nacht bleibt		

D Réservé au Centre
Reserved to the Hostel
Für den Jugendherberge

DEVIS PROVISOIRE

Nombre de personnes Number of people Zahl der Teiluchmer	Nombre de jours Number of days Für Tage	Total Total number Zusammen
×	×	=
×	×	=
×	×	=
×	×	=

Total / Total number / Zusammen ....

Date/date/Datum
Signature Auberge
Director's signature
Unterschrift Jugendherberge

Date/date/Datum
Signature Collectivité
Leader's signature
Unterschriftdes Gruppenleiters

Arrhes à verser / deposit / Anzahlung....

Avant
Before } ____ / / ____
Bevor

RECOMMANDÉ PAR
PARIS
TOURISTE OFFICE

Agreee par le ministere de l'education nationale - le commissariat general au tourisme in 67 (005) -
le secretariat d'etat aupres du premier ministre charge de la jeunesse, des sports et des loisirs

Feuille n° 1 à retourner avant le / Return page 1 before : _____

Feuille n° 2 à retourner avant le / Return page 2 before : _____

E n t r a î n e m e n t

6. **Transformez l'écrit en oral: utilisez la forme active**

— Dans la lettre qui ouvre ce dossier, il y a quatre idées exprimées avec des phrases à la forme passive. Trouvez-les et transcrivez-les.

— Exprimez *oralement* les mêmes idées avec des phrases actives.

7. **Parlez: faites des phrases avec des verbes**

Les phrases suivantes sont des phrases qui appartiennent à la langue des formulaires. Faites-en des phrases orales, avec des verbes:

— Réservation obligatoire pour les groupes.

— Arrivée avant 20 heures.

— Gratuité du séjour pour le chauffeur.

— Facturation à la fin du séjour.

— Paiement par versement sur notre compte bancaire.

— Location possible de projecteurs pour films.

— Réservation possible six mois à l'avance.

— Paiement du solde à la fin du séjour.

Attention: les phrases n'ont pas toutes forcément la même structure.

8. **Posez des questions pour remplir le formulaire de réservation**

Pour remplir la «demande de réservation», le secrétaire du Centre International de Séjour aurait pu poser les questions par téléphone au responsable de l'Istituto Tecnico Commerciale di Rovigo. Faites-le pour lui, pour remplir correctement toutes les cases.

Ex.: *Quel est le nom du responsable?*

Faites l'exercice par deux: le secrétaire du Centre et le responsable de l'I.T.C. (pour les réponses, v. fiche page précédente).

9. **Ecrivez aux clients ce qu'ils doivent faire**

Les phrases suivantes sont *dites* à des clients pour leur indiquer ce qu'ils doivent faire. Ecrivez-les, en les transformant:

a) pour une lettre;

b) pour un formulaire.

Vous pouvez vous inspirer des exemples donnés page ci-contre.

— Vous devez préciser le nombre de filles et de garçons.

— Vous devez indiquer l'heure de votre arrivée.

— Vous devez verser 15.000 F d'arrhes.

— Vous devez remplir les cases A, B, C.

— Vous devez nous renvoyer signée la demande de réservation.

— Vous devez verser un acompte de 3000 F sur notre compte bancaire.

10. **Transformez des phrases orales en phrases écrites**

En vous aidant des exercices précédents et de la page ci-contre, transformez les phrases orales suivantes en phrases écrites: 1) de lettre; 2) de formulaire.

— On peut vous envoyer d'autres dépliants de l'hôtel.

— Dites-nous à quelle heure vous arriverez.

— Vous serez combien, exactement?

— Vous prendrez la demi-pension ou la pension complète?

— Vous devrez verser des arrhes au moment de la réservation.

— Combien d'accompagnateurs est-ce qu'il y aura?

— Quel jour est-ce que vous arrivez et quel jour est-ce que vous repartez?

Vos compétences

— Etre clairs et précis, tant à l'oral qu'à l'écrit.
— Savoir poser les questions utiles et noter les réponses.
— Passer d'un style à un autre, d'un type de texte à un autre: la même idée s'exprime différemment à l'oral et à l'écrit, dans une lettre et sur un formulaire.

Quelques-unes de ces transformations:

Oral	Lettre	Formulaire
— Vous devez nous renvoyer la première page **Forme active**	— La première page doit nous être retournée **Forme passive**	
— Nous arriverons le... **Phrase verbale**	— Nous arriverons le... — Arrivée le... **Phrase verbale ou phrase nominale**	— Arrivée le... — Date d'arrivée **Phrase nominale**
— Combien de personnes? **Interrogation directe**	— Nous vous prions de bien vouloir nous préciser le nombre de personnes. — Veuillez nous préciser... **Interrogation indirecte**	Nombre de personnes **Case à remplir Phrase sans verbe**
— Vous devez préciser l'heure — Précisez l'heure Indications sur ce qui doit être fait données avec le verbe **devoir** ou l'impératif	— Nous vous prions de bien vouloir préciser... — Veuillez nous préciser... Indications sur ce qui doit être fait données d'une façon indirecte, avec des formes de politesse	A préciser Indications sur ce qui doit être fait données avec l'infinitif précédé de *à.*

N.B.: Ces indications ne sont pas absolues: elles correspondent seulement à ce qui est utilisé le plus fréquemment, dans les différents types de texte.

Mots et expressions

ci-joint ci-après ci-dessus ci-dessous ci-contre	(écrit: lettres et formulaires)	établir une facture prendre une option verser des arrhes verser un acompte faire un devis	verser solder adresser cocher barrer

A ctivités professionnelles

11. Le coup de téléphone de l'Istituto Tecnico Commerciale

L'I.T.C. de Rovigo a pris contact par téléphone avec l'A.J. de Choisy (dans la banlieue sud de Paris). C'est Madame Rossi qui téléphone au nom de l'école. Elle parle au nom du groupe, de 150 jeunes environ, plus les accompagnateurs. Les dates demandées initialement sont: 30 mars-3 avril. Pour cette période, il n'y a pas assez de place pour tant de monde. La seule période où il y aurait de la place pour tous est: 11-15 mars. Madame Rossi accepte cette solution. Elle demande les prix. Elle demande une option pour deux ou trois jours (c'est-à-dire qu'elle demande qu'on laisse les chambres à sa disposition, mais que, pour deux ou trois jours, elle ne s'engage pas formellement; alors, elle donnera une réponse définitive). On lui demande d'écrire pour confirmer la demande de réservation.

Faites par deux cette conversation téléphonique en tenant compte des caractéristiques de la langue et des expressions typiques utilisées par téléphone.

12. Un télex pour préciser

Dès qu'elle peut le faire, Madame Rossi précise par télex le nombre de filles et de garçons du groupe et le nombre d'accompagnateurs hommes et femmes. Elle rappelle les contacts précédents (dates) et les dates du séjour.

Faites ce télex complet à sa place.

13. Envoyez un devis par télex

Vous êtes secrétaire au centre de Séjour de Choisy (C.I.S.). Répondez le jour même à la demande de devis suivante. Trouvez dans ce dossier les éléments pour la réponse.

250 303. F AJ PARIS
043 1135
327711 I ITC RO

BONJOUR, ICI ISTITUTO TECNICO COMMER-
CIALE, ROVIGO.
MERCI DE NOUS ENVOYER DEVIS SEJOUR
160 PERSONNES DU 11 AU 15 MARS.
REPONSE ASSEZ URGENTE.
SALUTATIONS.

ROSSI, I.T.C. ROVIGO

14. La lettre qui accompagne l'envoi des dépliants

Au nom de l'école, Madame Rossi a écrit à l'A.J. pour demander des dépliants supplémentaires pour les accompagnateurs ainsi qu'un certain nombre de plans de Paris.

Ecrivez la lettre que la secrétaire du Centre écrit pour accompagner cet envoi.

15. Un petit problème: l'envoi des arrhes est retardé

Le 24 février, Madame Rossi téléphone au C.I.S. pour dire que, à cause d'une petite difficulté avec la banque (opération bancaire impossible dans de si brefs délais), les arrhes ne pourront pas être versées le 25, comme prévu. Elle s'excuse et demande si le C.I.S. peut attendre quelques jours. La secrétaire dit que oui. Elle dit que le versement sera fait le plus tôt possible.

Faites par deux cette conversation téléphonique.

16. Une réponse négative d'un hôtel

Avant de téléphoner à l'A.J. de Choisy, Madame Rossi avait téléphoné à l'Hôtel Mirecourt, de Paris, pour demander s'il lui était possible d'accueillir le groupe. La réceptionnaire avait répondu que ce n'était absolument pas possible, que pour des groupes aussi nombreux il n'y avait pas de place avant novembre.

Recréez par deux cette conversation téléphonique, en utilisant les formes typiques de la langue orale et en vous servant de tout ce que vous avez appris dans ce dossier et dans les précédents.

Vous avez vu le programme d'animation ?

C'est le 5 juillet. A l'Hôtel «Lydia-Playa» de Port-Barcarès, une «station nouvelle» du Languedoc-Roussillon, une dame s'adresse au concierge.
Comme dans la plupart des hôtels de vacances et dans tous les clubs, les vacanciers ne sont pas abandonnés à eux-mêmes: l'«animation» leur propose de socialiser et de s'initier à des activités.

— Pardon, Monsieur, est-ce que vous pourriez me réserver deux places pour «Le Cid» aux Arènes de Nîmes, vendredi soir?
— Bien sûr, Madame, tout de suite. Alors, vous ne participerez pas à notre bal costumé?
— Il y a un bal costumé?
— Oui, vous n'avez pas vu l'affiche, avec le programme d'animation?
— Si, mais je n'ai pas fait attention.
— Ah! regardez! vendredi: le matin, après la gymnastique du matin, initiation à la planche à voile, avec notre moniteur; à midi, apéritif-concert au bord de la piscine; à 5h, atelier de déguisement, avec Sabine, notre animatrice.
— Vous me tentez...
— Laissez-vous tenter; elle vous aidera à préparer vos déguisements, pour le soir. En fin de soirée, élection du meilleur déguisement.
— Oui, mais mon mari tient à voir «Le Cid»...
— Vous pourriez y aller jeudi soir...

— Ça serait une idée!
— Pour une passionnée de danse comme vous, ce serait dommage de manquer ça.
— Oui, et jeudi soir, on ne manquerait rien?
— Il y a la discothèque.
— Oui, comme tous les soirs... Je vais demander à mon mari ce qu'il en pense.
— Ne tardez pas trop; j'attends votre réponse pour appeler les Arènes.
— Je reviens tout de suite.

Compréhension

1. Ecoutez et prenez note des animations de la journée

Ecoutez une ou deux fois le dialogue et prenez note des animations proposées par l'Hôtel Lydia-Playa pour le vendredi suivant.

2. Avez-vous très bien compris tous les éléments du dialogue?

Après avoir écouté deux fois le dialogue, dites si les affirmations suivantes sont vraies ou pas. Justifiez chaque fois votre réponse:

— La cliente est mariée.
— Elle voudrait aller au cinéma, le vendredi soir.
— Dans cet hôtel, il y a un personnel d'animation.
— L'animation de l'hôtel est annoncée par haut-parleur au petit-déjeuner.
— Le concierge ne connaît pas cette cliente.
— L'été, tous les soirs il y a un bal costumé, à l'hôtel.
— Quelqu'un peut aider ceux qui le veulent à se préparer pour le bal costumé.
— La cliente ira peut-être à Nîmes le jeudi soir.

Réécoutez une fois le dialogue pour vérifier l'exactitude de vos réponses.

3. L'animation au «Latitude», de la Martinique

Regardez et lisez la présentation de l'Hôtel-Club «Le Latitude», sur la page ci-contre.

— Soulignez dans le texte tous les éléments qui se rapportent à l'animation.
— Quelles activités sont proposées «sans bourse délier» (= gratuitement) et lesquelles sont payantes?

4. Un style plus désinvolte pour l'animation

Pour l'animation, le style «formel», très soigné et un peu froid, n'est pas recommandé. Il faut un style décontracté, dans les activités et dans le langage. Trouvez, dans le dialogue initial de ce dossier, dans l'affiche ci-contre et dans la présentation du «Latitude», tous les exemples de ce style familier: vocabulaire, formes grammaticales, types de phrases.

5. Elle veut participer à la balade: répondez à ses questions

Une dame voudrait participer à la balade organisée par l'Hôtel «L'Edelweis» (v. ci-dessous), mais elle veut être rassurée. Elle va trouver Jean-Noël et lui demande:

— si son fils de 8 ans peut y participer (il est un peu petit)
— si des chaussures de tennis ne sont pas suffisantes (non)
— si chacun portera son repas (oui)
— si on emporte aussi des boissons (non, il y a des sources)
— s'il y a des passages difficiles (non)
— si quelqu'un emporte une trousse à pharmacie (oui, lui, Jean-Noël)

Faites par deux ce dialogue. Attention: style décontracté!

En vedette...

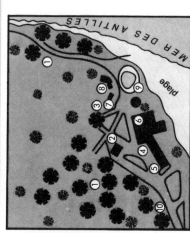

Le Latitude : des bungalows sous les cocotiers

Portrait

• Adresse : Le Latitude - 97221 Le Carbet - Martinique. Tél. : (19.596) 77 21 64.

• A 40 km de Fort de France et à 10 km de Saint-Pierre.

• Quinze blocs de six bungalows hexagonaux en construction métallique.

• Différents pavillons abritent autour de la piscine le snack-bar Titiri, le restaurant et son bar la Distillerie.

• La discothèque "Le Rocher" ouverte en fonction du programme d'animation donne sur le bar du Mérité. Elle est ouverte à la clientèle extérieure.

• Piscine surveillée seulement à certaines heures.

• Plage de sable gris aménagée avec paillottes et chaises longues.

• Salon de coiffure dames et hommes, boutique.

Votre chambre

• Chaque bungalow, orienté différemment, constitue une chambre avec une entrée individuelle.

• Pour chaque chambre, deux lits avec salle de douche et W.C. privés, climatisation individuelle, téléphone, radio.

• La légèreté des cloisons ne permet pas une insonorisation parfaite.

Dès votre arrivée, un accueil chaleureux...

• Dès votre arrivée à l'aéroport du Lamentin, l'équipe Eldorador vous accueille et vous accompagne vers le car spécial qui vous emmènera vers le Latitude. Il faut environ une heure trente de route pour atteindre notre Eldorador.

• Le lendemain, afin de vous aider à profiter de toutes les activités de votre Eldorador dans les meilleures conditions, l'équipe d'animation vous donne rendez-vous pour une réunion d'information et vous souhaite la bienvenue en vous offrant un "punch aux fruits".

La table

• Votre petit déjeuner sous forme de buffet à la Distillerie et sur la terrasse : croissants, pain grillé ou frais, fruits frais de la saison, jus de fruits, thé, café, lait.

• Votre déjeuner : buffet installé à la Distillerie et sur la terrasse.

• Votre dîner est servi à la Distillerie par table de 2, 4 ou 6 couverts. Un menu composé de plusieurs plats vous est proposé. Un buffet froid vous permet une alternative si le menu ne vous convient pas.

• Un dîner créole avec buffet vous est servi une fois par semaine.

• Vous pouvez également dîner "à la carte" à la Maison de la Martinique, en profitant, comme pour le déjeuner, de votre crédit-repas. Vous ne paierez que la différence entre votre crédit et le montant de votre repas.

Le crédit-repas n'est ni récupérable ni cumulable.

• Le vin rouge ou rosé est servi à discrétion.

Plan

1 - Bungalows
2 - Maison de la Martinique
3 - Le kiosque, point de rencontre
4 - Boutique
5 - Réception
6 - La Distillerie
7 - Le Titiri
8 - Le Rocher
9 - Piscine
10 - Salon de coiffure

MER DES ANTILLES

plage

Sans bourse délier

• Planches à voile, initiation avec moniteur.

• Voiliers, cours d'initiation collective.

• Pêche à la ligne.

• Plongée, initiation avec moniteur en piscine.

• Tennis (situé en dehors de l'Eldorador à 500 m). Éclairage payant.

• Tir à l'arc (équipement fourni).

• Volley-ball, ping-pong, badmington, pétanque, portique avec agrès.

• Jeux de société.

Divertissements

Dans la journée :

• Radio Latitude vous informe chaque jour, le matin sur tous les événements de la journée.

• Au cours de la matinée, réveil musculaire, jeux de plage, initiation à la planche à voile ou à la plongée. Avant le déjeuner, vous pouvez participer aux jeux apéritif, bingo, etc.

• L'après-midi, si vous ne pratiquez pas le "farniente" sur la plage, vous aimerez peut-être :

• Jouer à la pétanque ou aux fléchettes.

• Partir en excursion ou en balade.

• Participer, vers 17 heures, à une activité : volley-ball, ping-pong, badmington, tir à l'arc...

• Participer à un tournoi de jeux de société...

• En fin d'après-midi, jeux-apéritif.

• La "journée créole" a lieu une fois par semaine, pour reconnaître les épices, déguster des rhums variés et délicieux, apprendre son fichu comme une vraie Antillaise, de manière à bien choisir son compagnon de "biguine".

En soirée :

• La discothèque plusieurs fois par semaine (lorsqu'il n'y a pas une soirée à thème).

• Soirée folklorique avec orchestre local, Limbo et dîner créole. Soirées contact et danses avec musique traditionnelle et initiation à la célèbre danse de la "biguine".

• Soirée diapos, présentant l'île.

• Soirée cabaret animée par l'équipe Eldorador.

Excursions Caribjet

vendues sur place par notre représentant Jet Tours.

La plongée

La plongée est organisée par le Club du Vieux Plongeur de Marseille.

Des projections de diapositives vous permettront de mieux connaître ce monde sous-marin merveilleux et vous aidera à vous familiariser avec une faune et une flore insoupçonnée.

• Initiation gratuite tous les jours en piscine par petits groupes, pour apprendre à se servir du matériel (masque, palmes, tuba).

• Plongée en mer à moins de 3 mètres de profondeur, en suivant les cours d'initiation et les conseils de votre moniteur Marc.

• Pour les plongeurs confirmés : plongée en pleine mer par groupes de 4 à 5 personnes, tous les matins. Il existe aussi une vingtaine de sites de plongée dont les fameux sites des épaves de Saint-Pierre, coulées en 1902 lors de l'éruption de la montagne Pelée.

• Exemples de prix :
— le "baptême", la première plongée : 195 F.
— forfait possible pour 5 ou 10 plongées avec matériel fourni.
Forfait 10 plongées : 1 999 F.

La balade

• Le parc du Latitude

Sous la houlette du sympathique Henri Colnat, découvrez des différentes espèces végétales qui poussent dans le splendide parc du Latitude.

• Le Fort : Balade à pied jusqu'au sommet de la falaise qui domine l'Eldorador et d'où l'on peut admirer de magnifiques couchers de soleil.

• Les gorges de la Falaise

Une balade sportive, dans la forêt tropicale. Partir en bus jusqu'à Ajupa Bouillon puis accéder par un sentier forestier au lit de la rivière Falaise. Remontée du torrent qui s'encastre entre les gorges, formant un véritable canyon miniature pour atteindre les sources de la Falaise.

• Les environs du Latitude

Découverte du "Canton Suisse" puis descente vers Saint-Pierre. Continuation jusqu'au village du Prêcheur.

*E*ntraînement

6. Proposez des activités pour les différents moments

En puisant dans la page ci-contre, indiquez, pour un dépliant sur un hôtel ou un club, dix activités différentes pour différents moments de la journée.

Ex.: *Au cours de la matinée, vous pourrez, avec nos moniteurs spécialisés, perfectionner votre style de ski alpin.*

7. Proposez des activités pour les différents goûts

En puisant dans la page ci-contre, indiquez, pour un dépliant sur un hôtel ou sur un club, dix activités différentes pour dix goûts différents. Utilisez des phrases avec «si».

Ex.: *Si vous avez envie de vous faire de nouveaux amis, vous aimerez participer aux soirées «contact».*

8. Dans un dépliant, indiquez des possibilités d'activités

En utilisant des phrases commençant par «Il est possible de...» indiquez dans un opuscule ou un dépliant, les possibilités suivantes:

— s'initier à l'informatique avec les derniers modèles d'ordinateurs personnels;
— pratiquer la planche à voile, avec ou sans moniteur;
— découvrir la faune et la flore régionale;
— perfectionner son style de plongée;
— confier ses enfants à une monitrice pour quelques heures ou pour la journée.

9. Indiquez des possibilités aux vacanciers

Utilisez une forme plus personnelle *(Vous pouvez... ou Vous pourrez...)* pour dire à des vacanciers ce qu'ils peuvent faire:

— pratiquer leur sport favori avec des moniteurs qualifiés;
— s'adonner à l'équitation dans un paysage de rêve;
— s'initier à l'artisanat et au folklore local;
— apprendre à jouer de la guitare ou de la flûte;
— participer à la réalisation de spécialités culinaires de prestige;

— retrouver le plaisir d'un contact avec une nature parfaitement conservée;
— faire d'interminables parties d'échecs ou de scrabble dans les salons climatisés.

10. Des activités pour tous les âges

— En vous aidant de la page ci-contre et, si c'est nécessaire, du dictionnaire, faites une liste de six activités d'animation, en soirée, pour des jeunes de 15-18 ans.
— Faites la même chose pour des adultes.
— Faites la même chose pour des personnes du «3e âge»?

11. Des activités pour tous les endroits et toutes les saisons

En vous aidant de la page ci-contre et, éventuellement, du dictionnaire, faites une liste de cinq activités d'animation pour la journée:

— pour des jeunes de 10-15 ans, l'été, à la montagne;
— pour des jeunes de 10-15 ans, l'hiver, à la montagne;
— pour des adultes, l'été, à la montagne;
— pour des adultes, l'hiver, à la montagne;
— pour des «3e âge», l'été, à la montagne;
— pour des «3e âge», l'hiver, à la montagne.

Vos compétences

— Par ce que vous faites,
— Par la façon dont vous le faites,
— Par ce que vous dites ou écrivez,
— Par la façon dont vous l'exprimez,
les vacanciers doivent se sentir invités aux activités proposées. Vous devez leur donner envie de participer, mais ils doivent se sentir libres: «tout est proposé, rien n'est imposé».

Pour cela: il vous faut en particulier...

...des formes grammaticales:

Des propositions avec «si» conditionnel :

— Si vous *êtes* un fanatique de tennis, vous *pourrez* satisfaire votre passion.
— Si vous *préférez* le farniente, vous *pourrez* vous faire dorer au soleil.
N.B.: Observez les temps des verbes: *futur* dans la subordonnée; *présent* dans la principale.

Des phrases impersonnelles:

— Il est possible de participer aux animations.
— Il est possible de confier vos enfants à la monitrice.

Le verbe «pouvoir» au présent et au futur:

— Vous pouvez vous initier à la planche à voile.
— Vous pourrez faire connaissance avec les artisans du pays.

...des expressions de temps:

— *Dès* le matin, vous pourrez participer...
     votre arrivée...
— *Dans la matinée,* vous vous initierez à la plongée.
— *Au cours de la matinée...*
— *A midi (A l'heure du déjeuner)* vous écouterez un concert.
— *L'après-midi,* vous aurez le choix entre...
— *En fin d'après-midi...*
— *En soirée (le soir)* vous pourrez écouter une conférence sur la météorologie en montagne.
— Vous danserez *jusqu'*à l'aube.
— *Tous les soirs (chaque soir)* un thème différent vous sera proposé.
— *Une fois par semaine...*
— *Plusieurs fois par jour...*

... des mots :

des projections diapos	l'ambiance	aimer
un film vidéo	le dynamisme	participer
des danses folkloriques	la bonne humeur	assister
des jeux de société	la liberté	désirer
des tournois (tennis, échecs, scrabble)	la décontraction	souhaiter
un concert	le calme	préférer
une soirée (fondue, raclette)	le contact	visiter
un piano-bar	la socialisation	pratiquer
un atelier (informatique, poterie, peinture, musique)	la découverte	s'initier à } un sport
une discothèque	un passionné de...	
	un fanatique	
	un adepte du farniente	
	un sportif chevronné	

A ctivités professionnelles

12. L'affiche soirée costumée

En vous aidant de tous les éléments de ce dossier, créez, par groupes de trois ou quatre, une affiche illustrée de l'Hôtel Lydia-Playa de Port-Barcarès, pour annoncer la soirée costumée. Précisez, évidemment, la date, et dites que, dans l'après-midi une animatrice aidera ceux qui le désirent à préparer leur déguisement.
Un prix à la meilleure affiche!

13. Une affiche pour l'animation de l'Hôtel-Club «Lanzarote Princess» de Playa Blanca

Ecrivez et mettez en page le texte de l'affiche que les animateurs de l'Hôtel-Club «Lanzarote Princess» de Playa Blanca doivent préparer pour annoncer aux touristes francophones le programme d'animation du lendemain 1er juillet. Les activités prévues sont : aérobic pour les dames ; musculation pour les messieurs ; initiation à la plongée sous-marine ; découverte du milieu : la flore et la faune aux Canaries ; atelier de bricolage ; atelier de peinture sur soie ; jeux de plage ; concert de musique enregistrée ; spectacle de danses folkloriques ; jeux d'équipe.
Pour chaque activité, précisez : le moment, le lieu, le nom de l'animateur, le public destinataire (adultes, femmes, enfants, etc.).
Faites ce travail en groupes de trois ou quatre.

14. L'animation présentée à la radio

L'Hôtel «Lanzarote Princess» dispose d'une radio privée à faible puissance qui donne chaque matin le programme d'animation de la journée (v. ex. 13). Présentez à l'antenne ce programme. Attention : à l'oral, vous pouvez donner plus de détails, insister davantage sur certaines activités, ne pas respecter l'ordre chronologique, etc.
Attention au ton utilisé!

15. L'animation dans un hôtel de Chamonix en janvier

a) Faites la liste des activités possibles offertes aux vacanciers par votre hôtel familial «La Belle vue», à Chamonix, en hiver. Attention : il n'est pas nécessaire de proposer cinquante activités : les touristes vont à Chamonix surtout pour faire du ski ; pensez surtout aux fins d'après-midi et aux soirées ;

b) Présentez ces activités d'animation dans un dépliant sur l'hôtel. Vous pouvez vous inspirer de la présentation de l'animation du «Latitude».

16. Traduisez le programme d'animation pour des touristes français

Procurez-vous le programme d'animation d'un club-hôtel de votre pays rédigé dans votre langue maternelle, et traduisez-le en français.

Attention! Il n'est pas nécessaire de traduire mot à mot! Une adaptation suffit.

17. Envoyez une télécopie (ou un fax)

La télécopie (ou fax) n'impose pas une présentation spécifique puisqu'elle permet d'expédier sous forme de photocopie n'importe quel document. Elle prend donc l'apparence du document professionnel envoyé : lettre (type lettre commerciale), informations brèves en style télégraphique, devis, programmes, circuits, réservations, etc.
Dans tous les cas, il faut toujours mentionner le nom et l'adresse de l'expéditeur, du destinataire, ainsi que le nombre de feuillets envoyés.
En tenant compte des remarques ci-dessus, envoyez par télécopie le programme d'animation que vous venez de traduire, accompagné d'une lettre, à un voyagiste français avec qui vous travaillez :
Vacances Actives, télécopie : (1) 42.62.95.79.

TÉLÉCOPIE

N° de pages (celle-ci incluse) 1   Notre n° de fax : (33-1) 46 37 26 13

A l'attention de : Jean-Pierre BALESTRA / DIVA & Co
De la part de : Aline MARTIN / LOGOS VOYAGES
Date : 12 juillet 1991
Objet : RESERVATION

Suite notre entretien téléphonique, vous confirme pour le 19/07/91 réservation de 3 autocars-vidéo pour 130 clients (120 enfants+10 adultes), journée ayant pour destination le CIRQUE POVELLS au Jardin d'acclimatation, ce pour le compte de la Société B.I.C.S.

Merci de votre reconfirmation de tarif et bonne coopération

Amicales salutations
Aline MARTIN

Vous avez préparé ma note ?

Au moment de quitter l'hôtel,
le client doit payer sa note.
Voici trois situations légèrement différentes
l'une de l'autre :

Situation 1

— Bonjour, Madame; vous pouvez préparer notre
   note, s'il vous plaît?
— Vous partez tout de suite?
— Oui.
— Je vous la prépare immédiatement.
   ...
Voilà, Monsieur, trois nuits, pour trois personnes,
chambre et petit déjeuner, et six menus à
80 francs; 2 280 francs, Monsieur.
— Vous acceptez les cartes de crédit?
— Bien sûr, Monsieur. Un instant, je vous prie.
   (La réceptionnaire prend la carte et s'assure,
   au moyen du terminal qui la relie à la banque,
   que le compte du client est approvisionné.)
   ... Très bien, Monsieur.
— Au revoir, Madame, merci.
— Au revoir, Messieurs-dames, bon boyage.

Situation 2

— Monsieur... je pars; je vous donne le bon
   d'échange?
— Ah! C'est l'Agence Française de Tourisme, de
   Saint-Etienne. Une demi-pension. C'est parfait,
   Madame, merci.

Situation 3

— Oh! Bonjour,
   Monsieur. Vous repartez?
— Oui...
— J'envoie la facture
   à votre entreprise,
   comme d'habitude?
— Oui, s'il vous plaît.
— Très bien; au revoir, Monsieur, bon voyage.
   Mon bon souvenir à votre directeur.
— Merci, ce sera fait.

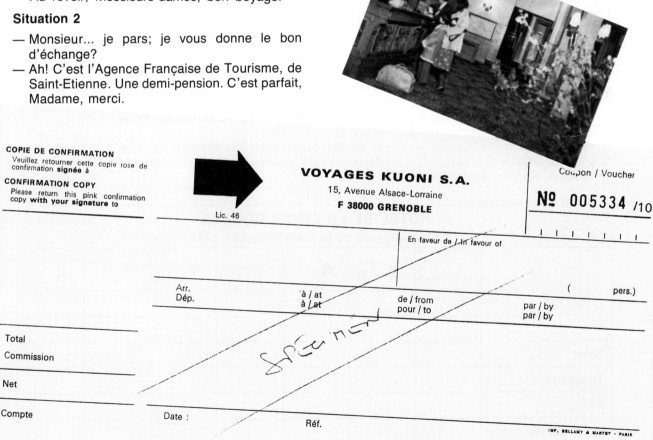

Compréhension

1. Comment ils payent.

Ecoutez une fois les trois brefs dialogues et notez ci-dessous comment chacun des clients paye sa note d'hôtel :

— Premier client: ....

— Deuxième client: ....

— Troisième client: ....

2. Avez-vous bien compris les trois dialogues?

Lisez les questions suivantes, puis écoutez une ou deux fois les trois dialogues. Notez, en style télégraphique, les réponses et justifiez-les:

— Des trois voyageurs, quel est celui qui voyage pour son travail?
— Quel est celui qui est certainement passé par une agence de voyages?
— Quel est celui qui, probablement, voyage en famille?
— Quel est celui qui a certainement pris des repas en dehors de l'hôtel?
— Quel est celui qui est déjà connu à l'hôtel?
— Quel est celui qui a déjà payé?
— Quel est celui dont la note sera payée plus tard?
— Quel est celui dont la note est payée au moment de son départ?

Après avoir répondu, réécoutez une dernière fois pour vérifier l'exactitude de vos réponses.

3. Le tableau des prestations fournies

— Réécoutez le premier des trois dialogues et notez le prix total et le prix du repas.
— Calculez le prix de la nuit + petit déjeuner dans cet hôtel.
— Monsieur et Madame François, les clients qui paient cette note, sont arrivés le 23 février. Remplissez, à la place du secrétaire, le tableau des prestations hebdomadaires fournies à Monsieur et Madame François. Plusieurs solutions sont possibles.

Ch. 205	**HOTEL DE LA CROIX-ROUSSE** 150, boulevard de la Croix-Rousse - LYON						
	L	M 23	M	J	V	S	D
Ch + P.D.							
Déjeuner							
Dîner							
Téléphone							
Divers							
Total journée							
TOTAL SEMAINE							

CENTRE INTERNATIONAL DE SEJOUR
AUBERGE DE JEUNESSE-CAMPING

125, Av. de Villeneuve-St-Georges
94600 Choisy-le-Roi

Tél. : (1) 48.90.92.30

Banque : Crédit Lyonnais
Agence YR 614 - compte 5360 W
CCP : 30327-43 La Source

Istituto Tecnico Statale

Commerciale

ROVIGO   ITALIE

Choisy-le-Roi, le 14 Mars 1985

Messieurs,

Nous vous prions de trouver ci-dessous la facture du groupe qui a séjourné dans notre établissement dernièrement.
Nous espérons recevoir le règlement de cette facture dans les deux ou trois prochaines semaines.
Vous en remerciant par avance, nous vous prions d'agréer, Messieurs, l'expression de nos sentiments distingués.

La direction

FACTURE N° 5196

Séjour du __11 Mars__ au __15 Mars 1991__

4 X 161	Demi-pensions	× 124,00 F	F =	79 856,00 F
	Pensions complètes	×	F =	
	Suppl. Chambres	×	F =	1 600,00 F
		×	F =	
		×	F =	
		×	F =	

TOTAL à régler .... 81 456,00 F

Acomptes versés .... 25 000,00 F

Reste dû .... 56 456,00 F

La présence facture est arrêtée à la somme de :

Quatre-vingt-un mille quatre cent cinquante-six francs.

— Effectuez un règlement distinct pour chaque facture. P/O *Le Directeur*

— Précisez toujours le numéro de la facture.

4. **La note donnée à Monsieur François**

En utilisant les éléments fournis par le dialogue, établissez la note que l'hôtel donne à Monsieur François au moment de son départ.

5. **Les parties de la lettre**

Examinez bien la lettre de la page précédente; donnez les informations suivantes:

— qui l'a envoyée: ....

— à qui: ....

— pour quoi faire: ....

— quand elle a été écrite: ....

— quelle est l'adresse de l'expéditeur: ....

— l'adresse du destinataire: ....

— de combien de manières (lesquelles) on peut envoyer de l'argent à l'expéditeur de cette lettre: ....

Le *bon d'échange* ou *voucher* est délivré par les agences de voyage ou les centrales de réservation de certaines chaînes d'hôtels contre paiement du prix des chambres ou des repas. Ils permettent au voyageur et au touriste de ne pas emporter beaucoup d'argent liquide, puisqu'il a payé avant son départ. Ils sont comme des *chèques:* ils ont la valeur des services pour lesquels ils sont délivrés.
Le *bon d'échange* est rédigé en cinq exemplaires:
— 1 pour le client (blanc) qui le remettra à l'hôtelier. Celui-ci le renverra à l'agence émettrice en même temps que sa facture;
— 1 (rose) est envoyé à l'hôtel qui le renvoie à l'agence pour la confirmation de la réservation;
— 1 (jaune) est gardé par l'hôtel;
— 1 (vert) reste à l'agence pour le service comptabilité;
— 1 (blanc) roste aux archives de l'agence.

Coupon / Voucher

N° 005334 /10

VOYAGES KUONI S.A.
15, Avenue Alsace-Lorraine
F 38000 GRENOBLE

Lic. 46

En faveur de / In favour of

(pers.)

par / by
par / by

de / from
pour / to

à / at
à / at

Arr.
Dép.

IMP. BELLAMY & MARTET

Total

Commission

Réf.

Net   Date :

Compte

Entraînement

6. **Exprimez poliment un désir par lettre: «Nous espérons...»**

En commençant la phrase par «Nous espérons», écrivez, dans la lettre à un client, que vous comptez:

— avoir le plaisir de l'accueillir prochainement;
— le recevoir de nouveau l'année prochaine;
— avoir rapidement une réponse à votre lettre;
— pouvoir lui réserver sa chambre habituelle;
— pouvoir rouvrir votre établissement pour le 1er juin.

7. **Fixez des dates pour le paiement**

— Recopiez la phrase de la lettre de la page précédente qui fixe la date du paiement.
— Faites quatre phrases pour indiquer autrement la date du paiement (v. page suivante).

8. **Faites des phrases subordonnées en finale de lettre**

— Recopiez la phrase de la lettre de la page 63 qui fixe la date du paiement.

— Faites quatre phrases pour indiquer autrement la date du paiement (v. page suivante).

— Nous espérons recevoir bientôt le règlement de cette facture et nous vous prions d'agréer nos meilleures salutations.

— Je vous souhaite bonne réception de ce document et je vous prie de croire à l'expression de mes sentiments les meilleurs.

— Je vous prie de bien vouloir accuser réception de ce chèque et je vous prie d'agréer mes sincères salutations.

— Nous vous remercions de votre attention et nous vous prions de croire à nos meilleures salutations.

9. **La facture**

Expliquez oralement au responsable du groupe de l'I.T.C., à qui elle aurait pu être remise directement, la facture du Centre International de Séjour:

«Vous avez quatre jours de demi-pension pour... personnes...». Continuez.

Voici le texte qui figure au verso de l'exemplaire jaune du bon d'échange; ce texte s'adresse évidemment au prestataire de service: hôtelier, restaurateur, transporteur, etc.

Please make the necessary arrangements and render services specified overleaf, confirming same by returning the **pink copy**.

The **original voucher** should be collected from our clients and sent to us, together with your invoice for immediate settlement.

Any additional services not covered by our voucher must be charged to clients directly, and we shall not be responsible for such charges. In case clients wish to change their itinerary, your expenses (phones, cables, etc.) must be collected directly.

We thank you for your co-operation.

Yours very truly,

VOYAGES KUONI

Nous vous prions de bien vouloir prendre note des services détaillés au recto de ce bon et de nous les confirmer en retournant la **copie rose**.

Veuillez retirer des clients le **coupon original** et nous l'envoyer avec votre facture. Nous vous ferons parvenir le règlement dans les meilleurs délais.

Tous frais supplémentaires non couverts par notre bon doivent être payés par les clients. Si les voyageurs désirent changer leur itinéraire, il y a lieu d'encaisser directement vos débours (téléphones, télégrammes, etc.).

Nous vous remercions de votre collaboration.

Vos dévoués.

VOYAGES KUONI

Vos compétences

— Calculer le montant d'un séjour.
— Tenir à jour le tableau des prestations fournies.
— Préparer une note.
— Etablir une facture.
— La donner au client ou l'expédier par lettre en lui fournissant des explications si c'est né-
cessaire.
— Eventuellement, rappeler à l'ordre un client qui a oublié de payer.
— Connaître les différents moyens de paiement.

N.B.: le télex sert à communiquer, non à envoyer des documents; il ne peut donc pas être utilisé pour envoyer une facture, qui doit être *signée*.

Vous devez savoir en particulier faire des lettres et connaître certaines expressions et tournures qui y sont fréquentes:

— **Nous espérons recevoir** bientôt votre paiement.
   Nous espérons pouvoir vous accueillir bientôt.

— **Des expressions de temps,** pour indiquer la date du paiement:
   • *...dans les deux ou trois prochaines semaines*
   • *...immédiatement*
   • *...par retour du courrier*
   • *...le plus rapidement possible*
   • *...avant le 30 avril.*

— **Les propositions subordonnées avec le gérondif,** qui, dans les lettres (phrases finales) et dans la langue administrative en général, remplacent souvent deux propositions coordonnées:

   au lieu de:
   Nous vous remercions **et** *nous vous prions d'agréer...*

   on écrit:
   En vous remerciant, nous vous prions d'agréer nos meilleures salutations.

Vous devez connaître aussi des mots et expressions :

la note (d'hôtel)	*Les modes de paiement :*
la facture	
un acompte	en espèces
le solde (solder)	par chèque
le règlement (régler)	par virement C.C.P.
le paiement (payer)	par virement bancaire
une réduction	avec un bon d'échange (un voucher)
un supplément	avec une carte de crédit
le total	avec une carte à mémoire
	ou avec une carte à puce

Activités professionnelles

10. Envoyez la facture à l'entreprise

Le secrétaire de l'Hôtel Métropole de Montpellier envoie aux Etablissements Berliet de Lyon (service comptabilité) la facture relative au séjour de leur collaborateur, Monsieur Legendre, du 11 au 15 mai 1991, en pension complète (par jour : 715 F). Monsieur Legendre a aussi pris 3 bouteilles de vin à 120 F pièce, 2 bouteilles d'eau minérale à 15 F pièce et a téléphoné pour 250 F.

Faites la facture et la lettre qui l'accompagne, à la place du secrétaire.

11. Un télex de rappel

Un mois après l'envoi de la facture (v. ex. 10), le service comptabilité des Etablissements Berliet ne l'a pas encore réglée.

Envoyez-lui un télex, pour lui demander s'ils ont reçu la facture, dont vous précisez la date et les autres données, et pour lui demander de la payer le plus rapidement possible.

Faites le télex complet (v. dossiers précédents).

12. On a oublié la réduction!

Monsieur O'Connors, de Dublin, a séjourné cinq jours en pension complète au «Colbert», de Clermont-Ferrand (559 F par jour la pension complète). Il va partir. Au moment de payer sa note, il s'aperçoit qu'on a oublié d'appliquer la réduction de 10 % que l'Hôtel pratique habituellement à son entreprise. Il a raison; le réceptionnaire s'excuse et rectifie. Monsieur O'Connors dit que ce n'est pas grave. Il paie en espèces et demande un reçu, pour le service comptabilité de son entreprise.

— Etablissez, sur le modèle de celui de la p. 62, le tableau des prestations fournies à Monsieur O'Connors.
— Etablissez la note en tenant compte de la réduction.
— Faites, par groupes de deux, la conversation entre Monsieur O'Connors et le réceptionnaire du «Colbert».

13. Une lettre pour demander le paiement du bon d'échange

La secrétaire de l'Hôtel «Le Valois», de Cognac, envoie à l'Agence Française de Tourisme de Saint-Etienne le bon d'échange qu'a laissé le client (v. dialogue en début de dossier) et la facture de ses services et elle en demande le paiement.

Faites la lettre pour elle sans omettre aucune partie.

8, rue du Port
94130 NOGENT s/s MARNE
Tél. (1) 48.72.70.00
R.C. 72 B 3680 - S.H.E.N.
Télex : 210 116

```
CODE V:              15
NUMERO :            716
PAX           2

WON?    DAGNY
DATE ARR  131090
DATE DEP  181090

13/10/90
        DOUBLE           430.00
        PETIT DEJEUNER    80.00
14/10/90
        DOUBLE           430.00
        GRILL            113.00
        PETIT DEJEUNER    80.00
15/10/90
        DOUBLE           430.00
        GRILL            100.00
        2 PETIT DEJEUNER   80.00
        MINI BAR          14.00
16/10/90
        DOUBLE           430.00
        GRILL            121.00
        2 PETIT DEJEUNER   80.00
17/10/90
        DOUBLE           430.00
        MINI BAR          14.00
        MINI BAR          14.00
        2 PETIT DEJEUNER   80.00
        TELEPHONE         36.00

        S/T DEBITS     2962.00


        S/TOTAL :      2962.00
```

Celui qui travaille dans un restaurant doit savoir:

— prendre les commandes des clients français
— les informer et les conseiller sur les mets et les vins
— donner et comprendre une recette.

RESTAUREZ-VOUS
AU SOLEIL DES TROPIQUES

l'Escale des Iles

15, Grande Rue à Valence

Spécialités de
Guadeloupe, Martinique, Réunion, Maurice...
à partir de 50 F

Plats a emporter sur commande

Pour réserver : 75.56.00.90

Ouvert tous les soirs à partir de 16 h

Restaurants

Pour cela vous apprendrez dans cette section à:

	avec des collègues, en face à face
— faire des dialogues	
	avec des clients	en face à face plus rarement par téléphone

— lire
des menus
des recettes
accessoirement, des télex et des lettres

— écrire
des menus
des recettes
accessoirement, des télex et des lettres

LE SPECIALISTE DES VINS DE SAINT-EMILION ET POMEROL

Si vous souhaitez recevoir notre liste, veuillez nous retourner ce coupon à :

BORDEAUX MILLESIMES
42, RUE DE RIVIERE. 33000 BORDEAUX.

Allô! c'est bien le restaurant « Le Rallye » ?

La secrétaire d'un lycée de Valence téléphone au gérant d'un restaurant self-service de Paris.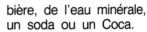

— Allo ? Ici Lycée Emile-Loubet, de Valence. C'est bien « Le Rallye » ?

— Oui, Madame.

— Je voudrais parler avec Monsieur Gallo.

— C'est lui-même, Madame.

— Ah ! Bonjour, Monsieur. Je voudrais savoir si vous pourriez recevoir pour déjeuner un groupe de 80 personnes environ, les 11, 12, 13 et 14 avril...

— Oui, bien sûr. Au restaurant ou au self ?

— Ça dépend des prix...

— Au self, je peux vous faire 49 F le repas, qui comprend un hors-d'œuvre froid : crudités, charcuterie, œufs durs-mayonnaise, etc. ; un plat chaud avec légumes : poulet rôti, côte de porc, steack haché, rôti de veau ; tout ça avec de la salade, des frites ou d'autres légumes ; un fromage et un dessert : fruit frais, salade de fruits, pâtisserie ; pain à volonté.

— La boisson est comprise ?

— Non, la boisson c'est 15 F. Si vous la prenez, je peux vous faire un forfait : repas plus boisson à 60 F.

— Qu'est-ce que vous donnez, comme boisson ?

— Au choix, un quart de vin, un quart de cidre, de la bière, de l'eau minérale, un soda ou un Coca.

— Et le restaurant ?

— Eh bien, au restaurant le choix est un peu plus vaste et surtout, vous êtes servis. Évidemment, c'est un peu plus cher... à peu près 30 F de plus.

— Je crois que le self ira très bien. Mais si quelqu'un préférait le restaurant ?

— S'il s'agit de sept ou huit personnes, pas de problème. S'il y en avait davantage, il faudrait avertir à l'avance.

— A quelle heure il vaudrait mieux y aller ?

— Pas avant 1 heure. Si vous veniez plus tôt, vous risqueriez de devoir attendre. Alors, je prends note pour les 11, 12, 13 et 14 avril, un groupe de 80 personnes ; c'est bien ça ?

— C'est exact.

— C'est quel lycée, vous m'avez dit ?

— Émile-Loubet, de Valence.

— Merci, au revoir, Madame.

— Au revoir, Monsieur.

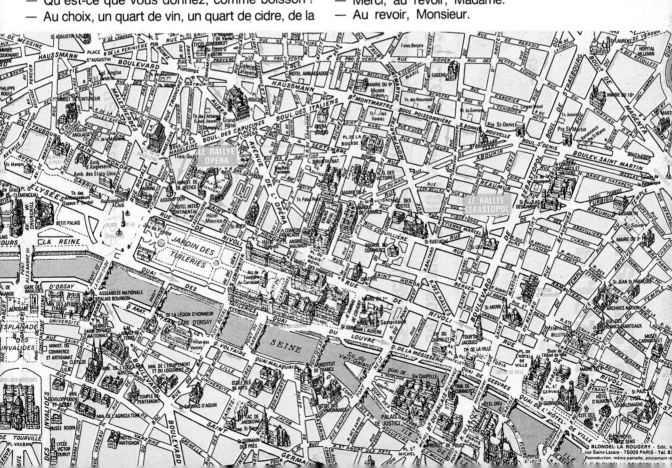

Compréhension

1. **Ecoutez la conversation téléphonique et prenez note**

Ecoutez la conversation téléphonique en prenant note d'un côté de ce qui intéresse Monsieur Gallo, de l'autre de ce qui intéresse la secrétaire du lycée:

Monsieur Gallo	Lycée
Nom du groupe:	Prix: ....
Nombre de personnes:	Menu: ....
Jours et heure:	....
....	....

Nom	Adresse Tél.	Spécial.	H. et J. d'ouvert.	Prix	Autres

2. **Le document publicitaire des restaurants « Le Rallye »**

a) Regardez attentivement la page ci-contre et dites:
— Lequel de ces deux restaurants prépare des petits déjeuners;
— Lequel prépare des paniers-repas;
— Combien de types de repas (déjeuners et dîners) sont proposés.

b) Distinguez, dans la présentation, *ce qui sert à manger* de *ce qui se mange*. Soulignez de couleurs différentes, sur la feuille.

c) — Est-il possible de demander d'autres paniers-repas?
— Quel conseil est donné à ceux qui veulent des paniers-repas?
— Qu'est-ce qui peut encourager les chauffeurs et les guides à mener leurs groupes au Rallye?
— Quel menu est le plus varié: un de ceux-ci, ou celui qui est proposé à la dame de Valence?

RESTAURANT ANDRE PROVOST (*cuisine traditionnelle*) 1, rue de Coulmiers (14ᵉ), 45.39.86.99. Mᵒ Pte d'Orléans. Saumon fumé maison, salade de pied de cochon. A partir de 12 h et de 19 h 30 à 22 h. Fermé sam. et dim., août et 1 semaine à Pâques. Prix moyen des repas de 200 à 250 F. Produits maisons « Traiteur Provost », 128, av. du Gl.-Leclerc.

LA COUPOLE (*brasserie*) 102, bd. du Montparnasse (14ᵉ). 43.20.14.20. Tlj. jusqu'à 1 h 45. Spécialités : curry à l'indienne, choucroute spéciale, cassoulet, grillades, huîtres et coquillages, pâtisseries maison, C.B.

GRILL ELY-CHAMPS (*fondues - raclettes*) 116, av. du Gl-Leclerc, 14ᵉ. 45.43.98.18. Mᵒ Alésia, Pte d'Orléans, PC Pte d'Orléans. Fondues. Raclettes. De 11 h 30 à 14 h 30 et de 18 h 30 à 22 h. Prix moyen 100 F. Buffet de hors-d'œuvre à volonté. CB.

LA GUERITE DU SAINT-AMOUR (*poisson*) 209, bd Raspail (14ᵉ). Tél. : 43.20.64.51. Mᵒ Vavin/Raspail. Ouvert de 12 h à 15 h et de 19 h à 0 h. A la carte : 160 F. St-Jacques à l'étuvée. Filet de Turbot au poivre. Possibilité de parking. Accueil agréable dans un cadre feutré. AE, DC, DC.

AU LAC DE COME (*italien*) 129, bd. du Montparnasse (14ᵉ). 43.22.52.36. De 12 h à 14 h et de 20 h à 23 h 30.

Fermeture dimanche et lundi. Spécialités : Pâtes fraîches. Menu 150 F env.

LE MONIAGE GUILLAUME (*nouvelle cuisine*) 88, rue de la Tombe Issoire (14ᵉ). 43.22.96.15 et 43.27.09.88. Midi à 14 h 30 et de 19 h 30 à 22 h 30. Fermeture le dimanche. Spécialités : Poissons. Huîtres. Homard. Langouste. Menus 135 F et 195 F vin compris snc. Cartes accréditives C.B. A. Exp. Dinner's-Club. Eurocard.

EL CARACOL (*cuisine espagnole*) 32, rue Jean-Maridor (15ᵉ). Tél. : 45.57.72.89. Mᵒ Lourmel ou Boucicault. Ouvert de 12 h à 15 h et de 19 h à 22 h. Fermé dim. et Août. Menu : 80 F le soir, carte 100 et 120 F. Paëlla et zarzuela. CB.

RAAJMAHAL (*indien*) 192, rue de la Convention (15ᵉ) 45.33.15.57. Prix Marco Polo 81 (prix du meilleur restaurant indien). Spécial Tandoori. Menu midi : 59 F. sc. Boissons nc. Deux salles climatisées. Affaires, banquets, boutique traiteur. Fermé dim.

RESTAURANT FLORENCE (*cuisine traditionnelle*) 26, rue de la Convention (15ᵉ), 45.78.10.42. Mᵒ Javel. Boudin de St Jacques à l'oseille, cœur de charolais aux 2 sauces. De 12 h à 14 h 30 et de 19 h à 23 h. Fermé dim. Menu midi 57,50 F sc, soir 138 F sc. carte à partir de 100 F. CB. Accueil agréable, ambiance feutrée.

3. **Pour ceux qui ne se contentent pas de la «restauration rapide»: des restaurants pour tous les goûts et toutes les bourses**

Lisez attentivement les présentations de restaurants faites par la revue *7 à Paris* et écrivez-les «en clair». *Pour vous aider:* SC = service compris; CB = Carte Bleue; AE = American Express; DC = Dinner's Club (cartes de crédit acceptées).
— Cherchez, dans le dictionnaire, les noms de produits que vous ne connaissez pas.
— Agrandissez le tableau ci-dessus et présentez visuellement ces différents restaurants.

RESTAURANTS
LE RALLYE

"LE RALLYE SEBASTOPOL" 90, BOULEVARD DE SEBASTOPOL 75003 PARIS (1) 42 72 83 05

TELEX : RALLYE 240.723 F.

CONDITIONS POUR GROUPES

●

RALLYE - OPÉRA

Tous les jours à partir de 7 heures (réservation à l'avance recommandée).

PETIT DÉJEUNER à 24 F.

— Café noir, avec lait, ou chocolat ou thé
— 1 croissant ou brioche

— 1 petit pain
— Beurre et confiture

●

RALLYE - SÉBASTOPOL

PANIERS REPAS A EMPORTER

PANIER-REPAS à 31 F. (à emporter)

— Plateau individuel
— Serviette en papier
— Couvert plastique
— Paille
— 1 soda
— 1 oeuf dur

— 1 sachet de chips
— 1/4 de poulet ou tranches de rôti de dinde
  (*) ou 2 tranches de jambon sous vide
— 1 petit pain
— 1 fruit de saison

PANIER-REPAS à 42 F. (à emporter)

— Plateau individuel
— Serviette en papier
— Couvert plastique
— Paille
— 1 soda ou vin ou bière
— 2 petits pains
— 1 boîte individuelle de pâté

— 1 sachet de chips
— 1 tranche de rôti de porc avec mayonnaise
  en sachet
— 1 portion de camembert avec beurre
— 1 sachet de biscuits
— 1 fruit de saison

GOÛTER à 18 F. (à emporter)

— Emballage individuel
— 1 pain au chocolat
— 1 fruit de saison

— 1 sachet de biscuits
— 1 soda

● Ces propositions ne sont pas limitatives, et nous sommes à votre entière disposition pour étudier toutes vos suggestions.
  (*) avec commande préalable au moins 3 jours avant la date d'enlèvement.
● Réservation à l'avance recommandée.
● Possibilité de livraison à PARIS des Paniers-Repas à partir de 50 paniers.
● **CONDITIONS PARTICULIÈRES AUX CHAUFFEURS ET AUX GUIDES.**

Entraînement

4. **Assurez-vous que vous n'avez pas fait un faux numéro**

En utilisant l'expression présentée page ci-contre, assurez-vous que, par téléphone, vous avez eu le numéro que vous cherchiez.
Vous voulez téléphoner:

— au bureau de réservation Air France;
— au bureau de renseignements de la gare;
— à l'Agence Française de Tourisme;
— à l'Hôtel Alboro;
— au restaurant «Les Artistes».

Faites l'exercice par deux ; l'un pose la question, l'autre répond affirmativement.

5. **Vous êtes la personne demandée au téléphone; dites-le**

Que répondent les personnes suivantes si c'est elles qu'on demande au téléphone?
— Je voudrais parler avec Mademoiselle Faisant;
— Je voudrais parler avec votre directeur;
— Est-ce que je pourrais parler avec le responsable des groupes, s'il vous plaît?
— Est-ce que je peux parler avec Madame Russier, s'il vous plaît?

Faites ces débuts de conversations téléphoniques par deux.

6. **Repérez les indications de quantité**

Lisez la transcription du dialogue initial et le document publicitaire reproduit à la page précédente ; soulignez toutes les indications de quantité et transcrivez-les dans le tableau ci-dessous, en les classant selon les catégories présentées :

7. **Indiquez des quantités**

En combinant les noms de plats et de boissons présentés sur la page ci-contre et les indicateurs de quantité suivants, indiquez le plus grand nombre possible de plats ou de boissons: (au moins trente): *un; une; de la; de l'; des; du; deux, trois, à volonté; un peu de; une tranche; un sachet; un paquet; 1/4; 1/2; une assiette; un verre.*

Attention: tous ces mots ne se combinent pas avec le nom de tous les plats ou boissons!
Classez ces indications de quantité selon les catégories identifiées dans l'exercice précédent.

8. **Exprimez des hypothèses plausibles**

Avec les phrases suivantes, faites des hypothèses avec «si», pour parler aux clients (v. exemples p. ci-contre):

— N'arrivez pas trop tôt, vous devrez attendre.
— Allez au restaurant; on vous servira.
— Allez au self; vous payerez moins cher.
— Amenez votre groupe; je vous ferai des conditions particulières.
— Prenez tous une boisson: je pourrai vous faire un forfait.

9. **Exprimez des hypothèses plus incertaines**

Avec les phrases de l'exercice précédent, faites des hypothèses plus incertaines (*si + imparfait:* v. page ci-contre).

quantité indéterminée pas de partitif	quantité indéterminée partitif	quantité déterminée numéral	quantité déterminée autres déterminations

Vos compétences

Dans les restaurants libre-service, les compétences linguistiques requises du personnel au contact avec les clients sont minimes. Souvent, toutefois, surtout quand on accueille des groupes, il faut prendre des accords, le plus souvent de vive voix, en face à face ou par téléphone.

Vous devez savoir
— parler au téléphone;
— présenter le restaurant et dire ce qu'il offre;
— indiquer les prix;
— présenter votre restaurant aussi par écrit, dans un dépliant publicitaire par exemple.

Pour cela: vous devez connaître et savoir utiliser...

...les expressions typiques du téléphone:

— *C'est bien le Rallye?* pour s'assurer qu'on n'a pas fait un faux numéro.

— *C'est lui-même* pour répondre qu'on est la personne demandée. Si c'est une femme, elle répond, évidemment *C'est elle-même.*

...les formes pour exprimer des quantités:

— *de la* bière, *des* frites	:	**l'article partitif**
— *un* soda, *deux* petits pains	:	**les numéraux cardinaux**
— *une portion de* fromage *un quart de* vin *une tranche de* rôti *une bouteille de* coca-cola *un sachet de* frites	:	**diverses déterminations**

N.B.: on peut omettre toute détermination de quantité:
— dans une liste: *crudités, charcuterie, oeufs durs*
— après «avec»: *saucisson avec beurre...* si le nom qui précède n'est pas déterminé.

...les formes pour formuler des hypothèses:

hypothèse plausible (généralisation, langue courante) :
— *Si vous allez dans cette brasserie, ils vous servent toujours une choucroute copieuse.*
— *Si vous prenez la boisson, je peux vous faire un forfait : repas + boisson à 60 F.*

hypothèse plausible :
— *Si vous vous décidez, nous nous ferons un plaisir de vous accueillir dans notre établissement.*

hypothèse plus incertaine :
— *Si vous veniez plus tôt, vous risqueriez de devoir attendre.*

N.B. : observez les temps des verbes utilisés dans les exemples ci-dessus.

...des mots: tous ceux qui se réfèrent à la nourriture et à la boisson; en particulier:

un hors-d'œuvre	de la mayonnaise	du poulet rôti	des fruits	du cidre
un plat chaud	des légumes	une côte de porc	de la pâtisserie	de la bière
un dessert	des frites	un steak (haché)	une boisson	un soda
des crudités	de la salade	du rôti de veau	de l'eau	un Coca-cola
des œufs (durs)		du fromage	du vin	

A ctivités professionnelles

10. **Les propositions d'un restaurateur au responsable d'un groupe français**

Vous êtes directeur d'un restaurant ou d'un self-service de votre pays. Le responsable d'un groupe français vous téléphone pour vous demander si vous pouvez accueillir son groupe. Vous répondez que oui, et vous faites deux propositions : un plat + boisson (prix à préciser), ou repas complet (préciser de quoi il est composé, boisson comprise ou non et prix). Vous voulez savoir la veille combien choisissent le plat et combien le menu. Précisez si c'est un libre-service ou si le service est à la table.

Faites par deux cette conversation téléphonique en demandant et en donnant toutes les précisions utiles.

11. **Le menu à l'entrée du self**

Avec les informations contenues dans le dialogue initial, rédigez le menu à afficher à l'entrée du self et mettez-le en page correctement. Utilisez la subdivision classique: hors-d'oeuvre, plats chauds, légumes, desserts, boissons. Indiquez les prix en Francs de chaque plat.

Attention: le prix d'un repas «à la carte» est supérieur au prix du forfait accordé par Monsieur Gallo au groupe de Valence.

12. **Envoyez la facture des repas au lycée**

Le groupe de Valence a pris ses repas au Rallye. Envoyez à l'intendant du lycée la facture relative aux repas. A chaque repas, 35 personnes ont pris le forfait à 39 F et 45 celui à 47 F.

Ecrivez la facture et la lettre qui l'accompagne (Vous pouvez vous inspirer des documents présentés dans le dossier précédent).

13. **Répondez au télex de l'agence de voyages**

Le Rallye a reçu le télex suivant:

```
BJ MRS

ICI HORIZONS EUROPEENS DE BRUXELLES. POUVEZ-VOUS ACCUEILLIR LES 12-13-14 JUIN
PROCHAINS 65 PERSONNES A DEJEUNER? MERCI DE ME FAIRE PROPOSITIONS DE MENUS ET
DE PRIX. REPONSE URGENTE.
ORV MRS

DIRK-HORIZONS EUROPEENS - BRUXELLES.
```

Répondez à ce télex en proposant les mêmes conditions qu'au groupe de Valence.
BJ MRS et ORV MRS sont des abréviations utilisées fréquemment dans les télex, qui signifient respectivement: *Bonjour, Messieurs* (pour introduire le télex) et *Au revoir, Messieurs* (pour terminer).

14. **Des paniers-repas à livrer à la gare**

Le groupe de Bruxelles (v. exercice ci-dessus) quitte Paris le 14 juin. Le 13 le responsable prend des accords avec Monsieur Gallo pour faire livrer le 14, à 18h30, à la gare du Nord, à Paris, au départ du train «L'Eurocity», 65 paniers-repas. Monsieur Gallo, évidemment, indique les deux possibilités de panier (v. page publicitaire, dans ce dossier) et indique le contenu de chacun.

Faites par deux cette conversation en face à face.

Je vous apporte le menu

Le « Philippe » est un café-restaurant plutôt élégant presque en face de l'Opéra, à Paris. Le maître d'hôtel accueille deux clients.

— Bonsoir, Messieurs-dames. Une table avec deux couverts? Celle-ci, près des plantes, vous convient?
— Très bien, merci.
— Je vous apporte le menu.
— *(La dame consulte le menu)* Moi, pour commencer, je vais prendre des cœurs de palmiers.
— Très bien, et vous, Monsieur?
— Apportez-moi des rillettes.
— Très bien. Et après?
— Qu'est-ce que vous nous conseillez?
— Nos grillades sont toutes très tendres.
— Qu'est-ce que c'est, cette entrecôte aux herbes?
— Une entrecôte grillée avec des herbes aromatiques: ail, persil, thym et ciboulette.
— Ah! non, je n'aime pas l'ail.
— On peut vous la préparer sans ail. Ou bien vous pouvez prendre une entrecôte toute simple.
— Oui, c'est une idée. Et toi, Jérôme?
— Pour moi, ce sera des côtes d'agneau.
— Très bien. Et comme vin? Un Côtes-du-Rhône?
— Oui, et un demi Vittel.
— Je vous sers tout de suite.
   (Au bout de quelques minutes, il apporte les hors-d'œuvre, le vin et l'eau et il dit...)
— Monsieur, je suis désolé; nous n'avons plus de côtes d'agneau.
— C'est dommage. J'en avais vraiment envie.
— Je pourrais vous faire préparer une côte de bœuf pour deux. Elle est vraiment spéciale.
— Oui, d'accord.
   (Quand ils ont fini de manger, le maître d'hôtel s'approche...)
— Un peu de fromage? Une pâtisserie?
— Non, pas de pâtisserie. Vous n'avez pas de cognac?
— Si, bien sûr. Rémy Martin? Hennessy?
— Deux Rémy Martin, s'il vous plaît, et vous m'apportez l'addition.
— Bien, Monsieur.

PHILIPPE

café · restaurant
pâtissier · glacier · salon de thé

17, boulevard des Capucines - 75002 PARIS
Tél. 47.42.94.02 & 47.42.00.25

Compréhension

1. Prenez note des commandes des clients

Vous êtes le maître d'hôtel ou le commis qui prend les commandes des clients. Notez-les en écoutant le dialogue. Deux écoutes devraient suffire.

2. Avez-vous bien compris le dialogue?

Les affirmations suivantes correspondent-elles au dialogue? Quels mots ou phrases vous permettent de le dire?

— A ce moment-là, chez «Philippe», il y a plusieurs tables de libres.
— Le maître d'hôtel conseille à la dame de prendre des cœurs de palmier.
— Le monsieur voulait une côte de bœuf, mais il n'y en a plus.
— Pendant le repas, ces clients ne boivent que du vin.
— Le monsieur et la dame mangent la même viande.

3. La carte de chez « Philippe »

Examinez la carte de chez «Philippe» reproduite ci-contre et répondez aux questions suivantes :

— A quoi voit-on que «Philippe» est aussi un café?
— Qu'est-ce qui est écrit entre parenthèses, sur la partie gauche?
— Le restaurant sert-il des poissons?
— Que va manger le monsieur, avec ses rillettes? et avec sa viande?
— Établissez le menu complet le moins cher possible (un hors-d'œuvre, un plat de viande, un fromage, un dessert).
— Combien va payer un client qui prend le «menu promotionnel»?
— Pourquoi le monsieur du dialogue demande-t-il: «Vous n'avez pas de cognac»?

4. L'addition

Préparez, sur un feuillet à en-tête que vous mettrez en page, l'addition que le garçon va remettre aux clients. Une bouteille de Côtes-du-Rhône coûte 68 F et un demi Vittel 15 F.

5. Un menu de fête

Un repas de fête en France est souvent organisé comme vous le voyez ci-contre. Il y a généralement:

— un plat de charcuterie
— un plat de poisson
— un plat de viande de bœuf
— un plat de légumes
— une volaille
— d'autres légumes
— de la salade
— du fromage
— des fruits
— un entremets
— un gâteau
— le café et les liqueurs

Reliez par des flèches les catégories ci-dessus et les plats du menu, selon l'exemple.

6. Documentez-vous

Dans un dictionnaire français récent, cherchez ce que sont les mets présentés dans ces trois pages que vous ne connaissez pas.

Jambon des Cévennes
Saucisson · Beurre · Olives
Galantine de Volaille

Truites Meunières
Filet de Bœuf sauce Madère
Fonds d'Artichauts aux Morilles
Pintadeau en volière
Salade verte
Plateau de Fromages

Corbeille de Fruits
Omelette Norvégienne
Pièce montée

Café · Liqueurs

COTES-DU-RHONE
BLANC D'ALSACE
GIGONDAS
CHAMPAGNE

HOTEL RIOU
Gérant :
Robert FAURE
Chef de Cuisine

LE CHEYLARD
(Ardèche)

PHILIPPE

17, boulevard des Capucines - 75002 PARIS
Tél. 47.42.94.02 & 47.42.00.25

vous souhaite la bienvenue

Hors-d'œuvre

SALADE DE TOMATES	18
SALADE MIXTE	24
CRUDITÉS (Tomates, carottes râpées, pommes de terre, œuf dur)	26
CŒURS DE PALMIER	26
SALADE LYONNAISE (Filet de hareng, pommes de terre, oignons, lardons)	27
FILET DE HARENG pommes à l'huile	26
ŒUF DUR MAYONNAISE	18
JAMBON DE PARIS cornichons	33
JAMBON DE BAYONNE beurre, cornichons	45
LE POT DE RILLETTES cornichons	23
TERRINE FERMIÈRE cornichons	26

Les Grillades

LE FAUX FILET (200 g)	65
LE FAUX FILET POIVRADE	67
LE FAUX FILET ROQUEFORT	67
T. BONE (330 g) (Une coupe de filet et du faux filet avec os en T)	81
LE PAVÉ (cœur de rumsteak)	65
LE PAVÉ	66
LE PAVÉ POIVRADE	69
LE PAVÉ AUX HERBES	69
LA BAVETTE	60
LA BAVETTE A L'ÉCHALOTE	66
L'ENTRECÔTE (200 g)	65
L'ENTRECÔTE POIVRADE	67
L'ENTRECÔTE ROQUEFORT	67
L'ENTRECÔTE AUX HERBES	68

toutes nos grillades sont garnies pommes allumettes

préparées chaque jour et faites à la commande

CÔTE DE BŒUF (800 g) (pour 2 personnes)	195
CÔTES D'AGNEAU (3 pièces)	75
BROCHETTE DE VIANDE DE BŒUF (250 g)	65
Avec sauce barbecue	

Nos Plats Garnis

ESCALOPE VIENNOISE pommes allumettes	60
STEAK TARTARE (haché à la demande et servi cru)	50
CÔTE DE PORC pommes allumettes	48
POULET RÔTI pommes allumettes	48

Fromages

Camembert	15
Gruyère	15
Roquefort	18
Cantal	15
Fromage blanc	15
Fromage blanc avec crème fraîche	18

Apéritifs

	6 cl
SUZE, MARTINI, CINZANO	23
BYRR, DUBONNET, RAPHAEL	23
NOILLY PRAT, AMBASSADEUR	23
MANDARIN, PICON, CLACQUESIN	27
CAMPARI, BITTER, MUSCAT	27
PORTO SANDEMAN	33
PORTO FERREIRA-ANTONAT	30
MUSCAT de FRONTIGNAN	27
RICARD, PASTIS 51	23
CASANIS, PERNOD 45	23
BERGER blanc ou jaune	23
KIR	23
KIR D'ALSACE	27

Cocktails

COCKTAIL MAISON (Gin, Cointreau, ananas)	45
LE FRUIT DÉFENDU (Cocktail de jus de fruits)	26
AMERICANO MAISON	33
VODKA ORANGE	45
CUBA LIBRE (Coca, rhum)	45
BLOODY MARY (Jus de citron, vodka, jus de tomates)	45
ALEXANDRA (Crème fraîche, cacao, cognac)	45

Suggestions du Jour

MENU PROMOTIONNEL A 79 F
SALADE OPÉRA
CÔTE A L'OS POMMES ALLUMETTES (280 g.)
(Service 15% compris)

Desserts

TARTE AUX FRUITS MAISON :	
Pommes	23
Abricot	23
Poire	27
Fraises	23
MOKA CHOCOLAT	25
MOKA CAFÉ	25
CHARLOTTE AU CHOCOLAT	30
CRÈME CARAMEL	18
ANANAS AU KIRSCH	18
SALADE DE FRUITS	22
MONT BLANC	23
FRUITS DE SAISON (suivant saison)	15
FRAISES AU SUCRE	30
FRAISES MELBA	42

Whiskies

	2 cl	4 cl
JOHNNIE WALKER	21	38
BLACK AND WHITE	21	38
BOURBON	22	42
JACK DANIEL'S	24	46
J. & B.	21	40
CHIVAS REGAL	28	52

Pour tout paiement un ticket doit être exigé

Entraînement

7. Demandez au client ce qu'il veut

Vous êtes commis chez «Philippe». Demandez à un client (votre voisin) ce qu'il désire. Il répond en se basant sur la carte.
Faites quatre mini-dialogues différents (v. page ci-contre), *puis inversez les rôles.*

8. Donnez des conseils

Un client vous demande: «Qu'est-ce que vous me conseillez»? Répondez-lui.

Faites cinq mini-dialogues différents, puis inversez les rôles.

9. Donnez la composition des plats

En vous aidant d'un dictionnaire, donnez la composition et le mode de préparation des plats suivants : bœuf bourguignon, soupe à l'oignon gratinée, tarte tatin, steak à l'estouffade, crème renversée, purée de carottes, civet de lapin, ratatouille, blanquette de veau, filet de merlan à la vapeur, soufflé au fromage.

10. Entraînez-vous à vous excuser

Créez par deux des mini-dialogues d'après les situations suivantes:

a) il n'y a pas ce que le client demande:
— La table qu'il voudrait est réservée par un groupe de personnes.
— Il est minuit moins cinq; le restaurant ferme à minuit; vous ne pouvez pas l'accueillir.
— Il veut des artichauts-vinaigrette; vous n'en avez plus.
— Il veut du turbot; vous n'en avez que le vendredi.
— Il vous demande des champignons; vous ne les servez que frais et vous n'en avez qu'en saison.

b) le client a quelque raison de se plaindre :
— Le steak est trop cuit; proposez de lui en apporter un saignant.
— Le client n'a pas de serviette; vous lui en apportez une tout de suite.
— Le vin est trop chaud; vous allez changer la bouteille.
— Il sent un courant d'air frais; vous lui proposez une autre table.

Utilisez chaque fois une expression pour vous excuser (v. p. ci-contre).

11. Classez des produits comestibles

Voici un certain nombre de noms de produits comestibles. Avec l'aide du dictionnaire, si c'est nécessaire, classez-les dans la grille ci-dessous:

une pintade ; un homard ; un vacherin ; des épinards ; des radis ; des noix ; un canard ; des moules ; des haricots ; un chou à la crème ; une dinde ; une lotte ; des framboises ; des cacahuètes ; du chou ; un gigot ; un Saint-Honoré ; un saumon ; un brochet ; un artichaut ; du lièvre ; un pamplemousse ; une terrine de sanglier ; du foie gras ; des huîtres ; des tripes ; des pommes ; des rognons ; un ananas ; du saucisson ; des fruits de mer.
Ajoutez cinq produits dans chacune des listes.

fruits	légumes	viande	poisson	crustacés coquillages	charcuterie	pâtisserie

Vos compétences

Comme maître d'hôtel ou commis de salle, vous devez être compétent et très poli avec les clients.

<table>
<tr><td>Vous devez
savoir
en particulier</td><td>— les accueillir
— leur demander ce qu'ils veulent
— les conseiller
— leur donner des explications sur les mets
— éventuellement vous excuser si quelque chose ne va pas.</td></tr>
</table>

Pour cela: vous devez apprendre à...

...poser des questions

— *Qu'est-ce que vous prenez?*
— *Qu'est-ce que je peux vous servir?*
— *Ces messieurs-dames désirent?*

N.B.: quelquefois un *Monsieur?* ou *Madame?* interrogatifs suffisent.

— *Comme dessert?*
— *Et pour boire?*

...donner des conseils

— **Je vous conseille** *notre choucroute maison.*
— **Vous pouvez** *prendre notre tarte aux myrtilles.*
— **Vous pourriez** *goûter...*
— **Je pourrais** *vous donner du lapin sauté chasseur.*

...donner des explications, si elles sont requises

— *Qu'est-ce que c'est?*
— Ce sont des tomates, des courgettes, des aubergines, des poivrons, cuits dans l'huile d'olive.

— *Qu'est-ce qu'il y a dedans?*
— Il y a de la viande de bœuf, du vin rouge, des oignons, des champignons et des lardons.

— *C'est fait comment?*
— C'est cuit en cocotte, à la vapeur.

...vous excuser

— Je regrette, *Monsieur, nous n'en avons plus.*
— Excusez-moi, *Madame, je vous change tout de suite votre assiette.*
— Je suis désolé, *Monsieur, nous n'en servons pas en cette saison.*

Vous devez connaître des mots et expressions :

	les parties du repas :	les principaux types de préparation :	les présentations :
le maître d'hôtel			
le chef de rang			
le garçon de restaurant	l'apéritif		chaud
le commis (la commise)	un hors-d'œuvre, une entrée	cru	froid
le sommelier	un potage, une soupe	cuit	en salade
le serveur (la serveuse)	le plat principal, le plat garni	bouilli	à la vinaigrette
un couvert	la viande	rôti	en sauce
une assiette	la volaille	à l'étouffée	haché
un verre	le poisson	à la vapeur	en tranches
une cuillère	les crustacés	sous vide	entier
une fourchette	les coquillages	bien cuit	émincé
un couteau	le dessert	à point	
demander la carte/le menu	le digestif	saignant	
manger à la carte			
prendre le menu à ...F			

A ctivités professionnelles

12. **Traduisez en français le menu d'un restaurant de votre ville**

Procurez-vous le menu d'un restaurant de votre ville. Si vous n'en trouvez pas, inventez-en un avec un choix de cinq plats pour chaque partie du repas.

Traduisez ce menu en français pour les clients francophones.

Attention: ne vous fiez pas trop aux traductions existantes!

13. **Servez des clients français**

Deux clients français entrent dans votre restaurant (celui de l'exercice ci-dessus). Vous les accueillez, vous leur donnez le menu, vous les conseillez, vous leur demandez ce qu'ils veulent boire. Ils font un repas complet et prennent un café. Vous leur proposez un digestif français, qu'ils acceptent.

Faites ce dialogue par groupes de deux ou trois.

14. **Proposez un menu pour un repas de fête**

Le responsable d'un groupe français a téléphoné à un restaurateur de votre ville pour lui demander de lui proposer un menu pour un repas gastronomique pour 20 personnes.
Répondez par écrit à sa place. La lettre doit rappeler la conversation téléphonique.

a) faites le menu (bien présenté) en indiquant rapidement entre parenthèses ce qu'est chaque plat. N'oubliez pas les vins et... les prix.

b) écrivez la lettre d'accompagnement complète.

15. **Une proposition pour un buffet froid**

On vous a demandé de préparer un buffet froid pour quarante-cinq personnes :

a) faites, par écrit, la liste de ce qui sera offert ;

b) expliquez oralement à la personne qui vous l'a commandé comment vous allez le servir *(D'abord on servira... ; puis...).* Pensez aussi aux boissons.

16. **Mettez en ordre les menus**

Voici, présentés en désordre les plats de deux menus de fête français. A l'aide des indications données dans l'exercice 5 de ce dossier, faites les deux menus et présentez-les d'une façon élégante.

meringue glacée
canard à l'orange
langouste à l'américaine
haricots verts sautés
terrine de lapin-cornichons
selle d'agneau rôtie
pigeon forestière
salade
asperges à la crème
pièce de boeuf au Xérès
suprême de foie de volaille
corbeille de fruits
soufflé aux pêches
plateau de fromages
barquettes d'épinards
pommes dauphine
coquilles de langoustines
corbeille de fruits

N.B.: seule la salade, le plateau de fromages et la corbeille de fruits peuvent être utilisés pour les deux menus.

17. **Les clients veulent du poisson**

Deux clients français sont dans votre restaurant. Ils demandent si le poisson et les fruits de mer sont frais. Ils le sont : ce sont des pêcheurs voisins qui vous approvisionnent. Vous leur proposez un plateau de fruits de mer. Ils demandent ensuite des rougets grillés, qui figurent sur la carte. Ce jour-là vous n'en avez pas, parce que les pêcheurs n'en avaient pas pris. Vous vous excusez et vous leur proposez des anguilles, spécialité de votre chef, et qui viennent juste d'être pêchées.

Faites ce dialogue par groupes de deux.

Et comme vins ?

Dans un restaurant, les clients viennent de passer leur commande au maître d'hôtel. Le sommelier s'approche de leur table et dit...

— Monsieur... Vous avez fait votre choix? Je peux vous conseiller, pour les vins?
— Oui, je vous remercie.
— Voyons... vous avez pris du saumon en bellevue...
Un bordeaux blanc irait très bien, un Graves, par exemple...
— Je vous fais confiance.
— Ensuite, vous avez du rôti. Je vous conseille un Côtes-du-Rhône. Nous avons un excellent Châteauneuf-du-Pape.
(le client s'adresse à ses amis)
— Vous êtes d'accord, pour le Châteauneuf?
— Oui, oui, le rôti et le Châteauneuf vont très bien ensemble.
— Très bien; et pour le dessert, je fais frapper une bouteille de champagne?
— Oui, qu'est-ce que vous avez comme marques?
— Mumm, Hennessy, Moët et Chandon, Dom Perignon...
— Oui, du Moët et Chandon, du demi-sec.
— Très bien, Messieurs-dames.
(au cours du repas, le monsieur appelle le sommelier)
— Monsieur, j'ai l'impression que ce bordeaux sent le bouchon.
— Vous permettez que je le goûte?
(il goûte) Vous avez parfaitement raison, Monsieur.
Je suis désolé. Je vous change tout de suite la bouteille.
(Il apporte une autre bouteille, la débouche, verse un peu de vin dans un verre, le goûte et dit...)
Celui-ci est parfait.
(Il en verse dans le verre du client)
— C'est exact.
Je vous remercie.
— Bon appétit, Messieurs-dames.

Carte des Vins

En Pichets

ROUGES	33 cl	50 cl
Vin de Pays de l'Hérault	18	26
Côtes du Rhône	23	35
Bordeaux	23	35
Beaujolais	27	42

ROSE		
Côtes de Provence	23	35

En Bouteilles

ROUGES	1/2	bout.
Côtes du Rhône	42	68
Bordeaux	42	68
Beaujolais	48	75

ROSE		
Anjou	42	68

BLANCS		
Muscadet	42	68
Sylvaner	45	78
Riesling	45	78
Gewurztraminer	48	83

Champagnes

	1/2	bout.
Veuve Clicquot	240	410
Piper Heidsieck	240	410
Perrier Jouët	240	410
Mumm Cordon Rouge	240	410
Moët et Chandon	240	410
Dom Pérignon		640
Laurent Perrier	200	390

Bières

PRESSION

	25 cl	50 cl
33 RECORD	15	27
DAB	18	36
CARLSBERG	21	42

BOUTEILLES

KRONENBOURG 1664 (33 cl) 28
HEINEKEN (33 cl) 30
CARLSBERG (33 cl) 30
LOWENBRAU (33 cl) 30
PELFORTH (33 cl) 30
GUINNESS (33 cl) 30

Eaux Minérales

1/2 VICHY 18   1/2 VITTEL .. 18   1/2 PERRIER .. 18   1/2 BADOIT .. 18

Pour tout paiement un ticket doit être exigé
Service 15% compris.

Compréhension

1. Avez-vous compris la conversation?

Ecoutez deux fois le dialogue entre le sommelier et le client, puis lisez les affirmations suivantes et dites si elles sont justes ou fausses. Justifiez chaque fois votre réponse:

— Le client se laisse conseiller pour les vins.
— Les convives boiront deux vins différents au cours de leur repas.
— Le sommelier goûte tous les vins avant de les servir aux clients.
— Le client se montre très contrarié par la mauvaise qualité d'un vin.
— Le sommelier change la bouteille sans discuter.

Réécoutez une fois pour vérifier l'exactitude de vos réponses.

2. Ecrivez le menu en indiquant aussi les vins

— En réécoutant une fois le dialogue, prenez note de ce que mangent les clients.
— Complétez leur menu avec les plats suivants: champignons à la crème; pommes (pommes de terre) soufflées; salade; fromages; fruits; Saint-Honoré; charcuterie variée.
— Ecrivez dans l'ordre ce menu, en consultant le dossier précédent.
— Ecoutez le dialogue et notez le nom des vins.
— Mettez le nom de ces vins en face des plats qu'ils doivent accompagner.

N.B.: d'abord, lisez le texte ci-contre.

3. Feriez-vous un bon sommelier?

a) Lisez attentivement le texte ci-contre sur la façon de servir les différents vins.

b) Dites ensuite si, oui ou non, un sommelier ferait les affirmations suivantes; corrigez, éventuellement:

— Va chercher le bordeaux à la cave et mets-le un moment près du radiateur.
— Ce bourgogne blanc irait très bien avec le lièvre chasseur.
— Les bourgognes se servent un peu moins chambrés que les bordeaux.
— On peut très bien commencer un repas au champagne.

— Le sauternes doit être bu très frais.
— Avec les haricots verts sautés vous devriez boire un Saint-Emilion.
— Si on boit deux vins au cours d'un repas, il faut commencer par le plus léger.
— Pour savoir si un vin est bon, rien de mieux que de le boire en mangeant une pomme.

4. La carte de France des grands vins

A l'aide des indications que vous trouvez dans la page ci-contre, indiquez sur la carte les principaux vins français.
Vous pouvez trouver aussi d'autres sources d'information: vos professeurs, une encyclopédie, d'autres livres.

Bien choisir les vins pour les bien déguster

Le choix des vins destinés à accompagner un menu est toujours une tâche délicate.
Il faut tenir compte:

1. *des plats servis au cours du repas;*
2. *de la variété des vins pour qu'ils soient à la bonne température;*
3. *de la qualité des vins pour qu'ils soient servis «par ordre de mérite».*

Ordre des plats

On ne peut servir au hasard, n'importe quel vin avec n'importe quel plat.
Les poissons, coquillages, crustacés, toutes les viandes et tous les fromages font valoir, tout particulièrement, les meilleurs crus. Les noix et les pommes permettent de «goûter» un vin de la façon la plus parfaite.
En revanche, certaines préparations s'accommodent assez mal du vin: les plats sucrés, ou très acides par exemple.
En général, les légumes ne mettent pas en valeur un cru, même de qualité.

Choix des crus

Vins blancs secs

Huîtres	Bordeaux blancs	:	Graves, etc.
Poissons	Bourgognes blancs	:	Chablis, etc.
Crustacés	Alsace	:	Sylvaner, etc.
	Centre	:	Pouilly, Vouvray, Sancerre, etc.
Entrées	Si elles sont à base de poisson, se reporter au poisson.		
	Si elles sont à base de viande, se reporter à la viande.		

Vin rouge généreux mais pas trop corsé

Grillades	Bordeaux	:	St-Emilion, St-Estèphe, Pontet-Canet, etc.
	Vins du Rhône ou Bourgueil	:	Tavel

Vin rouge corsé

Rôti	Bourgogne	:	Chambertin, Vosne-Romanée, Clos Vougeot, etc.
Gibier			
Fromages	Côtes-du-Rhône	:	Hermitage

Vins blancs liquoreux

Entremets	Bordeaux blancs	:	Sauternes
	Champagne doux ou demi-sec.		

Température des vins

Les vins doivent être servis à la température convenable.
Les *vins blancs* ou *rosés* doivent être frais ou frappés. Bourgogne, vins du Centre, Côtes du Rhin, seront seulement frais: 10 à 12°.
Vins d'Alsace, vins liquoreux (grands vins de Bordeaux) seront très frais : 5° environ.
Champagne et vins pétillants seront frappés (température voisine de 0°).
Les *vins rouges* doivent être servis chambrés.
Cependant le vin de Bordeaux n'est vraiment apprécié que s'il a une température d'environ 18 à 20°.
Les vins de Bourgogne se servent plus frais : 15 à 16°.
En aucun cas n'élever la température d'un vin rouge en l'approchant d'une source de chaleur. Il doit se *chambrer* lentement et progressivement.

Ordre du service des vins

On doit penser à servir les vins les plus légers d'abord et observer un crescendo qui donnera satisfaction au palais des convives. Ceux-ci ne doivent jamais regretter le vin qui a été dégusté précédemment.
«L'ordre des boissons est des plus tempérées aux plus fumeuses et aux plus parfumées».
Le champagne peut être servi tout au long du repas.
Dans certains cas où l'on ne désire servir qu'une sorte de vin, voici quelques suggestions:
Vin blanc: Alsace; Chablis; Pouilly-Fuissé
Vin rouge: Bourgueil; Beaujolais; Fleurie
Vin rosé: Anjou; Arbois; Tavel

Entraînement

5. **Les vins français, ou de votre pays, et les mets qui les accompagnent**

Complétez le tableau suivant pour présenter au moins dix vins produits en France, ainsi que les mets qu'ils accompagnent :

Nom	Type	Caracté-ristiques	Origine	Température	Se boit avec (mets)
Chablis	blanc	sec	Bourgogne	frais ou frappé	poisson

Faites le même exercice avec dix vins produits ou consommés dans votre pays.

6. **Donnez des explications sur les vins produits ou consommés dans votre pays**

En vous aidant de ce que vous avez fait dans le tableau ci-dessus, répondez à des clients qui vous demandent par exemple :

— Qu'est-ce que c'est, comme vin, le Chablis ?

Attention aux prépositions utilisées avec les noms de région. On dit « en Bourgogne », « dans le val de Loire ».
Faites les dialogues par deux.

7. **Conseillez les vins aux clients**

En variant la manière de le dire (v. page ci-contre), conseillez un vin produit ou consommé dans votre pays aux clients français de votre restaurant, pour accompagner des spécialités locales (au moins dix).

Faites de brefs dialogues : le client qui se fait conseiller, et le sommelier.

8. **Excusez-vous auprès du client**

Créez par deux des mini-dialogues d'après les situations suivantes :

— Il y a des dépôts au fond de la bouteille ; vous expliquez au client que ce vin est vieux, généreux, et vous lui proposez de décanter le vin.
— Le vin est trop chaud ; vous allez changer la bouteille.
— Le vin est frais ; vous allez le laisser chambrer encore un peu.
— Le vin semble acide ; le client vient de manger un plat vinaigré ; vous lui conseillez de le goûter à nouveau après avoir mangé du pain ou bu de l'eau.
— Le vin a un goût de bouchon ; vous sentez et vous goûtez : le client a raison. Vous changez la bouteille en expliquant que le vin a mal vieilli.
— Le vin a un goût de soufre ; vous vérifiez : le client a raison. Vous changez la bouteille.

V os compétences

| Vous devez savoir | — connaître les vins et la façon de les servir;
— conseiller les clients, surtout de vive voix;
— leur donner des explications sur la nature des vins;
— être poli et prévenant; vous excuser, au besoin. |

| Pour cela: | vous devez connaître des structures et expressions... |

...pour conseiller

- **Je vous** **suggère** **conseille** *de prendre un Bordeaux blanc*

- **Vous** **devriez** **pourriez** *prendre un Beaujolais*

- *Un Bordeaux blanc* *irait très bien avec le poisson* *accompagnerait bien le poisson*

- *Le gibier et le Clos-Vougeot vont très bien ensemble.*

...pour expliquer

- *C'est un vin blanc.*
- *Il est léger.*
- *Il est produit dans la région.*
- *Il se boit chambré.*

  N.B.: *C'est un vin blanc;* mais *Il est léger.*

...pour s'excuser

- **Veuillez nous excuser,** *Monsieur, je vous apporte tout de suite une autre bouteille.*
- **Excusez-nous,** *Monsieur, je vous en rapporte une autre tout de suite.*
- **Je vous prie de m'excuser,** *Monsieur, je vous change tout de suite la bouteille.*
- **Je suis désolé,** *Monsieur, je vous la change tout de suite.*

  N.B. : *Je suis désolé* est un peu plus fort que *Je m'excuse.*

Vous devez connaître aussi des mots pour indiquer...

...les types de vins :	...leurs caractéristiques :		...les opérations qu'on leur fait subir :
un vin blanc	léger	demi-sec	rafraîchir (frais)
un vin rouge	corsé	doux	frapper (frappé)
un vin rosé	liquoreux	moelleux	chambrer (chambré)
un vin mousseux	sec	pétillant	déboucher
un champagne	brut	mousseux	verser
un cru			faire décanter
un grand cru			laisser reposer
			laisser aérer

Activités professionnelles

9. Accompagnez les mets et les vins

a) Utilisez les connaissances que vous avez acquises dans ce dossier pour indiquer quatre vins français qui pourraient accompagner le menu ci-contre. Ecrivez leur nom en face des plats en question.

b) Sur le menu reproduit p. 78, mettez des flèches pour indiquer quel vin accompagne quel plat.

10. Des vins pour un repas de fête dans votre pays

Un groupe de trente français doivent faire un repas gastronomique dans un restaurant de votre ville.

a) Créez et écrivez le menu, en incluant des spécialités de votre région.

b) Présentez ce menu au responsable du groupe et discutez avec lui des vins. Donnez-lui des explications sur ceux qu'il ne connaît pas. Trois vins accompagneront le repas.

Faites par deux cette conversation d'une vingtaine de répliques.

Pour l'ouverture d'un restaurant
haut de gamme
nous recherchons :

Salle : **SOMMELIER**
CHEFS DE RANG
COMMIS DE SALLE

Cuisine : **CHEFS DE PARTIE**
DEMI-CHEF DE PARTIE
1er COMMIS
COMMIS PATISSIER
COMMIS

Sérieuses références exigées

Société Avignonnaise d'Hôtellerie
4 Place de l'Amirande
84000 AVIGNON
Tél : (16.1).90.85.93.93.

Charcuterie variée
Jambon cru - Terrine
Saucisson - Caillette

Lotte Américaine

Salade panachée
Filet de bœuf braisé

Fonds d'artichauts à la crème

Tomates à la provençale
Pommes noisette

Plateau de Fromages

Tranche de glace
Pièce montée

11. La carte des grands crus de votre pays

En tant que sommelier, vous participez à une campagne de promotion des grands vins de votre pays. Vous devez :

a) faire la carte des vins en indiquant les principales caractéristiques des différentes régions vinicoles ;

b) présenter oralement ces grands vins à un public de non-spécialistes.

A la cuisine
Chef et apprenti

Le chef Noël montre à un apprenti comment on fait une «charlotte au chocolat».

— Tu vas me regarder faire et puis tu prépareras toi aussi une charlotte au chocolat, pour demain.
— C'est difficile?
— Si tu regardes bien et si tu suis bien mes indications, non.
— Espérons!
— Alors, là, tu as tous les ingrédients : 60 g de chocolat, une demi-livre de beurre, 4 jaunes d'œuf et 10 blancs, une cuillerée de café liquide, 50 g de sucre et une vingtaine de biscuits à la cuillère. En plus, il faut un petit verre de liqueur à la mandarine pour mouiller les biscuits. Et il te faut, évidemment, un moule à charlotte.
— Très bien.
— Alors, d'abord, on met les biscuits sur une assiette, comme ça, et on verse dessus la liqueur.
— Ce petit verre suffit?
— Oui, si tu en mets plus, tes biscuits s'écrasent. Après ça, tu fais chauffer de l'eau et tu fais fon-

dre le chocolat au bain-marie. Attention l'eau doit frémir, comme ça, tu vois; mais elle ne doit pas bouillir. Pendant que le chocolat fond, tu travailles le beurre à la fourchette, pour le rendre crémeux. Puis il faut ajouter le café et le mélanger avec le chocolat que tu as retiré du feu.
Tiens, monte les blancs, s'il te plaît, et mets-y une pincée de sel.
— Voilà, c'est fait.
— Bien, mélange-moi les jaunes et le sucre, pendant que je dispose les biscuits dans le moule.
— Comme ça, ça suffit?
— Non, le mélange doit devenir presque blanc... Voilà, ça va. Maintenant, je mélange le tout, chocolat, blancs, jaunes en faisant très attention: si on mélange trop fort, les blancs se cassent. Voilà, c'est fait. Maintenant, je verse tout ça sur les biscuits. Oh! attention: ils doivent bien tenir debout. Voilà. Je décore avec les biscuits restants, je saupoudre de sucre glace, et je mets au frigo, jusqu'à demain. Tu as vu?
— Pour le servir, on le démoule?
— Ah! Bien sûr; il faut le démouler juste avant de le servir.

Compréhension

1. Prenez note de la recette

En écoutant le dialogue, prenez note des indications que le chef donne à son apprenti, en respectant la subdivision traditionnelle: ingrédients - préparation. Trois écoutes devraient suffire pour tout noter.

Ingrédients	Préparation
—	1)
—	2)
—	3)
—	4)
—	5)
—	6)
—	7)
—	8)

2. Les quantités

Réécoutez une fois le dialogue en prenant note des différentes manières utilisées pour indiquer les quantités. Classez-les en trois catégories.

3. Les façons de procéder

Réécoutez une autre fois le dialogue et prenez note des différents procédés utilisés pour donner des indications sur la marche à suivre.
(Il y en a quatre. Ex. : *On met* les biscuits...).

4. Les recettes écrites

Lisez attentivement les recettes présentées ci-contre.
— Relevez les procédés utilisés pour donner des indications sur la marche à suivre.
— Pour chaque recette, sont-ils aussi variés qu'à l'oral? (V. ci-contre.)
— Qu'en concluez-vous pour ce qui est de la différence entre langue orale et langue écrite?

5. «Comme si vous y étiez»

Lisez la transcription du dialogue et soulignez tous les éléments linguistiques qui montrent que, pendant qu'ils parlent, le chef et l'apprenti sont en train de faire le gâteau.
Ex.: *comme ça*.
N.B.: Vous pourrez utiliser vous aussi, à l'oral, ces éléments.

6. Des indications légèrement différentes à l'oral et à l'écrit

Relisez le dialogue et comparez-le avec la recette écrite de la même «charlotte au chocolat»:

— Quelles indications sont données oralement mais ne sont pas écrites?
— Lesquelles sont écrites mais ne sont pas dites?

Concluez: où y a-t-il le plus de précisions: à l'oral ou à l'écrit?
Pourquoi, à votre avis?

7. Dites la recette sans la faire

Réécoutez une fois le dialogue si c'est nécessaire, et relisez la recette *écrite*, puis *dites-la* à un camarade pour qu'il soit capable de la faire.
Attention: il vous écoute, mais vous n'êtes pas en train de l'exécuter.

Faites l'exercice par deux.

HARLOTTE AU CHOCOLAT

ur 4 personnes... gourmandes :

g de chocolat, 250 g de beurre, 4 jaunes
ufs, 10 blancs d'œufs, 1 pincée de sel,
uillerée à soupe de café,
g de sucre semoule,
cuits à la cuiller.
oto 1.)

Faire fondre le chocolat au bain-marie.
ncorporer le beurre en pommade au
ocolat tiède. Ajouter le café.

Battre les blancs en neige. Incorporer la
pincée de sel.

Bien mélanger les jaunes au sucre semoule, puis délicatement lier le tout
(blancs, jaunes, chocolat). (Photo 2.)

Imbiber les biscuits de liqueur de mandarine.

Les disposer autour du moule et en ta-
pisser le fond.

Verser une couche de mousse, puis couvrir par des biscuits.

Laisser refroidir trois quarts d'heure au
réfrigérateur.

par Bernard Noël

chef de restaurant
« La Tour
de Montlhéry »

Décorer avec du sucre glace. (Photo 3.)

La charlotte peut se servir avec de la
crème anglaise ou un coulis de framboises.
Si vous pouvez la préparer vingt-quatre
heures à l'avance, elle n'en sera que meilleure.

ocolat noir et liqueur de mandarine...

*Lier délicatement blancs d'œuf, jaunes et choco-
lat.*

*Un dessert simplissime, qui fait toujours mer-
veille.*

LA COMPOTE DE POIRES AU GRATIN

🕐 TEMPS DE PRÉPARATION
15 MINUTES

🕐 TEMPS DE CUISSON
25 MINUTES

⚖ PROPORTIONS POUR
6 PERSONNES

800 g de poires.
Cinq cuillerées à soupe de marmela
d'abricots.
Trois cuillerées à soupe de sucre e
poudre.
Six macarons.

Épluchez les poires, coupez-les en la-
melles et disposez-les en couronne dans
un plat à gratin. Saupoudrez avec le sucre
en poudre. Disposez au milieu la marme-
lade d'abricots. Écrasez les macarons dont
vous saupoudrez la préparation. Passez a
four moyen pendant 25 minutes. Servez
tiède.

LE CANARD AIGRE-DOUX

🕐 TEMPS DE PRÉPARATION :
20 MINUTES

🕐 TEMPS DE CUISSON :
1 HEURE 45

⚖ PROPORTIONS POUR :
6 PERSONNES

Un canard de 2 kilos.
Trois cuillerées à soupe d'huile.
Quatre oignons.
Une grosse cuillerée à soupe de farine.
Deux clous de girofle, thym, laurier,
persil.
Un verre à moutarde de vin blanc.
Trois cuillerées à soupe de sucre en
poudre.
Trois cuillerées à soupe de vinaigre.

Dans une cocotte, faites dorer à l'huile
chaude le canard coupé en morceaux. Au
bout de dix minutes, retirez les morceaux
de canard que vous remplacerez par les
oignons émincés en les laissant cinq minutes,
puis saupoudrez de farine, mouillez avec
deux verres à moutarde d'eau et le vin tié-
dis, sel, poivre, aromates: remettez le
canard. Couvrez et laissez mijoter pendant
une heure et demie. Cinq minutes avant la
fin de la cuisson, mettez dans une petite
casserole le sucre avec trois cuillerées à
soupe d'eau, chauffez pour obtenir un cara-
mel blond. Retirez du feu et ajoutez le
vinaigre en tournant vivement, remettez
sur le feu quelques minutes pour faire
refondre le sucre qui se sera cristallisé.

Cette sauce sera versée dans la cocotte où
mijote le canard. Mélangez bien. Disposez
les morceaux de canard sur un plat, entouré
d'une couronne de légumes de votre choix.
Servez la sauce en saucière.

E n t r a î n e m e n t

8. Des mots et expressions pour parler de cuisine

Relisez la transcription du dialogue initial et les recettes de la page précédente et notez, dans le tableau ci-dessous, ce qu'on vous demande. Si c'est nécessaire, cherchez dans le dictionnaire le sens des mots.

Produits	*Opérations*	*Ustensiles*	*Types de préparation*
pommes	éplucher	moule	laisser mijoter

9. Donnez des indications de quantité

Pour chacun des produits suivants, donnez deux indications de quantité (v. page ci-contre et les recettes): poivre, œuf ; cannelle ; farine, huile ; vin rouge ; confiture de fraises ; gruyère ; beurre ; persil ; oignon ; laurier ; sucre ; jambon ; levure ; canard ; crème fraîche.

Faites l'exercice d'abord oralement puis par écrit.

10. Indiquez des opérations par écrit

Pour chacun des produits ci-dessus (ex. 9), indiquez, comme dans une recette écrite, et de deux manières différentes (v. page ci-contre) deux opérations à effectuer.
Attention: utilisez le pronom pour la deuxième opération.
Ex.:
1) *Couper l'oignon en morceaux et le faire dorer dans le beurre.*
2) *Coupez l'oignon en morceaux et faites-le dorer dans le beurre.*

Faites l'exercice par écrit.

11. Indiquez des opérations oralement

Reprenez les indications d'opérations vues dans l'exercice précédent et donnez-les *oralement* de quatre manières différentes (v. page ci-contre).
Ex.:
1) Tu coupes l'oignon en morceaux et tu le fais dorer.

2) On coupe l'oignon en morceaux et on le fait dorer.
3) Coupez l'oignon en morceaux et faites-le dorer.
4) Il faut couper l'oignon en morceaux et le faire dorer.

12. Précisez combien de temps il faut et de quelle manière on procède

Pour les produits suivants, indiquez comment et combien de temps ils doivent être cuits:

- les haricots verts
- les épinards
- le rôti de veau
- les spaghettis
- le riz
- le poulet
- le gigot d'agneau
- le soufflé au fromage
- les aubergines (frites)
- la meringue
- le filet de bœuf saignant
- un œuf à la coque

Ex.: *On fait cuire les haricots verts 20 mn à la vapeur.*

13. Enrichissez votre vocabulaire

Complétez les listes élaborées dans l'exercice n° 8 en ajoutant dans chacune dix mots que vous n'avez pas rencontrés dans ce dossier et que vous pouvez chercher dans le dictionnaire.

V os compétences

— être clair et précis;
— donner et comprendre des indications de quantité;
— indiquer et comprendre des manières de procéder;
— indiquer des temps (préparation, cuisson, etc.).

Pour cela: vous devez connaître des formes grammaticales...

...pour exprimer la quantité:

— indéterminée	*des biscuits* *de l'eau* *de la marmelade* *du lait*	partitifs
	un peu de lait	objets non numérables
	quelques biscuits	objets numérables
— déterminée	*une pincée de sel* *un bouquet de persil* *un brin de thym* *un sachet de levure*	précisions variées
	1/4 l de lait *60 g de chocolat*	unités de mesure
	10 œufs	un numéral

...pour indiquer la marche à suivre :

— à l'écrit	*Bien mélanger*	Infinitif
	Mélangez bien *Coupez-le en morceaux*	Impératif

N.B.: Observez la position des pronoms et de *bien* dans les deux cas.

— à l'oral	*Coupe-le* *Coupez-le*	Impératif
	Il faut le couper	«il faut...»
	On le coupe	**On** indéfini
	Tu le coupes *Vous le coupez*	Indicatif présent

...pour exprimer le temps:

— indéterminé	*...quelques minutes.* *...jusqu'à ce que la crème soit lisse*	
— déterminé	*10 minutes* *une heure et quart* *Au moment de servir...* *5 mn avant* *la fin de la cuisson* *de servir.*	

Vous devez connaître aussi des mots et expressions :

Noms de produits :	Opérations :	Noms d'ustensiles :	Modes de cuisson :	
de la farine	faire cuire	une casserole	au four	griller
de l'huile	ajouter	une poêle	à feu vif	poêler
du beurre	mélanger	un moule	à feu doux	frire
des aromates	couper	une cocotte	lentement	blanchir
de l'ail	hacher	une cuillère	à l'eau (bouillante)	braiser
du sel	disposer	une spatule	bouilli	mijoter
du poivre	râper	un plat	à l'étouffée	pocher
			à la vapeur	saisir
				faire sauter

Activités professionnelles

14. Expliquez oralement comment on fait le « canard aigre-doux »

Le chef explique à son apprenti comment on fait le «canard aigre-doux». Il le fait en même temps.
Faites-le pour lui, avec un camarade qui, quand c'est nécessaire, demande des explications ou des précisions.
Attention: tenez compte de tout ce que vous avez vu dans ce dossier sur les différences entre la façon dont on explique oralement une recette et la façon dont on l'explique par écrit.

15. Donnez oralement la recette de la «compote de poires au gratin»

Expliquez oralement à un ami comment on fait la «compote de poires au gratin». Vous ne la faites pas en même temps.

a) Il vous écoute et il prend des notes: ne parlez pas trop vite.

b) Quand vous avez fini, comparez ces notes avec la recette écrite!

16. Réécrivez la recette de la «charlotte au chocolat»

Les indications pour la préparation de la charlotte au chocolat sont données avec des verbes à l'infinitif. Réécrivez la recette avec l'impératif.
Attention: Pensez à la place des pronoms et de l'adverbe «bien» (v. page précédente).

17. Réécrivez la recette du « canard aigre-doux »

Les indications pour la préparation du canard aigre-doux sont données à l'impératif. Réécrivez la recette avec l'infinitif.
Attention : pensez à la place des pronoms et de l'adverbe «bien» (v. page précédente et exercice n° 16).

18. Ecrivez une recette de votre pays

Choisissez une recette de votre pays et écrivez-la de la façon que vous préférez.

Suivez la subdivision traditionnelle: ingrédients, préparation, temps de cuisson, façon de servir.
N'oubliez pas de donner les «petits secrets», s'il y en a.

19. Expliquez oralement une recette de votre pays

En vous basant sur la recette écrite dans l'exercice ci-dessus, expliquez, en les mimant, les différentes étapes de votre recette.

20. Ecrivez la recette d'un gâteau de votre pays

Ecrivez la recette d'un gâteau de votre choix en suivant la subdivision traditionnelle : ingrédients, préparation, cuisson, façon de servir et de présenter. N'oubliez pas de donner les petits secrets, s'il y en a.

21. Donnez oralement la recette d'un gâteau de votre pays

Donnez à un ami (vous lui dites *tu*) la recette du gâteau choisi dans l'exercice précédent.

PAYS BASQUE

AIR INTER

Saveurs Bayonnaises

AVION + HOTEL + VOITURE

à Bayonne

Aéroport d'accès : Biarritz

Programme :

Vendredi : arrivée dans l'après-midi, prise de possession de votre véhicule, installation au Grand Hôtel aux Deux Rivières ♥♥♥, dîner gastronomique, nuit à l'hôtel.

Samedi : journée libre, dîner gastronomique au restaurant de l'hôtel, dans un ancien cloître rénové, nuit à l'hôtel.

Dimanche : journée libre et retour vers l'aéroport pour décollage à l'heure de votre choix.

Exemple de menu : quenelles d'avocat homardine, escalope de foie gras aux raisins, mignon de veau aux écrevisses, fromages, chaud-froid orange canelle.

Logement : l'hôtel aux Deux Rivières, centre ville, 45 chambres, bar, restaurant, garage payant.

En profiter pour : visiter la côte basque et son arrière pays, riche en paysages verdoyants, Biarritz, Saint-Jean de Luz et les Landes toutes proches.

Spécialités Basquaises

AVION + HOTEL + VOITURE

à Bidart

Aéroport d'accès : Biarritz.

Programme :

Vendredi : arrivée dans l'après-midi, prise de possession de votre véhicule, installation à l'hôtel Bidartea ♥♥♥, dîner et nuit à l'hôtel.

Samedi : matinée libre, déjeuner à l'hôtel, après-midi promenades, repas gastronomique le soir. Nuit à l'hôtel.

Exemple de menu : salade gourmande, gambas flambées à la crème, le trou frais au marc, magret de canard grillé poivre vert, fromages, gourmandise du chef.

Dimanche : matinée libre déjeuner à l'hôtel et retour vers l'aéroport pour décollage.

A noter : un cadeau du pays Basque vous sera remis à votre départ.

Logement : l'hôtel Bidartea, 32 chambres dans un parc verdoyant proche de la mer.

En profiter pour : visiter l'arrière-pays : Ascain, Ainhoa ; le port de Saint-Jean de Luz, faire une incursion en Espagne, acheter dans les ventas, découvrir la ville de Biarritz.

L'employé d'une agence de voyages doit savoir :

les voyages
les séjours
les circuits
— **se renseigner** sur   les locations
les pays et les villes
les prix
les conditions de vente

— **renseigner** les clients sur tout cela

— **prendre des réservations**

— **vendre des voyages à forfait**

— **créer des programmes** «sur mesure»

— **faire de la promotion** pour

un circuit, un séjour
un pays, une ville, une région

Agences

Pour cela, vous apprendrez dans cette section à:

— **dialoguer**   avec les clients   en face à face
                   avec d'autres professionnels   par téléphone

— **comprendre et rédiger** lettres et télex

— **comprendre et remplir** fiches, formulaires, factures, etc.

— **lire** des programmes, des horaires, etc.

— **écrire** des programmes

— **faire** un dépliant, une annonce publicitaire, etc.

— **traduire** un dépliant ou un programme.

Le travail d'agence est celui où les compétences linguistiques requises sont les plus variées. Vous apprendrez ici à **changer de style** en passant de l'oral à l'écrit ou vice versa, de la lettre au télex, etc.

LE BONHEUR, SI JE VEUX

VACANCES A LA FRAMÇAISE

UNE CERTAINE IDÉE DU VOYAGE

Depuis 80 ans, le tourisme est notre raison d'être.

Cette vocation, enrichie de sa longue expérience, est exclusive. Toute notre énergie est tendue vers un seul but : l'organisation du meilleur voyage possible.

Notre ambition exige un savoir-faire :

Le temps nous a aidé à le forger. Nous savons choisir un hôtel, concocter un itinéraire, découvrir un jardin secret, sentir un pays, déjouer les difficultés.

Avec le Tourisme Français, vous êtes à la fois libres et tranquilles.

Nos guides et nos correspondants sont d'authentiques professionnels et non des étudiants en mal d'argent de poche. Ils veillent en permanence à ce qu'aucun grain de sable n'enraye vos vacances. Mais s'ils vous protègent, ils ne vous étouffent pas pour autant.

Pour que le voyage soit une belle aventure, inutile de voyager aventureusement.

Chez nous, pas d'hôtels fantômes, d'horaires capricieux, d'itinéraires changeants, d'engagements douteux, de promesses oubliées.

A vouloir trop serrer les prix, on étrangle vite un voyage.

Notre souci n'est pas, coûte que coûte, d'être le moins cher possible.

Notre force c'est notre indépendance.

Nous ne sommes liés à aucun organisme et n'avons de compte à rendre qu'à nos clients. Nous sommes libres de sélectionner les partenaires qui nous semblent les meilleurs et libres d'abandonner ceux qui nous auront déçus.

Soucieux d'informer au maximum nos voyageurs, nous sommes en permanence à leur écoute.

80 ans d'expérience nous ont appris à communiquer. Nous sommes fiers de la fidélité de ceux, toujours plus nombreux qui nous confient ce bien précieux : leurs vacances.

Le tourisme est notre métier. Ce métier est notre passion.

Nous nous engageons à toujours être fidèles à une certaine idée du voyage tout en restant à l'écoute des besoins nouveaux des voyageurs.

Un séjour à Taormine

**Dans une agence de voyages de Paris
un client s'adresse à une employée :**

— Bonjour, Madame. Je voudrais partir quelques jours en Sicile.
— Oui. En séjour ou en circuit?
— Non, non, en séjour, dans un bon hôtel.
— Nous avons plusieurs hôtels à Taormine. Vous connaissez?
— Non, justement, j'aimerais assez; on m'en a parlé.
— Voilà; si vous voulez donner un coup d'œil au catalogue.... ça, ce sont deux des meilleurs hôtels. Le «Capotaormina», qui est un quatre étoiles et le «Sandomenico Palace», qui est un hôtel de luxe.
— Les prix?
— Ça dépend quand vous voulez partir. Il y a un charter tous les samedis.
— Voyons, le 21 avril, ça pourrait aller.
— Alors, par exemple, la semaine du 21 au 28 avril, au San Domenico, avec le vol aller-retour, les transferts et la demi-pension, ça vous fait 4555F par personne, pour 7 jours, en chambre double. Vous partez seul?
— Non, avec ma femme.
— Et en pension complète, 5 185 F.

— Oui; dites-moi un peu ce que c'est, comme hôtel.
— Nous y avons envoyé plusieurs fois des clients; ils ont été enchantés. C'est un ancien monastère; c'est, paraît-il, un des plus beaux hôtels du monde. Il y a des cloîtres ombragés, un grand parc, une piscine, une plage privée avec un mini-bus gratuit pour y aller.
— Oui, ça a l'air bien. Je peux y réfléchir quelques jours? Vous me donnez le catalogue?
— Oui. Je vous prends une option, en attendant, par prudence, parce qu'il est très recherché.
— D'accord; demandez pour deux semaines.
(L'employée télexe au San Domenico et attend la réponse.)
— Voilà; c'est d'accord; je peux garder l'option jusqu'à lundi prochain.
— Très bien. Je vous confirme d'ici là.

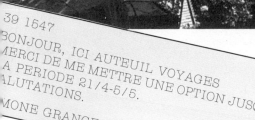

39 1547
BONJOUR, ICI AUTEUIL VOYAGES
MERCI DE ME METTRE UNE OPTION JUSQU'AU 15-2 SUR UNE CHAMBRE DOUBLE POUR
LA PERIODE 21/4-5/5.
SALUTATIONS.
SIMONE GRANGE SERVICE SEJOURS AUTEUIL - VOYAGES

Compréhension

1. **Prenez note des indications utiles**

Ecoutez deux fois le dialogue qui se déroule à l'agence Auteuil-Voyages et prenez note des éléments utiles fournis par l'employée de l'agence au client:

— Lieu de séjour: ....

— Type d'hôtel et nom: ....

— Transport: ....

— Dates : ....

— Prix demi-pension : ......; pension complète : ......

2. **Comprendre les indications du catalogue: les prix**

Lisez attentivement la page du catalogue d'un voyagiste reproduite ci-contre pour savoir dire aux clients ce qu'ils devront payer s'ils achètent les forfaits suivants :

— Séjour pour deux personnes, en chambre double, à l'hôtel Vello d'Oro, du 31 mars au 7 avril : . . ..

— Séjour pour un couple et un enfant de cinq ans, en chambre double, au Monte Tauro, du 5 au 19 mai :...............................

— Séjour pour une personne seule, en appartement, au Monte Tauro, du 4 au 11 août : ....

— Séjour pour un couple et leur fille de 10 ans, en chambre triple à l'hôtel Monte Tauro, du 11 au 25 août : ....

3. **Répondez aux plaintes des clients**

A leur retour de vacances, des clients viennent se plaindre sur leur séjour. Ils ont raison si une prestation promise dans le catalogue n'a pas été fournie. Ils ont tort si la prestation n'était pas prévue.
Dans les cas suivants, ont-ils raison ou tort? Justifiez vos réponses en leur montrant sur le catalogue ce qui vous permet de le dire.

— Séjour à Taormine du 31/3 au 7/4: leur avion a atterri à Palerme; ils ont dû faire cinq heures de voyage en car pour arriver à l'hôtel.
— Séjour au Vello d'Oro: ils n'ont jamais pu dormir tranquillement tellement il y avait de bruit dans la rue.
— Séjour au Monte Tauro du 14 au 21/7: ils ont dû payer le bus chaque jour pour aller à la plage.
— Séjour au Monte Tauro: il n'y avait ni télévision ni frigo-bar dans la chambre.

Attention: tous les éléments pour répondre aux clients se trouvent sur la page du catalogue reproduite ci-contre.

LE CARNET DE VOYAGE

Le **carnet de voyage** contient tous les documents utiles au voyage et au séjour. L'agence le donne au client quand celui-ci a réglé la totalité de son forfait (généralement un mois avant le départ). Il contient en général:

— des renseignements sur la région ou le pays;
— des renseignements sur les hôtels;
— des indications pour le voyage: lieu et heure de départ, lieu de rendez-vous, etc.;
— les billets aériens ou ferroviaires ou les bons de transport;
— les bons d'échange (ou **vouchers**) pour les transferts;
— les bons d'échange pour les hôtels;
— les bons d'échange pour les restaurants;
— les bons d'échange pour les excursions;
— le contrat d'assurance annulation-rapatriement;
— d'autres contrats d'assurance, éventuellement (bagages, etc.);
— des étiquettes au nom du voyagiste (ou tour-opérateur), pour les bagages.

Séjours à
TAORMINE

1 semaine 3 175 F*
(7 nuits)

TAORMINE

VELLO D'ORO*** (Cat. II)
Hôtel récent, situation calme et centrale. 60 chambres avec bain ou douche, téléphone, terrasse ou balcon privé. Vue sur la mer et l'Etna. Restaurant, belles salles de séjour, jardin, terrasses.

GRAND HÔTEL MONTE TAURO*** (Cat. II)
Construction moderne dominant la mer, avec vue sur le Golfe de Naxos et l'Etna, non loin du centre de la ville. Les 30 chambres et les 40 appartements sont tous avec bain ou douche, terrasse, télévision, frigo-bar. Les appartements sont composés d'une chambre à deux lits, d'un salon pouvant loger deux lits supplémentaires et d'une salle de bains. American-bar. Restaurant. Piscine, belles terrasses et salons. Service payant de bus pour la plage du 1/6 au 30/9.

Vols spéciaux
• Départ le samedi de Paris
— les 31 mars - 7, 14 avril - 22, 29 septembre - 6, 13, 20 octobre pour Palerme et transfert aux hôtels compris (5 heures de trajet environ) ;
— du 21 avril au 15 septembre 1984 pour Catane et transfert aux hôtels compris.

Réductions :
à appliquer aux prix semaine supplémentaire.
• Enfants : partageant la chambre des parents :
— lit supplémentaire gratuit jusqu'à 12 ans (hôtel Jolly Diodoro),
— 20 % jusqu'à 6 ans (autres hôtels).
• Chambre triple : 10 % pour la 3e personne.

* Prix minimum en demi-pension au départ de Paris

Départ de province
Voir page 48.

HOTEL VELLO D'ORO   HOTEL MONTE TAURO

PRIX par personne au départ de Paris, logement en chambre double avec bain ou douche	Séjour d'une semaine		Suppl. chbre indiv.
	AVION SPECIAL demi-pension	SEMAINE SUPPLEMENT. demi-pension	
Départs : **VELLO D'ORO*** (Cat. II)** 31 mars - 7, 14 avril - 2, 16, 23 juin - 22, 29 sept. - 6, 13, 20 octobre	3 175	1 505	140
5, 12, 19 mai - 1, 8, 15 sept.	3 275	1 505	140
21, 28 avril - 26 mai - 9 juin	3 545	1 575	140
30 juin - 7, 28 juillet 4, 11 août	3 650	1 680	140
14, 21 juillet - 18, 25 août	3 380	1 610	140
MONTE TAURO* (Cat. II) Hotel 31 mars - 7, 14 avril - 2, 16, 23 juin - 22, 29 sept. - 6, 13, 20 octobre	3 945	2 275	*
21 avril - 30 juin - 7, 28 juillet - 4, 11 août	4 490	2 520	*
28 avril	4 595	2 625	*
5, 12, 19 mai - 15 sept.	4 045	2 275	*
26 mai - 9 juin	4 350	2 380	*
14, 21 juillet - 18, 25 août - 1er, 8 septembre	4 150	2 380	*
MONTE TAURO Appartements 31 mars - 7, 14 avril - 2, 16, 23 juin - 22, 29 sept. - 6, 13, 20 octobre	4 195	2 525	*
21 avril - 30 juin - 7, 28 juillet - 4, 11 août	4 700	2 730	*
28 avril - 26 mai - 9 juin	4 595	2 625	*
5, 12, 19 mai - 15 septembre 14, 21 juillet	4 295	2 525	*
18, 25 août - 1er, 8 septembre	4 395	2 625	*

* Pas de chambre individuelle.

Entraînement

4. Entraînez-vous à indiquer oralement les prix des séjours

— En vous servant des informations contenues sur la page de catalogue, dites à un client (un camarade) le prix de six forfaits-séjours dans les hôtels de Taormine. Précisez les dates et donnez les prix par personne et par semaine; indiquez aussi le prix de la semaine supplémentaire.

— Changez de rôle: c'est vous le client et votre camarade l'employé de l'agence. Présentez encore six forfaits.

5. Dites-le avec des verbes à des formes personnelles

— Après avoir lu les indications de la page ci-contre, cherchez, sur la page de catalogue, les participes présents qui peuvent être remplacés par des verbes à des formes personnelles.

— Transformez ces phrases pour en faire des phrases orales, avec des verbes à une forme personnelle.

— Transformez les phrases écrites suivantes en phrases *orales :*

• Réduction de 20 % pour la personne occupant un 3e lit dans la même chambre.
• 38 chambres donnant sur les Champs-Elysées.
• Région jouissant d'un climat particulièrement agréable.
• Situation privilégiée permettant de nombreuses excursions.
• Bus assurant la liaison gratuite avec les pistes de ski.

6. Dites-le avec des phrases verbales complètes

Transformez les phrases écrites suivantes en phrases *orales* complètes (avec des verbes) :

— Plusieurs bâtiments au milieu des jardins ;
— Bureaux de change et de poste ;
— Infirmerie, coiffeur ;
— 3 piscines d'eau de mer ;
— Plage de sable à 5 km (navettes gratuites) ;
— Consommations au bar payables avec les boules en plastique d'un collier-bar ;
— Cuisine locale et internationale ;
— Possibilité de dîner au restaurant «Les Tamaris».

7. Ecrivez-le avec des phrases avec un participe présent

Transformez pour les *écrire* les phrases suivantes en utilisant des participes présents:

— Il y a un ascenseur qui mène à la plage.
— Un enfant qui loge dans la chambre de ses parents a droit à une réduction.
— L'hôtel possède un vaste parc qui surplombe la mer.
— Les touristes qui s'embarquent à Marseille ont droit à une réduction.
— Il y a une piscine chauffée qui permet les baignades même l'hiver.

8. Ecrivez-le avec des phrases nominales ou elliptiques

Adaptez pour l'*écrire* le texte *oral* suivant, en utilisant des phrases nominales ou elliptiques (v. observations page ci-contre):

Cet hôtel a été construit récemment. Il se trouve au centre de la ville. Il possède 30 chambres qui ont chacune un balcon et le téléphone. En payant un supplément, on peut avoir l'air conditionné. De cet hôtel on jouit d'une vue exceptionnelle sur la baie des Anges. Il possède un parking privé. De l'hôtel on accède directement à la plage avec un ascenseur. Il est possible de pratiquer tous les sports nautiques.

9. Présentez oralement l'Hôtel «Vello d'Oro»

— En tenant compte des observations faites sur les différences entre oral et écrit, présentez *oralement* à un client l'Hôtel «Vello d'Oro».

— En inversant les rôles, faites la même chose pour l'Hôtel «Monte Tauro».

10. Présentez des hôtels dans un catalogue

— En tenant compte des différences entre oral et écrit, faites une brève présentation, pour un catalogue, de l'hôtel «San Domenico Palace» en vous servant des indications figurant dans le dialogue.

— De la même manière, faites la présentation d'un hôtel que vous connaissez dans une région touristique de votre pays.

Vos compétences

Pour vendre des séjours. vous devez savoir
— présenter d'une façon précise et complète les séjours à forfait : voyages, transferts, hôtel, restauration, dates, prix ;
— donner toutes les informations utiles au voyageur : documents, formalités sanitaires, devises, etc. ;
— demander, surtout par télex ou par téléphone, renseignements, options, réservations, aux transporteurs, hôteliers, voyagistes, tours opérateurs (tour-operators *ou* TO).

Pour cela vous devez savoir donner:

Précisions sur le voyage

— *par avion, vol Air France, départ Roissy*
— *par vol charter, arrivée Orly Sud*
— *en train ; rendez-vous gare de Lyon*
— *en autocar long-courrier, départ devant l'agence.*

Précisions sur l'hôtel

— Situation
— *Situation calme et centrale*
— *Situé dans le centre*
— *Emplacement tranquille*
— *Hôtel dominant la mer*
— *A pic sur la mer*
— *Sur la plage (à 100 m de la plage)*
— *Face au mont Blanc*
— *Sur le cours Mirabeau*
— *Non loin du centre*
— *Près de la cathédrale.*

— Confort
— *Hôtel très bon confort*
— *200 chambres, toutes avec bains ou douches, téléphone, air climatisé, balcon, frigo-bar*
— *chambres rénovées*
— *ameublement luxueux (élégant, etc.)*

— Environnement
— *grand parc, jardin*
— *terrasse*
— *piscine* — *d'eau de mer / d'eau douce / chauffée*
— *solarium*
— *restaurant gastronomique en plein air*

Dates

Du 21 avril au 28 avril (le départ est le 21, le retour le 28).
Période 21-28/4 (du 21 au 28 avril)
Période 21/4-5/5 (du 21 avril au 5 mai)

Prix

2 100 F par personne, par semaine
450 F par jour

Ecrit (supports : catalogues, documents publicitaires et télex)		ORAL	
Nominalisation :	*Situation centrale.*	**Phrases verbales complètes :**	*Il est situé...* *Il y a l'air conditionné.*
Phrases elliptiques :	*Air conditionné.*	**Proposition relative :**	*C'est un hôtel qui domine la mer.*
Participe présent :	*Hôtel dominant la mer.*		

Activités professionnelles

11. **Le San Domenico Palace Hôtel répond au télex de l'agence**

Le San Domenico Palace Hôtel répond par télex pour dire qu'il accepte de mettre une option (de réserver, mais en attendant confirmation) sur la chambre pour la période demandée.

Faites pour le secrétaire ce télex qui, évidemment, rappelle le télex de l'agence et demande confirmation.

12. **Le client téléphone pour confirmer son séjour**

Le surlendemain de sa visite à l'agence, le client téléphone pour confirmer sa réservation. On lui passe l'employée avec qui il avait parlé qui prend note, confirme l'accord et lui demande de passer à l'agence pour régler l'acompte de 25% (précisez combien ça fait exactement). Elle lui dit aussi qu'il devra régler le solde au plus tard le 21 mars. Il choisit la 1/2 pension.

Faites par deux cette conversation téléphonique en utilisant les formes typiques du téléphone.

13. **Télexez au San Domenico Palace pour confirmer la réservation**

Envoyez un télex au San Domenico Palace pour confirmer la réservation. Rappelez le télex précédent (date) et donnez les noms des clients (Monsieur et Madame Legros).

14. **Le carnet de voyage de Monsieur et Madame Legros**

Le 20 mars, Monsieur Legros passe à l'agence pour régler le solde de ses deux séjours *(v. dialogue initial)*. Vous lui donnez son carnet de voyage.

Faites la liste des documents qu'il contient.

15. **Donnez oralement à Monsieur Legros toutes les informations utiles**

En lui remettant son carnet de voyage, vous expliquez à Monsieur Legros tout ce qui peut lui être utile et vous répétez la liste de ce qui figure dans le carnet. Indiquez-lui l'heure précise où il doit se trouver à Orly, l'endroit du rendez-vous (un comptoir où il verra clairement écrit *Tramtour*). Dites-lui qu'une hôtesse en uniforme avec un badge accueillera le groupe à Catane et que le transfert aéroport-hôtel se fera par autocar. Donnez les mêmes précisions pour le retour. Dites-lui de ne pas oublier sa carte d'identité nationale ou son passeport.

16. **Envoyez par lettre son carnet de voyage à Monsieur Reynaud**

Monsieur Reynaud est un autre participant d'un séjour à Taormine. Il n'a pas la possibilité de venir retirer lui-même son carnet de voyage. Il a envoyé un chèque. Ecrivez la lettre qui accompagne le carnet de voyage que vous lui envoyez par la poste. Dans la lettre, dites-lui que vous avez reçu le chèque; dites-lui aussi que s'il a besoin de renseignements supplémentaires il peut téléphoner.

17. **Faites une page de catalogue**

Les séjours à l'Hôtel Capo Taormina et San Domenico Palace sont présentés dans le même catalogue et de la même façon que les séjours au Vello d'Oro et au Monte Tauro.

Faites la page qui les présente:

— Inventez la présentation de l'Hôtel Capo Taormina;
— Utilisez la présentation du San Domenico faite dans l'exercice n° 10 ou les indications contenues dans le dialogue;
— Les deux hôtels font tant la pension complète que la demi-pension;
— Les vols sont les mêmes que pour les autres hôtels;
— Pour les prix, utilisez votre bon sens;
— Jouez, vous aussi, sur les caractères typographiques;
— N'oubliez pas les photos.

Flânerie Normande

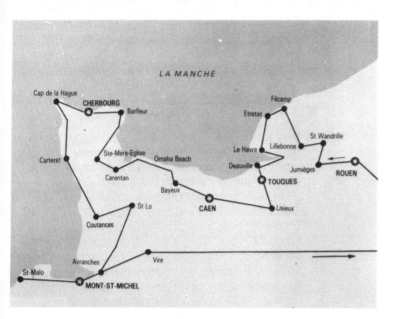

22 avril,

13 mai,

10 juin,

1er, 8, 15 juillet, 5, 12 août,

2, 9, 16 septembre 1991.

en Autocar de luxe climatisé de Paris à Paris

Une région qu'on a toujours plaisirs à voir et à revoir. Châteaux et clochers se disputent le sommet des collines. Nous reverrons la célèbre tapisserie de la Reine Mathilde, la «plus grande bande dessinée du monde», les plages du Débarquement. Hôtels 2 et 3 étoiles.

Honfleur.

Programme

1er JOUR. Paris-Rouen. Réunion des voyageurs aux bureaux de l'agence et départ à 7 h 45 par **Mantes** où nous emprunterons la rive droite de la Seine jusqu'à **Giverny,** visite de la maison de Monet et de ses jardins. Puis, par Vernon, continuation jusqu'aux **Andelys** et visite du **Château Gaillard** construit par Richard Cœur de Lion. Beau panorama sur la vallée de la Seine. Continuation vers Rouen pour le déjeuner. L'après-midi, visite de la capitale de Haute-Normandie ; la cathédrale, l'église Saint-Maclou, l'aître Saint-Maclou, le Gros Horloge et la place du Vieux Marché où Jeanne d'Arc fut brûlée vive.

2e JOUR. Rouen-Touques. Départ par la vallée de la Seine vers **Jumièges.** Visite des ruines romaines dans le cadre agréable de la vallée de la Seine. Continuation vers **Saint-Wandrille,** l'une des plus belles abbayes bénédictines. Visite de l'abbaye. Déjeuner en route et continuation par Bolbec, Goderville, Fécamp, Yport, Bénouville, les falaises d'Etretat. Promenade le long des installations grandioses du port pétrolier d'Antifer, arrivée au **Havre,** tour de ville. Nous nous dirigerons ensuite vers le pont de Tancarville que nous traverserons, Couteville, le mont Courel, Honfleur et la côte de Grâce, Villerville, Trouville, Deauville, Touques.

3e JOUR. Touques-Caen. Départ par Pont l'Evêque, célèbre pour son fromage, visite d'une fromagerie puis **Lisieux,** la ville de Ste Thérèse, visite de la basilique et déjeuner. L'après-midi, arrivée à **Caen** et visite de la ville au passé tourmenté. Les diverses époques nous ont légué une floraison de monuments et d'œuvres d'art : l'abbaye aux Hommes, l'abbaye aux Dames, l'église St-Pierre.

4e JOUR. Caen-Cherbourg. Départ pour **Bayeux** où nous admirerons la célèbre tapisserie de la Reine Mathilde puis les plages du Débarquement : Arromanches, Port en Bessin, Omaha Beach. Déjeuner à **Carentan.** Continuation par Ste-Mère-Eglise, témoin des furieux combats du Débarquement, St-Vaast-la-Hougue, la pointe de Barfleur (arrêt), le cap Lévy (arrêt), **Cherbourg.**

5e JOUR. Cherbourg-le Mont-St-Michel. L'exploration du Cotentin continue par le rocher du Castel-Vendon, le cap de la Hague, arrêt. Beaumont, Flamanville ; Carteret, arrêt au cap, par Coutances, Saint-Lô, déjeuner. Villedieu-les-Poêles, Avranches, arrivée au **Mont St-Michel.**

6e JOUR. Mont-St-Michel et St-Malo. Le matin, visite du Mont-St-Michel, la Merveille de l'Occident : l'abbaye, la merveille, le cloître avec belle vue sur la mer, la salle des chevaliers, la chapelle. Déjeuner et départ pour St-Malo, célèbre cité des corsaires, ville natale de Surcouf et de Dugay-Trouin, l'un des plus célèbres sites de France. Visite : le tour des remparts restés intacts d'où l'on découvre un paysage marin original et pittoresque, le port. Retour au Mont-St-Michel par Paramé, la pointe du Grouin, Cancale.

7e JOUR. Mont-St-Michel-Paris. Sur la route du retour, nous traverserons l'admirable « Suisse normande » aux paysages enchanteurs par Vire, capitale de l'andouille, Condé-sur-Noireau, Clécy, le Pain de Sucre (arrêt), Thury-Harcourt, déjeuner. Continuation par Falaise, Gacé, Verneuil. Arrivée à Paris en début de soirée.

Hôtels 2 et 3 étoiles

ROUEN - Dieppe - TOUQUES - Amirauté - CAEN : France ou Novotel - CHERBOURG : Louvre - Mont St-Michel : K Motel (départs 10 juin, 5 août, 16 septembre : ou similaire).

Prix de ce voyage

par personne

en pension complète comprenant tous les frais de **Paris** à **Paris** selon nos conditions générales. **Toutes chambres avec bain ou douche.** (minimum 25 personnes)

4 270 F

Supplément pour chambre individuelle .... 525 F (nombre très limité)

N.B. certains hôtels ne disposent pas de bagagistes, nous nous en excusons par avance.

Compréhension

1. Le circuit «Flânerie Normande»

Lisez attentivement cette proposition du voyagiste «Horizons Européens» et trouvez les informations essentielles:

— Durée du circuit: ....

— Nombre de départs: ....

— Moyen de transport: ....

— Nombre de nuits à l'hôtel: ....

— Prix du circuit: ....

— Villes-étapes: ....

2. Le programme de visite

— Relisez attentivement le texte et dites comment sont signalées, par la typographie, les villes-étapes et les villes visitées.
— Sur la carte, à côté de chaque ville, mettez dans une bulle le nom des curiosités ou monuments visités.
— Sur la carte, ajoutez le nom des sites traversés qui ne sont signalés que dans le texte.

3. La fiche d'inscription au voyage

— Etudiez la fiche ci-contre, établie par l'agence de voyages lorsqu'elle vend un forfait (séjour, circuit, location); il s'agit d'un *contrat*: il est signé par le client et par le vendeur.
— Dites oralement de quelle situation il s'agit: Qui? Quoi? Quand? Où? etc.
— Etablissez une fiche semblable pour Monsieur et Madame Ripert qui ont acheté deux circuits «Flânerie Normande» à l'Agence Française de Tourisme, 25, boulevard Beaumarchais, Paris, 4e. Ils partiront le 10 juin. Comme ils se sont inscrits avant le 15 Mars (le 13), ils ont droit à une réduction de 3 %.
— Etablissez une fiche semblable pour le séjour de Monsieur et Madame Legros à Taormine (v. dossier précédent).

4. La facture relative au circuit.

— Examinez la facture ci-dessous. Trouvez-y les éléments repris de la fiche ci-contre.
— Etablissez la facture pour le circuit de Monsieur et Madame Ripert (v. exercice ci-dessus).

Frossard

AGENCE DE VOYAGES
S.A.R.L. au capital de 125.000 Francs
7 rue Favre - 73000 CHAMBERY
Tél. 79.33.17.64 - Télex 385 323
R.C.: THONON B 326 520 343

Monsieur MADELON
6 Rue St. Antoine
73000 CHAMBERY

date 15 JUILLET 1991 — code client — 0 4 2 0 1 3

Fournisseur	Billet n°	Réf.	Désignation	Montant
SARL FROSSARD	056001	E 151	AUTRICHE CIRCUIT 8 JOURS 2 personnes à F. 4.790	9.580.00

MODE DE REGLEMENT
☐ Comptant espèces
☐ Comptant chèque bancaire
☐ Comptant C.C.P.
☐ Relevé fin de mois

MONTANT TOTAL	9.580.00
Frais	
TOTAL GENERAL	9.580.00
A déduire acomptes	2.395.00
NET A PAYER	7.185.00

Frossard voyages
Licence d'Etat A 558

S.A.R.L. au capital de 125.000 Francs
R.C.: THONON B 326 520 343
Siret 326 520 343 00020
Assurance R.C. Cabinet Poisot
49, avenue de St-Cloud - 78000 Versailles
Police n° 571.07.19 D

7, rue Favre
73000 CHAMBERY
Tél. 79.33.17.64

INSCRIPTION

le 8.07.91

CODE CLIENT

042013

VOYAGEUR (nom, prénom, adresse):

	Date naissance	Fichier oui
		NON

MR MADELON Pierre
Mme MADELON Jeanne
7, Rue St Antoine
CHAMBERY

Téléphone: domicile Père 79336859 / Professionnel 79388663

Intitulé du voyage:

AUTRICHE CIRCUIT 8 JOURS

E 151
PLACES 31-32

Hébergement: CHAMBRE DOUBLE

Nombre client(s)	Nombre jours
2	8

Organisateur: FROSSARD

Réf. René Planche

Départ le: 19.8.91 CHAMBERY
Retour le: 26.8.91

Formalités (à titre d'information au jour de l'inscription)
☐ Passeport   ☐ Visas   ☒ Carte Nationale Identité
Santé:

Important:
le voyage peut être annulé par l'organisateur en cas de nombre insuffisant de participants (se référer aux conditions particulières du catalogue de l'organisateur).
Conditions d'annulation (sur le prix total du voyage): elles sont mentionnées dans les conditions particulières du catalogue de l'organisateur.

Je soussigné (nom, prénom)

agissant pour moi-même et/ou pour le compte des autres personnes inscrites, certifie avoir pris connaissance des conditions générales de vente de voyages figurant au verso et avoir reçu le catalogue de l'organisateur contenant les conditions particulières.

Réf. du vendeur: «lu et approuvé»
René Planche   le

Signature   Signature

Comptabilité (ne rien inscrire)
E 151
Forfait n° 313

	Prix unitaire	Nombre	Montant
	4790	2	9580
Assurance annulation (contrat ci-joint) incluse oui ☒ non ☐	Sous-total		9580
	Frais		
	TOTAL		9580

Règlement:

1er acompte le Début Juillet 91 Chèque bancaire 19.7.91		2395
Solde à verser avant le 10.8.91		7185
	TOTAL	9580

Entraînement

5. Indiquez des activités pour différents moments

Pour chacune des indications de temps présentées sur la page ci-contre, indiquez une activité pouvant faire partie d'un circuit touristique.

Ex. : *Après le petit déjeuner, embarquement pour une mini-croisière sur le Rhin.*

6. Donnez des indications sur les lieux et œuvres d'art

Pour la rédaction du programme d'un circuit en Europe, vous devez donner de brèves indications sur les lieux et œuvres d'art. Faites-le en une phrase. Vous pouvez, évidemment, vous inspirer des indications données sur la page ci-contre. Présentez :

— La tour Eiffel à Paris
— Le Prado à Madrid
— Le lac Léman à Genève
— Le musée des Offices à Florence
— La place Saint-Marc à Venise
— L'Acropole à Athènes
— La mosquée bleue à Istanbul
— Les Belvédères du Danube à Budapest
— La porte de Brandebourg à Berlin
— La petite sirène du port de Copenhague
— Le Dam à Amsterdam
— Le Manneken Pis à Bruxelles

7. Entraînez-vous à dire ce qui est écrit

En tenant compte des observations de la page ci-contre et de celles faites dans les dossiers précédents, sur les différences entre oral et écrit, exposez *oralement* à un client la partie de programme suivante:

Circuit Châteaux de la Loire

1er jour : Paris-Tours.

Rassemblement des voyageurs devant les bureaux de l'agence et départ à 7h 30 par CHARTRES (arrêt devant la cathédrale) ; CHATEAUDUN (arrêt) ; VENDÔME : visite de l'Eglise Notre-Dame de la Trinité, du cloître, des bords du Loir, la Porte Saint-Georges ; Continuation et déjeuner en cours de route ; Après-midi, excursion aux châteaux situés à l'est de TOURS ; LUYNES (château surmonté de deux grosses tours) ; LANGEAIS (visite du plus formidable château féodal de la Touraine) ; Détour par CHINON, AZAY-LE-RIDEAU (visite de ce chef-d'œuvre de la Renaissance) ; Retour à TOURS, visite de la cathédrale Saint-Gatien, dîner et logement.

8. Entraînez-vous à écrire un programme

En tenant compte des observations faites sur les différences entre oral et écrit, *écrivez* la partie de programme exposée ci-dessous en style oral:

Le deuxième jour, vous partirez de Tours après le petit déjeuner. Vous passerez par Chenonceaux où vous visiterez le château. Après ça, vous visiterez le château d'Amboise, qui surplombe la Loire, puis celui de Chaumont. Arrivés à Blois, vous visiterez le château avant le déjeuner. L'après-midi, vous reprendrez la direction de Paris et en route vous visiterez le château de Cheverny qui est encore habité et qui remonte au XVIIe siècle, et qui contient de belles collections de meubles et de tapisseries. Ensuite Chambord, Cléry, où vous visiterez la basilique Notre-Dame, reconstruite par Louis XI au XVe siècle. Vous prendrez l'autoroute à Orléans et vous serez de retour à Paris vers 9 h du soir.

N.B. : Utilisez différents caractères typographiques (v. ex. 7).

9. Enrichissez votre vocabulaire

Afin de pouvoir établir un programme de visite de votre région ou de votre pays pour des touristes francophones, procurez-vous un document publicitaire (dépliant ou catalogue) en langue maternelle, sélectionnez les noms des lieux, des peuples et des monuments. Traduisez-les en français.

Vos compétences

— rédiger le programme d'un circuit;
— le présenter oralement aux clients;
— leur donner toutes explications et indications utiles: transports, horaires, hôtels, restaurants, formalités, prix.

Pour cela: vous devez connaître des mots et expressions:

Indications de temps:	Activités	Objets des visites
Le premier jour (deuxième, troisième, etc.)	visite	la cathédrale
à 7h 30	départ	la ville
le matin	arrivée	le centre historique
l'après-midi	envol	les vieux quartiers
dans la soirée	embarquement	le château
dans la matinée	traversée	le musée
en début d'après-midi	arrêt	une cave
en fin de soirée	transfert	des ruines
le soir	retour	une île
vers 20h	installation à l'hôtel	un ancien volcan
après le petit déjeuner	déjeuner	etc.
	dîner et logement	
	repos	
	temps libre	
	activités personnelles	
	excursion	
	mini-croisière	
	promenade	

Indications sur les lieux visités:

Le musée du Louvre, où se trouve la *Joconde*
La tour Eiffel, construite en 1889
La Conciergerie, où fut emprisonnée Marie-Antoinette
La Basilique Saint-Marc, qui remonte au IXe siècle
Place d'Espagne, une des places les plus animées de Rome
L'île de la Cité, la partie la plus ancienne de Paris
Saint-Malo, entièrement reconstruite après la guerre
... centre d'une intense activité (agricole, industrielle, commerciale, etc.).

Quelques utilisations des prépositions

— départ *pour* Moscou *par/sur* vol régulier : Moscou est la destination atteinte *en* avion
— retour en autocar *par/via* Bruxelles : l'autocar passe *à* Bruxelles mais ce n'est pas sa destination finale
— continuation *vers* Bombay : *dans la direction de* Bombay
— le Bordelais est célèbre (renommé, connu) *pour* ses vins
— la pyramide du Louvre a été dessinée *par* Peï : c'est Peï qui l'a dessinée.

Ecrit. *Utilisez de préférence :*

• **les formes nominales :**
départ, visite

• **le présent ou le futur aux deux premières personnes du pluriel :**
Nous visitons ; Nous visiterons.
Vous visitez ; Vous visiterez.

Oral. *Utilisez de préférence :*

des phrases avec des verbes au présent ou au futur, à la deuxième personne du pluriel :

Vous partirez ; Vous visiterez ;
Vous vous arrêtez ; Vous repartez.

$\mathcal{A}$ ctivités professionnelles

10. Madame Châtenay s'inscrit pour le circuit «Flânerie Normande»

Le 3 avril Madame Châtenay, 60 ans, vient à l'Agence Française de Tourisme et dit qu'elle voudrait faire un voyage d'une semaine. Elle hésite entre la Bretagne, qu'elle connaît déjà et qu'elle aime beaucoup, et la Normandie, qu'elle ne connaît pas. Elle dit qu'elle ne voudrait pas trop se fatiguer. L'employée lui conseille «Flânerie Normande», un circuit pas trop dense de visites et de monuments, et pas trop long. Elle accepte la suggestion. L'employée lui demande quelle date elle préfère. Elle choisit le 10 juin. Elle veut une chambre individuelle. L'employée lui donne toutes les informations sur les hôtels. Elle lui demande un acompte de 25 % que la dame paie par chèque, et lui dit qu'elle devra payer le solde avant le 10 mai. Elle signe un document semblable à celui de p. 107.

Faites, par groupes de deux, ce dialogue.

11. Réservez, par télex, des places de spectacle

15 des participants au circuit «Flânerie Normande» (dont Madame Châtenay) veulent assister, à Rouen, au concert de musique romantique au Théâtre des Arts.
Télexez au théâtre pour leur réserver des places *d'orchestre.* Donnez, évidemment, toutes précisions utiles et demandez confirmation. Vous paierez directement le théâtre et vous donnez aux voyageurs un «bon d'échange» qu'ils remettront au théâtre, le soir du spectacle.

12. Le carnet de voyage de Madame Châtenay

Faites la liste des documents que vous mettrez dans le «carnet de voyage» de Madame Châtenay, quand elle règlera le solde de son circuit.

13. Donnez oralement toutes les indications à Madame Châtenay

Quand Madame Châtenay vient régler le solde de son voyage, donnez-lui le carnet que vous avez préparé, en lui expliquant ce que sont les différents docu-ments. Donnez-lui toutes informations utiles (heure et lieu du rendez-vous, heure de retour, etc.) et exposez-lui brièvement le programme des visites.

14. La réservation des chambres dans les hôtels du circuit

Pour le circuit «Flânerie Normande» du 10 juin, il y a 27 inscriptions: 12 couples et 3 personnes seules qui veulent des chambres individuelles.
Le 10 mai, l'employée de l'agence télexe aux hôtels où ils doivent faire étape. Faites-le pour elle.

Faites 5 télex différents, pour les cinq hôtels; précisez dans chacun: les dates, le nombre de chambres doubles et individuelles, les services demandés (logement et petit déjeuner; demi-pension, pension).

Servez-vous du programme pour ne pas vous tromper!

15. Envoyez à deux clients leur carnet de voyage

Deux clients, Monsieur et Madame Boissy, 6, Rue Voltaire, Paris 5e, ne peuvent pas venir à l'agence retirer leur carnet de voyage. Ils ont envoyé un chèque pour payer le solde de leur facture.
Ecrivez la lettre qui accompagne l'envoi du carnet et qui accuse réception du chèque.

16. Une excursion d'une journée dans votre région

Préparez en français le programme d'une excursion d'une journée dans votre région. Ecrivez toutes les informations utiles: heure, jour, lieu du rendez-vous, visites, déjeuner, retour, voyage, prix.
Vous pouvez l'illustrer d'un dessin.

Mettez en page d'une façon élégante ce programme.

17. Une excursion de deux jours

Préparez, en français, le programme d'une excursion de deux ou trois jours dans votre région. Ecrivez toutes les informations utiles: date, heure et lieu de départ, itinéraire, lieux visités, repas, hôtels, moyen de transport, prix, heure et date du retour.

Mettez en page d'une façon agréable ce programme.

Un studio sur la Côte

Le 3 juin dans une agence de Besançon.

— Bonjour, Madame, je voudrais savoir si vous avez quelque chose à louer sur la côte.
— Oui, pour quelle période?
— A partir du 23 juin, pour deux semaines, si possible.
— Oh! là! là! Dans vingt jours! Ça va être difficile! Qu'est-ce que vous voulez, exactement?
— Eh bien, un studio ou un deux-pièces; on est quatre. Si possible pas un immeuble type caserne...
— Il y aurait le Village des Côteaux-de-la-Martelle, à Sainte-Maxime. Le village est au milieu des pins et des mimosas; il est très agréable. Il y a un chemin privé qui mène directement à la mer. Vous voulez que j'essaye de demander s'ils ont quelque chose pour cette période?
— Oui, s'il vous plaît.
— Un moment, s'il vous plaît.
(Elle télexe à l'administration du village pour demander si, du 23 juin au 7 juillet, ils auraient un studio ou un appartement pour quatre personnes; la réponse est affirmative.)
Eh bien, vous avez de la chance; il leur reste un studio.
— C'est combien, le prix?

— Attendez, voyons, jusqu'au 7 juillet, c'est 2 500 F par semaine, pour un studio.
— Oui, évidemment, je n'ai pas le choix. D'accord, j'accepte. Comment ils sont, ces studios?
— Il y a un séjour avec deux banquettes-lits pour une personne et un lit-gigogne, un coin-chambre ou cabine avec deux lits superposés, la salle de bains, les w.-c. Tout ce qu'il faut.
— Les 2 500 F, c'est tout compris?
— Oui, la location, l'eau, le gaz, l'électricité, l'assurance et le parking.
— Et le linge?
— Non, vous devez emporter vos draps; mais vous pouvez aussi les louer sur place. A l'arrivée, on vous demandera de verser une caution de 900 F, qu'on vous rendra après inventaire, s'il n'y a rien de cassé et s'il ne manque rien.
— Bon, d'accord.
— Je vous prépare le contrat? Vous pouvez passer le prendre, dans la soirée?
— Oui, ou demain, plutôt.
— Je dois vous demander de payer tout de suite : c'est moins d'un mois avant le départ.
— D'accord. Alors, je passe ce soir ou demain.

Compréhension

1. L'employée note ce qui intéresse le client

En parlant, l'employée de l'agence note sur une feuille ce qui peut intéresser le client.
Faites-le pour elle, en écoutant le dialogue. Notez:

— Nom et adresse du village: ....

....

— Dates du séjour: ....

— Prix du séjour: ....

— Description de la location: ....

— Compris: ....

— Non compris: ....

— Caution à verser: ....

2. Le télex du Village

Voici la réponse que Gilberte, l'employée de l'agence Sélectour, reçoit du village *(v. dialogue initial):* il a été envoyé le 155e jour de l'année (le 3 juin), à 14h 31.

Ecrivez le télex qu'elle avait elle-même envoyé et dans lequel elle demandait une réponse urgente.

3. Location à La Grande-Motte : informez le client

Lisez très attentivement la page de catalogue reproduite ci-contre et ensuite répondez à un client qui vous demande les renseignements suivants :

— Si je ne prends pas le bateau, j'ai droit à une réduction ?
— On est cinq ; on peut prendre un studio ?
— Est-ce que la piscine et le tennis sont compris dans le forfait ?
— Les chiens sont-ils admis ?
— Pour un studio du 12 mai au 2 juin, je payerai combien ?
— Il y a la télévision, dans les appartements ?
— Pour un appartement du 8 au 22 septembre, je payerai combien ?
— Qu'est-ce que c'est, les 2 400 F qu'on me demandera à l'arrivée ?
— Et si je voulais le bateau toute la journée ?

Faites ces brefs dialogues par groupes de deux.

4. Le client vient se plaindre

A son retour de vacances, le client qui est allé à La Grande-Motte vient se plaindre de son séjour. A-t-il tort ou raison ? Montrez-lui pourquoi, sur la page ci-contre et répondez-lui.

Il dit:
— Le moniteur n'était jamais libre, pour m'expliquer le fonctionnement du bateau.
— Le ménage n'était jamais fait.
— J'ai cassé une chaise et on ne m'a pas rendu ma caution.
— Il n'y avait que des «Microsails» disponibles; je n'avais jamais fait de la voile; je n'ai rien pu faire.
— J'ai dû payer la taxe de séjour.

```
SELECT 343611 F
155 1431
COTEAUX 217893F

ATT: GILBERTE, SERVICE LOCATIONS

V. TELEX DE CE JOUR

STUDIO 4 PERS. DISPONIBLE 23/6-7/7. SI INTERESSES
REPRENEZ CONTACT RAPIDEMENT.

SALUTATIONS.

J.C. ALIBERT
```

locations: studio + bateau

Le plan d'eau du Ponant, vue de la Résidence.

Vue intérieure.

La résidence et sa piscine.

LA Gde MOTTE côté plaisance

Entre la Méditerranée et le plan d'eau du PONANT, les locations Cofitel offrent des séjours jumelés, appartement plus bateau.

C'est un quartier résidentiel sans voitures ; celles-ci trouvent leur place dans un vaste parking sous la résidence.

SPORTS ET LOISIRS de la station

18 courts de tennis, équitation, mini-golf.

École de voile, ski nautique, planche à voile.

Très nombreuses boutiques ; restaurants, casino, cinémas, nigtht-clubs, bars et la Camargue à deux pas.

LA RÉSIDENCE (avec piscine privée)

STUDIO-CABINES pour 2 à 4 personnes : entrée, séjour avec canapé (grand lit), cabine avec 2 lits superposés ; cuisinette, salle de bain, W.-C., réfrigérateur, four et balcon.

APPARTEMENTS : 2 pièces-cabine avec loggia ; idem plus une chambre à grand lit (6 personnes).

LES BATEAUX

A choisir selon votre goût :

• soit un «pêche-promenade» (Arcachonnais ou Béniguet) pour ceux qui veulent découvrir prudemment et avec l'aide d'un moniteur le plaisir de naviguer à la voile et au moteur ;

| Arcachonnais | Microsail | Béniguet |

• soit un Microsail 5,5 parfaitement équipé pour ceux qui connaissent déjà les joies grisantes de la voile.

Dans tous les cas, les bateaux sont équipés dans le strict respect des règles de sécurité. Un moniteur se tient à votre disposition. Tous les bateaux sont pourvus d'un moteur hors-bord de 4 CV. Le permis bateau n'est pas nécessaire.

NOS PRIX COMPRENNENT

• Appartement entièrement équipé.

• Nettoyage fin de séjour.

• Eau, gaz, électricité.

• Assurances locatives.

• Accès libre à la piscine.

• Parking.

• Bateau en bon état de marche avec conseils d'un spécialiste (6 demi-journées au choix).

• Assurance annulation (voir page 24).

• Contrat U.A.P.-Assistance/Rapatriement.

NON COMPRIS

• 95 F assurance bateau par semaine (obligatoire) payable sur place (franchise casse ou perte de 600 F).

• Taxe de séjour payable sur place.

• Assurance accident.

FACULTATIF

Location sur place de linge, de lit de bébé (moins de 3 ans), vélos, T.V., planches à voile, cours de voile.

PRIX PAR APPARTEMENT UNE SEMAINE + BATEAU 6 DEMI-JOURNÉES		
SAMEDI-SAMEDI	Studios cabines	2 pièces cabines
B.S. 24/9 au 19/5 8/9 au 6/10	1760	2160
M.S. 19/5 au 23/6 1/9 au 8/9	2310	2910
S. 23/6 au 14/7 25/8 au 1/9	3560	4260
H.S. 14/7 au 25/8	4110	5010

• SUPPLÉMENT FACULTATIF : Totale disposition du bateau pendant le séjour (nous consulter).

• RÉDUCTION FACULTATIVE : Location sans bateau (nous consulter).

OFFRE SPÉCIALE : 3 SEMAINES POUR 2
Arrivées jusqu'au 2 juin inclus et à partir du 8 septembre (réduction de 10 % sur les tarifs B.S. et M.S. pour les séjours de 2 semaines).

PÂQUES : du 24/3 au 7/4 ou du 31/3 au 14/4 : réduction de 15 % pour 2 semaines.

RENSEIGNEMENTS PRATIQUES

• Séjours du samedi au samedi (arrivées 16h/19h, départs 8h/11h).
• Aucune personne en surnombre n'est acceptée (seul 1 enfant de – de 3 ans est toléré par appartement dans un lit supplémentaire).
• Chiens tolérés : 110 F par semaine à régler sur place.
• Cautions : 900 F par appartement, 1500 F par bateau, demandées à l'arrivée et restituées après déductions éventuelles.

ACCÈS

Voitures : de Paris 778 km, de Lyon 316 km, de Marseille 165 km.
Train : gare de Montpellier à 20 km.
Cars : Les Courriers du Midi.

113

*E*ntraînement

5. **Présentez une résidence de vacances à la mer**

A l'aide des mots et expressions présentés dans ce dossier (v. en particulier page ci-contre) mais aussi dans les dossiers précédents, présentez pour un catalogue *l'environnement* de 3 résidences de vacances au bord de la mer ou d'un lac.

Ex. : *La résidence des Tamaris est située dans une magnifique pinède sur une colline à trois kilomètres du centre de la station.*

6. **Présentez une résidence de vacances à la montagne**

Présentez, pour un catalogue, *l'environnement* de 3 résidences de vacances à la montagne.

Ex.: *Le chalet-résidence «Les Edelweiss» est à proximité des commerces et des services et à quelques pas du départ des remontées mécaniques.*

7. **Présentez, dans un catalogue, un studio ou un appartement**

Présentez, dans un catalogue et brièvement, *un studio* ou *un appartement* d'une résidence de vacances à la mer ou à la montagne. Vous pouvez vous inspirer des suggestions données sur la page ci-contre.

8. **Décrivez le studio ou l'appartement à un client**

En vous basant sur ce que vous avez écrit dans l'exercice précédent, décrivez *oralement* le studio ou l'appartement à un client.
Attention aux caractéristiques de la langue orale.

9. **Indiquez les prix des locations pour les différentes dates**

En consultant le tableau inclus dans la page précédente, dites à un client les prix des studios et appartements de La Grande-Motte à toutes les dates.

10. **Indiquez les prix unitaires**

Indiquez les prix unitaires, avec la préposition *par*, dans les cas suivants:

— Studio 4 personnes: 2380F en juillet, pour une semaine.
— Utilisation de la piscine: une demi-journée: 10F.
— Location des planches à voile: demi-journée: 100F.
— Pension complète : 250 F, une personne, un jour.
— Location bicyclettes : un jour : 50 F.

11. **Dites ce qui est écrit**

En tenant compte des remarques de la page ci-contre et des dossiers précédents, exprimez *oralement* les idées suivantes, qui sont ici exprimées par écrit:

— Location possible de skis et de chaussures sur place.
— Accès libre à la piscine et à la patinoire pour les résidents du club.
— Nettoyage quotidien des chambres assuré.
— Situation privilégiée entre la mer et le lac salé.
— Réservation à l'avance conseillée.
— Ouverture du village : 1er avril.
— Accès direct à la plage par un chemin privatif.

12. **Ecrivez ce qui est dit**

En tenant compte des différences entre oral et écrit mises en évidence, rendez *par écrit* les idées qui sont exprimées ici oralement:

— Vous pouvez disposer complètement du bateau pendant tout le séjour.
— La résidence est très bien située à quelques minutes du centre d'Antibes.
— Vous pouvez louer à la résidence des voiliers et des planches à voile.
— Il est plus prudent de réserver votre bateau avant d'arriver.
— Les membres du club peuvent accéder librement à la patinoire.
— Vous pouvez utiliser gratuitement les installations sportives.

Vos compétences

Vous devez savoir

— présenter les appartements, studios, villas, bungalows, etc. (composition et environnement);
— indiquer précisément les prix aux différentes dates;
— préciser clairement ce que les prix comprennent et ce qu'ils excluent;
— savoir vous-même vous renseigner par télex, par téléphone ou sur les catalogues, sur tous ces points.

Pour cela: vous devez connaître des mots et expressions pour...

...indiquer la composition de la location

Une location peut comprendre : une entrée, une kitchenette équipée (un réfrigérateur, un lave-vaisselle, un lave-linge, des plaques chauffantes, un four micro-ondes, une rôtissoire), un séjour avec un lit convertible à deux places, une cabine avec un lit double, une chambrette avec deux lits simples (superposés ou gigognes), une salle de bains, une salle d'eau avec douche et toilettes, des w.-c. séparés, un balcon, une loggia ou une terrasse, un parking (couvert/payant). Les draps, les couvertures et les taies peuvent être fournis.

...décrire l'environnement

— sur un vaste domaine dominant la mer
— à quelques minutes de la plage (des pistes de ski, des remontées mécaniques)
— au milieu des ⎱
— parmi les   ⎰ pins parasols, mimosas, sapins, etc.
— au centre du village
— entouré par une végétation luxuriante
— des bungalows parmi les arbres
— dans un village de vacances
— un complexe ⎱
— un immeuble ⎰ résidentiel
— une résidence

...indiquer les dates et les prix

— basse saison (B.S.), moyenne saison (M.S.), haute saison (H.S.)
— *du* 24 avril (mai, juin, etc.) *au* 19 octobre
— *à partir du* 24 septembre *jusqu'au* 21 octobre

Attention: la préposition **par**

— prix *par* personne
— caution : 900 F *par* appartement
— assurance : 95 F *par* bateau
— taxe de séjour : 1 000 francs *par* personne *par* semaine

Oral	Ecrit-style télégraphique
Utilisez de préférence des verbes :	*Utilisez de préférence des noms :*
— **réserver :** *vous réservez* d'un dimanche à l'autre	— *réservation :* du dimanche au dimanche
— **louer :** *on loue* à la semaine	— *location* du samedi au samedi...
— **accéder :** *on y accède* par la route	— *accès* par la route de...
— **séjourner :** *vous séjournez* une semaine	— *séjour :* une semaine
— **disposer :** *vous disposez* d'un bateau	— *disposition* complète d'un bateau
— **être nettoyé :** l'appartement *est nettoyé* à la fin du séjour	— *nettoyage* en fin de séjour
— **être ouvert :** la piscine *est ouverte*...	— *situation* exceptionnelle
	— *ouverture* de la piscine : 1er juin

Activités professionnelles

13. Un client veut une location à La Grande-Motte

Vous êtes employé de l'agence Sélectour qui vend les forfaits-locations à La Grande-Motte. Un client vient. Il est intéressé ; il demande les prix ; il voudrait rester trois semaines en basse saison. Indiquez-lui les conditions particulières pour cette solution. Présentez-lui la résidence. Expliquez-lui comment sont les studios et les appartements. Il demande s'il serait possible d'avoir un bateau (un Microsail : c'est un navigateur expérimenté) toute la journée.
Vous lui dites que oui, mais que vous devez demander les conditions. Il accepte.

Faites, par deux, ce dialogue.

14. Demandez, par téléphone, le montant du supplément pour le bateau

Pour informer complètement votre client (exercice précédent) vous téléphonez à Cofitel pour savoir à quelles conditions il est possible de disposer d'un Microsail toute la journée. Réponse : 500 F en plus par semaine, et 150 F d'assurance au lieu de 95 F.

Faites par deux cette conversation téléphonique.

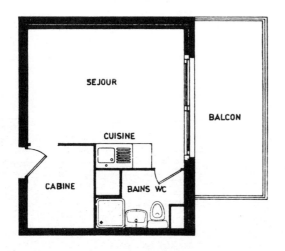

SURFACE HABITABLE

```
SEJOUR+CUIS. 12.20m2
CABINE        3.40
bains-W.C.    2.60

TOTAL        18.20 m2
BALCON        7.85 m2
```

15. Faites une page de catalogue

Vous travaillez pour une chaîne de location hôtelière. Rédigez à l'intention des touristes francophones une page du catalogue présentant une résidence (location d'appartements) située dans votre pays. Cette présentation devra reprendre les points suivants : situation et description de l'environnement ; composition de la location ; indication des dates et des prix ; animation-détente.
Faites cette page complète avec les textes et les photos.

16. Une publicité radiophonique pour la résidence de La Grande-Motte

Cofitel veut faire connaître ses résidences à La Grande-Motte. Elle fait une publicité radiophonique.
Faites-le pour elle.
Attention :

a) pour la publicité, ne dites pas tout, mais dites où on peut s'adresser pour en savoir plus;

b) insistez sur un ou deux seulement des aspects suivants que vous voulez mettre en évidence: les prix hors-saison; le calme; tout pour la voile; idéal pour les familles; des vacances sportives, etc.;

c) essayez d'être *créatifs:* tout est permis, en publicité.

Préparez cette annonce par groupes, puis élisez la meilleure!

17. Une publicité télévisée pour votre résidence

Pour une chaîne de télévision française faites un spot publicitaire pour la résidence présentée dans l'exercice 15.
Attention :

a) lisez les suggestions données pour l'exercice précédent;

b) pensez aux prises de vue qui accompagneront le texte oral.

Un séjour à Paris sur mesure

Les agences ne vendent pas seulement des séjours et des circuits «prêt-à-porter». Elles doivent quelquefois faire du «sur mesure». C'est le cas de cette agence de Saint-Etienne qui devra préparer un séjour à Paris pour quarante élèves d'un lycée technique, filière sciences économiques.
Un professeur est venu à l'agence.

— Bonjour, Madame. Je voudrais emmener une classe à Paris, pendant les vacances de Pâques. Vous pourriez me trouver un hôtel à un prix abordable et me faire un petit programme ?

— Bien sûr ; il suffit que vous me disiez quand vous voulez y aller, ce que vous voulez faire, et combien vous pouvez dépenser, par personne.

— Alors, du 3 au 8 avril ; pour le prix, au maximum 2000 F, voyage compris.

— 2000 F pour six jours... Vous avez intérêt à y aller en train : vous prenez un billet de groupe en T.G.V. à une heure où il n'y a pas de supplément. On pourrait mettre à votre disposition un autocar, pour certains jours, si c'est nécessaire.

— D'accord, si l'hôtel est bien situé. Mais il faudrait le car pour nous accueillir à la gare, avec les bagages...

— Oui, bien sûr. Pour l'hôtel, nous avons un petit hôtel agréable et pas cher dans le quartier du Marais, qui est habitué à accueillir des groupes de lycéens.

— Ah ! bon, très bien ! Comme emplacement ce serait parfait.

— Et qu'est-ce que vous voudriez, comme programme ?

— Eh bien, évidemment, on voudrait un peu les choses habituelles. Mais pas de musées : ça ne les intéresse pas beaucoup. Par contre, je voudrais les emmener à la Cité des Sciences, à La Villette. Et puis, une autre chose, mais ça, je ne sais pas si ce sera possible...

— Quoi ?

— Je voudrais les emmener à la Bourse, un matin où c'est ouvert, évidemment.

— Si, si, c'est possible. Je l'ai fait pour d'autres groupes. Ils mettent même un agent de change à votre disposition, pour les explications.

— Oh, c'est parfait ! je voudrais prévoir aussi une soirée spectacle, peut-être au Zénith, ça dépend qui il y a...

— Je peux me renseigner. Autre chose ?

— S'il reste du temps, une demi-journée à Versailles et une journée en Ile-de-France : Senlis, Chantilly, enfin, vous voyez...

— Bon, je vais voir ça : je vous fais un projet de programme et un devis, puis je vous appelle... Votre numéro de téléphone ? Au fait, vous voulez un guide ?

— Non, non ; c'est moi qui servirai de guide. Vous pouvez m'appeler au 77-54-51-51, de préférence après 5 h.

Compréhension

1. L'employée de l'agence note les renseignements qui lui seront utiles

A mesure qu'elle écoute le client, l'employée note les éléments qui lui seront utiles pour préparer le programme et le devis. Faites-le pour elle. En écoutant le dialogue, notez:

— Responsable (tél.): ....

— Groupe: ....

— Nombre de personnes: ....

— Dates: ....

— Type d'hôtel: ....

— Transport: ....

— Prix/personne: ....

— Guide: oui/non ....

— Visites souhaitées: ....

2. Avez-vous bien compris le dialogue?

Après avoir écouté deux ou trois fois le dialogue, dites si les affirmations suivantes correspondent à ce qui est dit ou à ce qui est sous-entendu; justifiez vos réponses :
— Le professeur ne fera pas faire à sa classe un séjour seulement touristique.
— Ses élèves s'intéressent plus aux arts qu'aux sciences.
— Ils iront dans un hôtel 4 étoiles.
— L'agence leur fournira un guide, pour leurs visites.
— Il est possible de visiter la Bourse, quand elle est ouverte.
— Il n'est pas sûr qu'ils aillent à Versailles.

3. La préparation du programme et de la cotation

Après la conversation avec le client, l'employée va devoir faire un certain nombre d'opérations pour pré-parer le programme et la cotation (ou devis) qu'elle lui soumettra.
Faites la liste précise de ces opérations (coups de téléphone, télex, etc.).
Attention : elle ne réservera les places de T.G.V. que lorsqu'elle aura confirmation du voyage et du nombre de participants, environ deux mois avant le départ.

4. Les conditions de vente de séjours et circuits

Les *« Conditions générales de vente »* reproduites ci-contre régissent les rapports de *toutes* les agences de voyages avec leur clientèle. Vous n'aurez jamais rien à écrire de semblable, dans cette langue juridique. Toutefois vous devez les comprendre, pour savoir les expliquer aux clients et répondre à des questions, des contestations ou des litiges éventuels. Lisez-les attentivement et dites ce que vous feriez dans les situations suivantes. Indiquez dans quel article des *conditions de vente* vous trouvez la réponse.

— Un client se plaint: le contrat prévoyait le séjour dans un hôtel 4 étoiles; or, il a séjourné dans un 3 étoiles.
— Un client veut savoir quelle assurance a l'agent de voyages.
— Le voyage auquel il s'était inscrit est supprimé car il n'y avait pas assez de participants; le client proteste car il n'avait pas été informé de cette clause.
— Le client demande à quoi sert la «fiche d'appréciation» qu'on lui remet avec le contrat.
— A son retour, un client téléphone pour se plain-dre de l'hôtel où il a résidé.
— Au dernier moment, sans explication, le prix du forfait est majoré de 3%.
— Le voyage est annulé pour cause de force majeure; le client réclame une indemnisation.
— L'agence modifie substantiellement le séjour. Le client, qui a déjà payé un acompte, renonce à partir.
— Pendant son séjour, le client décide de prendre la demi-pension au lieu de la pension complète. A son retour, il demande le remboursement de la différence.

CONDITIONS GENERALES DE VENTE

régissant les rapports entre les agences de voyages et leur clientèle

ANNEXE DE L'ARRETE DU 14 JUIN 1982 (J.O. DU 27 OCTOBRE 1982)
prise en application de l'Article 33 du Décret n° 77.363 du 28 mars 1977,
Décret pris lui-même en application de la Loi n° 75.627 du 11 juillet 1975,
fixant les conditions d'exercice des activités relatives à l'organisation de voyages et séjours

Art. 1 - L'agence de voyages est titulaire d'une licence délivrée par l'administration, à laquelle sont attachées certaines obligations. L'agent de voyages qui fait une offre et reçoit l'inscription d'un client pour des prestations visées à l'article 1er de la loi du 11 juillet 1975 répond de tout manquement à l'une de ses obligations dont il est tenu de s'acquitter avec diligence en veillant notamment à la sécurité des voyageurs. Il est garant de l'organisation du voyage et du séjour et responsable de sa bonne exécution, à l'exception des cas de force majeure, cas fortuits ou faits de tiers étrangers à la fourniture des prestations prévues au contrat de voyage. Les défaillances de l'agent de voyages résultant de son fait ou de celui des prestataires prévus dans le document visé à l'article 2 ci-après sont couvertes par une assurance de responsabilité civile professionnelle pour les risques définis par les articles 22 et suivants du décret n° 77 - 363 du 28 Mars 1977 et par une garantie financière pour les risques définis aux articles 10 et suivants du même décret.

Art. 2 - Toute vente de prestations de séjour ou de voyage donne lieu à la remise d'un document approprié. En cas de vente de billet de transport aérien non accompagnée de prestations liées à ce transport, sont délivrés à chaque client un ou des billets de passage pour la totalité du voyage émis par le transporteur aérien ou sous sa responsabilité. Dans le cas de vols affrétés, peut être subsidiairement admise l'utilisation de billets émanant d'organisations de voyages mentionnant le nom du transporteur pour le compte duquel ils sont émis.

Art. 3 - En cas de vente de plusieurs prestations liées au même voyage ou séjour, l'agent de voyages délivre à chaque client un document contractuel signé lors de l'inscription qui indique les caractéristiques précises du voyage ou du séjour, notamment: le jour et, si possible, l'heure approximative du départ et du retour; les points de départ et de retour; les modes et les catégories de transports et d'hébergement; l'itinéraire des circuits; s'il y a lieu, la taille minimale ou maximale du groupe. Doivent être également indiqués: les nom et adresse de l'assureur et du garant de l'agent de voyages revendeur; le nom ou la marque de l'agence organisatrice; le prix de l'ensemble des prestations offertes; les modalités de paiement; les conditions d'annulation de nature contractuelle ou réglementaire, et notamment celles relatives à la publicité des prix des voyages et des séjours prises en vertu de l'ordonnance n° 45-1483 du 30 Juin 1945; le rappel de l'existence de contrats d'assurance facultatifs couvrant les conséquences de certains cas d'annulation. Lorsque la réalisation du voyage ou du séjour est subordonnée à un nombre minimal de participants, cette condition est indiquée ainsi que la date au-delà de laquelle aucune annulation fondée sur l'insuffisance du nombre de ces participants ne peut intervenir. Cette date ne peut être fixée à moins de vingt et un jours avant le départ. En outre, l'agent de voyages doit informer le client des diverses formalités administratives et sanitaires nécessaires à l'exécution du voyage ou du séjour en vigueur au moment de l'inscription et dont l'accomplissement incombe au client; il doit les mentionner dans le contrat prévu à l'alinéa 1er du présent article. De son côté, le client doit attirer l'attention de l'agent de voyages sur tout élément déterminant de son choix, sur toute particularité le concernant susceptible d'affecter le déroulement du voyage ou du séjour; il doit le faire dans le contrat prévu à l'alinéa 1er du présent article. Lorsque le client a souscrit un contrat d'assurance couvrant les conséquences d'annulations résultant de certaines causes, un document précisant au minimum les risques couverts et les risques exclus est joint au contrat. Lorsque les prestations comprennent un parcours aérien, les documents de voyages comportent pour chaque client un ou des titres de transport émis dans les conditions prévues à l'article 2.

Art. 4 - Lors de la remise des documents de voyages ou de séjour, le client reçoit une fiche d'appréciation en deux exemplaires sur laquelle il pourra constater ou faire constater les éventuels manquements aux obligations prévues. Une disposition de ce document conseillera au client de rassembler dans la mesure du possible les preuves de ces manquements. Toute réclamation relative à un voyage ou à un séjour doit être adressée dans les meilleurs délais, par lettre recommandée avec accusé de réception à l'agence de voyages avec laquelle le contrat est conclu.

Art. 5 - Le prix indiqué lors de l'inscription est le prix total qui sera payé par le client; toutefois des conditions particulières de révision de prix pourront être prévues en conformité avec les dispositions législatives ou réglementaires, notamment celles relatives à la publicité des prix des voyages ou des séjours prises en vertu de l'ordonnance n° 45-1483 du 30 Juin 1945. En cas de révision de prix, la justification des modifications intervenues ainsi que les textes réglementaires les autorisant sont fournis.

Art. 6 - Dans les modalités de paiement prévues à l'article 3, le dernier versement ne peut être inférieur à 30% du prix total du voyage ou du séjour et doit être effectué lors de la remise des documents permettant de réaliser le voyage ou le séjour.

Art. 7 - Dans le cas où le voyage ou le séjour sont annulés par l'agent de voyages pour quelque motif que ce soit, le client, sans préjuger des recours en réparation des dommages éventuellement subis, obtiendra le remboursement immédiat de toutes les sommes déjà versées. Le client recevra une indemnité égale à la pénalité qu'il aurait supporté si l'annulation était intervenue de son fait à cette date, sauf lorsque l'annulation est imposée par des circonstances de force majeure ou par la sécurité des voyageurs ou a pour motif l'insuffisance du nombre des participants tel que précisé dans le contrat prévu à l'article 3.

Art. 8 - Lorsque avant le départ, le voyage ou le séjour sont modifiés par l'agent de voyages sur des éléments essentiels, le client, sans préjuger des recours en réparation des dommages éventuellement subis, peut dans un délai de sept jours après en avoir été averti: soit mettre fin à sa réservation, dans les conditions prévues à l'article 7, soit accepter de participer au voyage ou au séjour modifiés; un avenant au contrat prévu à l'article 3 sera alors présenté à sa signature précisant les modifications apportées et la diminution ou l'augmentation du prix que celles-ci entraînent.

Art. 9 - Lorsque, après le départ, le voyage ou le séjour sont modifiés par l'agent de voyages sur des éléments essentiels, le client peut, à son retour, demander le remboursement des prestations non exécutées et non remplacées, sans préjuger des recours en réparation des dommages éventuellement subis. Le client ne peut, sauf accord préalable de l'organisateur, modifier le déroulement de son voyage ou de son séjour. Les frais de modifications non acceptées restent entièrement à sa charge sans qu'il puisse prétendre obtenir le remboursement des prestations dont il n'a pas bénéficié du fait de ces modifications.

VOIR CONDITIONS PARTICULIERES DU LIVRET DES PRIX

Clients de la Province ou de la périphérie Parisienne, en partant et/ou en revenant de voyage, soyez détendu et dormez une nuit au tarif de 600 F la chambre, pour 1, 2, 3 ou 4 personnes (toutes chambres, 1 ou 2 lits doubles), dans un hôtel d'aéroport, valable du 1.11.91 au 31.03.92
Holiday Inn Orly - Tél. 46.87.26.66
Holiday Inn Roissy - Tél. 34.29.30.30
Ou Centrale de Réservation - Tél. 43.55.32.03

**Un service UNIRICARD-CODITOUR
en collaboration avec HOLIDAY INN**

LICENCE D'ETAT A 759
SYNDICAT NATIONAL DES AGENTS DE VOYAGES

GESA
67, Bd. Haussmann, 75008 Paris
Tél. 42.66.93.93 24 h-24 h

APS
Agence Licenciée Garante par l'Association Professionnelle de Solidarité des Agences de Voyages

Votre agent de voyage
MESSAGERIES NATIONALES VOYAGES
19, boulevard d'Alsace
26001 VALENCE
Tél. 75.42.25.58   Lic. 517

Entraînement

5. **Des suggestions et des conseils au client**

En utilisant celle des formes présentées ci-contre que vous jugez la plus appropriée, conseillez à un client:

— de prendre le vol de 7h30;
— de visiter le Musée de l'Homme, s'il a le temps;
— de réserver sa chambre longtemps à l'avance;
— de louer un autocar;
— de prendre un guide pour mieux voir le pays;
— d'aller voir la bibliothèque du Centre Pompidou, qui en vaut la peine.

6. **Indiquez le degré de possibilité**

Dites à un client que les choses sont possibles ou pas, selon les suggestions entre parenthèses (v. expressions page ci-contre):

— C'est le 20 mars; trouvez une chambre d'hôtel à Rome, pour Pâques (difficile);
— Passer un week-end à Paris pour moins de 500 F (oui);
— Visiter le Palais de l'Elysée (non);
— Aller de Bruxelles à Genève et revenir dans la journée (oui, mais en avion);
— Le 20 juillet, trouver un appartement à Cannes pour la 1re quinzaine d'août (difficile);
— Prendre un forfait transport pour voyager une semaine en métro (oui).

Faites cet exercice par deux: un pose les questions, l'autre répond.

7. **Posez au client des questions indirectes**

Regardez les exemples présentés sur la page ci-contre et demandez au client, avec une interrogation indirecte:

— Est-ce que vous voulez partir un dimanche ou un lundi?
— Vous voulez dépenser quelle somme?
— Vous préférez partir à quelle période?
— Vous prendrez la pension complète ou la demi-pension?
— Vous voulez que je vous procure un guide, pour les excursions?
— Vous voulez partir d'où?
— Qu'est-ce que vous voulez visiter?
— Vous pouvez rester combien de jours?

Faites cet exercice par deux: un joue le rôle du client et répond.

8. **Posez au client des questions directes**

Posez au client les questions suivantes sous forme d'interrogation directe:

— Vous me dites à quel numéro je peux vous appeler.
— Vous devez me dire combien de jours vous voulez rester.
— Il faut que vous me disiez si vous voulez voyager en groupe ou individuellement.
— Vous devez me préciser comment vous voulez rentrer, en train ou en avion.
— Vous devez m'indiquer ce que vous voulez visiter, en Irlande.
— Je dois savoir dans quelle catégorie d'hôtel vous voulez séjourner.
— Il faut que je sache si vous voulez un autocar à votre disposition.

Faites cet exercice par deux: un joue le rôle du client et répond aux questions de l'employé de l'agence.

9. **D'autres questions pour mettre au point le programme**

Pour mettre au point son programme, l'employée interpelle le responsable du groupe pour lui demander certaines précisions. Elle lui demande:

— S'il préfère consacrer une demi-journée au Louvre ou au marché aux puces;
— S'il veut une demi-journée libre pour faire des achats;
— Si pour la soirée au Zénith il veut des places à 100 F ou à 130 F;
— Si ça lui est indifférent d'aller à Versailles le matin ou l'après-midi;
— Quel jour ils préfèrent aller à Chantilly;
— Quel est le nombre exact des participants au voyage;
— Si les élèves ont plus ou moins de 18 ans (le prix du billet de train n'est pas le même).

Faites par deux cet exercice: le client donne la réponse de son choix.

V os compétences

— Tout ce que vous avez appris dans les dossiers précédents et, en plus, *organiser* un circuit ou un séjour en tenant compte:
   — des horaires des transports;
   — des jours et heures d'ouverture des musées, monuments, etc.;
   — des exigences particulières des clients;
   — de la somme qu'ils sont disposés à dépenser;.
— Expliquer clairement les conditions de vente des séjours et des voyages.

Pour cela: vous devez savoir en particulier...

...suggérer, proposer, conseiller

— **Vous avez intérêt à** *prendre le train.*
— **Vous pourriez** *prendre le train.*
— **Vous devriez** *prendre le train.*

Observez: verbes *pouvoir* et *devoir* au conditionnel.

...indiquer le degré de possibilité

— *C'est (tout à fait) possible.*	**oui**
— *Ce n'est (absolument) pas possible.*	**non**
— *Je crois que c'est possible.*	**probable**
— *Je pense que c'est possible.*	
— *Je ne sais pas si c'est possible.*	**incertain**
— *Je ne* crois pas / pense pas *que ce soit possible.*	**très peu probable**

Observez: Verbe au subjonctif après *croire* et *penser* à la forme négative.

...poser des questions:

Directes	Indirectes	
Que voulez-vous voir? **(registre soutenu)**	*Dites-moi*	*ce que vous voulez voir.*
Qu'est-ce que vous voulez voir? **(registre courant)**		
Vous voulez voir quoi? **(registre familier)**	*Je veux savoir*	*combien vous serez.*
Combien serez-vous? **(registre soutenu)**	*Vous devez me dire*	*comment vous voulez y aller.*
Combien est-ce que vous serez? **(registre courant)**		
Vous serez combien? **(registre familier)**	*Il faut que vous me disiez*	
Comment voulez-vous y aller? **(registre soutenu)**	**Observez:** à la forme indirecte:	
Comment est-ce que vous voulez y aller? **(registre courant)**	Phrase introductive	Je dois savoir
	+ mot ou expression interrogatif	+ combien
Vous voulez y aller comment? **(registre familier)**	+ phrase normale	+ vous serez.

10. **Rédigez le programme du séjour à Paris des jeunes de Saint-Etienne**

L'agence de Saint-Etienne prépare par écrit le programme de séjour à Paris du groupe de lycéens, en tenant compte de ses exigences et des éléments suivants:

— Le lundi 3 avril, le seul T.G.V. sans supplément Saint-Etienne-Paris part à 13h 12 et arrive à 16h 04, gare de Lyon, à Paris. Pour le retour, ils prendront le T.G.V. sans supplément à 19h et ils arriveront à 21h 56.

— A leur arrivée à Paris, un autocar les attendra et leur fera faire un tour panoramique de la ville (durée: 3h).

— Ils visiteront: la Cité des Sciences à la Villette (1/2 journée); l'Ile de la Cité (1/2 journée); le Centre Pompidou et le Forum des Halles (1/2 journée); la Bourse (1/2 journée); Versailles (1/2 journée); l'Ile-de-France: Chantilly, Senlis, Royaumont (1 journée); la tour Eiffel, les Invalides, le Trocadéro (1/2 journée); Montmartre et le Marais (1/2 journée); ils passeront une soirée sur les Champs-Elysées et le jeudi soir ils iront au Zénith écouter le chanteur rock Higelin.

— A Paris, le mardi, les musées et monuments sont fermés (la Sainte-Chapelle et la Conciergerie, dans l'Ile de la Cité, la tour Eiffel, le Centre Pompidou, la Cité des Sciences, les Invalides).

— On ne peut visiter la Bourse que le matin, mais pas le samedi.

— Ils prendront tous leurs repas à l'hôtel, mais le jour où ils visiteront l'Ile-de-France ils emporteront des paniers-repas.

— Ils auront un autocar pour Versailles et pour l'Ile-de-France.

— Le prix par personne est de 1 950 F.

Rédigez précisément et clairement ce programme à la place de l'employée: horaires, activités, lieu des repas, nom et adresse de l'hôtel; précisez ce qui est compris et ce qui ne l'est pas.

11. **Un télex pour demander des places au Zénith**

— Regardez le télex suivant que le *49ᵉ jour de l'année à 15 h 35, Emmanuelle, de Bourgey-Montreuil Voyages, de Chambéry,* a envoyé aux *Folies-Bergère* pour demander une option sur des places pour *40 personnes (pax,* abréviation typique du télex). Au plus tard le *1ᵉʳ mars* elle fera les réservations définitives.

— Sur ce modèle, écrivez le télex que l'agence de St-Etienne envoie au Zénith pour demander une option sur 30 places pour le spectacle Higelin du 31 mars.

12. **Télexez à l'Hôtel «Le Fourcy»**

L'employée télexe à l'Hôtel «Le Fourcy» pour demander une option sur 40 lits en chambres doubles et triples. Elle précise les dates et demande une réponse rapide.

Faites ce télex pour elle. Le n° de télex du Fourcy est: 31523 F.

13. **Confirmez par lettre les réservations à l'hôtel**

Ecrivez au Fourcy pour confirmer les réservations des chambres. Précisez: le nombre d'élèves: 39, qui logeront en chambres triples, et d'accompagnateurs: 2, en chambre double. Précisez les dates, dites que vous voulez la pension complète. Référez-vous au télex qui a précédé.

```
FOLIBER 641533
049 1525 *
BMV CHY 320408F
ICI BOURGEY MONTREUIL VOYAGES CHAMBERY
BONJOUR
CONCERNE  GROUPE 30/40 PAX SOIREE 26 MAI
MERCI DE ME METTRE UNE OPTION SUR 40 PLACES EN BALCON - FAUTEUILS
1ERE SERIE AU PRIX DE 170 FRS PAR PERSONNE
OPTION SI POSSIBLE JUSQU'AU 1ER MARS
MERCI D'AVANCE
SALUTATIONS
EMMANUELLE*
```

Un séjour linguistique

L'hébergement

DOSSIER 18

Les familles-hôtesses

Les participants du Club A3 sont reçus en pension complète dans des familles du pays, sauf indication contraire précisée au descriptif du centre de séjour.

Celles-ci sont sélectionnées selon des critères stricts: bonnes conditions de logement et d'hygiène, excellente moralité, qualité de la langue parlée, qualités psychologiques. Un collaborateur rend visite à chaque famille. Un rapport d'enquête est établi au cours de cette visite. La famille d'accueil est informée afin de faciliter l'intégration du participant. Celui-ci signale à l'un de nos collaborateurs toute observation qu'il pourrait faire pendant son séjour. En fin de séjour, chaque participant consigne ses impressions sur la famille dans un rapport détaillé.
Ainsi nos familles sont soumises à une sélection permanente. Cette méthode et notre expérience de longue date nous permettent de garantir un accueil parfait.

Placement

Pour chaque élève, un engagement écrit est établi avec la famille d'accueil. Après avoir transcrit les données essentielles de la famille d'accueil sur un formulaire comportant les coordonnées du participant, ses désirs particuliers, le jour et l'heure d'arrivée, le point de rendez-vous, le lieu des cours, etc.,

notre collaborateur remet une copie de ce formulaire à la famille. Un exemplaire vous est envoyé. Ainsi, vous savez ce que la famille sait de vous et inversement. Vous pouvez entrer en contact avant votre arrivée.

Les repas

Les repas sont pris en famille. Quelques remarques sont cependant nécessaires: en Angleterre, le petit déjeuner est copieux alors que le lunch ou repas du midi est vite pris; en Allemagne, les desserts mais encore plus les entrées ne font pas nécessairement partie d'un repas. En Espagne, c'est le grand décalage horaire qui frappe. Les repas permettent de connaître d'autres coutumes, d'apprendre de nouveaux mots, de découvrir de nouveaux aspects. Cependant, si les familles s'efforcent de satisfaire les goûts de leur hôte, c'est à table que sont demandés au participant un effort d'adaptation et le discernement dans la critique.

Cas particuliers

Nous prions instamment les familles de signaler toute particularité, allergie, incapacité même passagère, etc. afin que nous puissions choisir la famille dans l'intérêt réciproque.

Sorties le soir

Celles-ci tiennent compte de la réalité des vacances, mais aussi de

la nécessité de repos de la famille d'accueil et du participant. Sauf sorties en groupe, tout jeune devra être rentré à 21 h (moins de 14 ans), à 22 h (de 14 à 16 ans), à 23 h (au-dessus de 16 ans). Bien entendu, les représentants légaux ont la faculté de restreindre l'horaire général.

Seul Français dans la famille

Le fait d'être le seul hôte de langue française dans une famille présente incontestablement de nombreux avantages. Il n'en reste pas moins que ce n'est pas dans tous les cas la meilleure solution. Le choix de la formule doit tenir compte de la personnalité du participant.
S'il est timide ou seulement réservé, le risque subsiste de voir le

participant éviter le plus possible le contact avec les membres de la famille. Qu'apprendrait-il cloîtré dans sa chambre ou n'osant pas entrer dans une pâtisserie pour éviter de devoir parler? La présence d'un camarade peut être une stimulation. De plus, si le séjour a été agréable, le participant rattachera l'étude de la langue à un bon souvenir et travaillera davantage en classe.
Notre leitmotiv est donc: à chacun sa formule. Le participant peut choisir entre la formule «avec un autre hôte de langue française» (frère, sœur, camarade de classe ou encore participant désigné par le Club A3) ou «seul hôte de langue française». Une case est prévue à cet effet sur le bulletin d'inscription.

Brighton

La station préférée des Anglais

Brighton se trouve à environ 90 km au sud de Londres. C'est la station balnéaire anglaise la plus importante et la plus connue. D'un insignifiant village de pêcheurs dont

il reste les fameuses »lanes«, Brighton est devenue au 19e siècle la résidence préférée des rois d'Angleterre, bientôt suivis par la Haute Société attirée par la première ligne de chemin de fer électrifiée. Le tout contribua à créer une vie mondaine cosmopolite qui reste

encore actuellement un des attraits de Brighton.
Dans les »lanes« on trouve maintenant des boutiques modernes, des antiquaires et des discothèques. A voir absolument: le célèbre Royal Pavilion. Brighton et sa voisine Hove, disposent de plusieurs kilomètres de plage.

Voyage

Groupe accompagné depuis Paris. Via Dieppe et Newhaven. Préacheminements jusqu'à Paris: se reporter au chapitre »voyage«.

Hébergement

Pension complète dans une famille soigneusement sélectionnée.

Cours

Chaque jour, 4 leçons de 45 minutes. Dans ce cours, l'enseignement est axé essentiellement sur les difficultés de la langue parlée (conversation). Une bonne connaissance de la langue est demandée.

Excursions

Une excursion d'une journée à but culturel et une visite de Londres (deux en été).

Loisirs

Vous pourrez pratiquer à titre individuel l'équitation, le tennis, la voi-

le, la planche à voile, le ski nautique, le bowling, le karting ou le squash. Les possibilités de sortie ne manquent pas: pubs à l'atmosphère chaleureuse, discothèques, cinémas, concerts, music-hall ... Notre animateur vous renseignera volontiers.

Brighton été

| dates | sa. 02. 7 – me. 27. 7 | durée 26 jours |
| | sa. 30. 7 – me. 17. 8 | 19 jours |

séjour + cours + voyage		départ
19 jours	6 143	Paris inclus
26 jours	7 695	Dieppe – 98

Jusqu'à Paris: voir le tableau „Préacheminement".

Brighton Pâques

| dates | sa. 26. 3 – ve. 08. 4 | durée 14 jours |

séjour + cours + voyage		départ
14 jours	5 813	Paris inclus
		Dieppe – 98

Compréhension

1. Informez les parents

Monsieur et Madame Poncet veulent envoyer leur fils en séjour linguistique en Angleterre, l'été prochain. Ils viennent trouver le responsable local du Club A3 pour avoir des renseignements. Lisez la page de catalogue reproduite à la page précédente et répondez brièvement aux questions suivantes, qu'ils lui posent. Soulignez la partie du texte qui vous permet de leur répondre:

— Mon fils mangera dans un restaurant, pendant son séjour?
— On peut savoir à l'avance chez qui il sera hébergé?
— Je veux que mon fils soit toujours rentré dans sa famille d'accueil à 20h; c'est possible?
— J'aimerais qu'il n'y ait pas d'autres Français dans la famille; c'est possible?
— Les familles offrent toutes les garanties?
— C'est où, Brighton?
— Il y a quelqu'un qui accompagne le groupe, jusqu'à Brighton?
— Ils auront combien d'heures de cours par jour?
— La pratique de l'équitation est incluse ou elle est à part?
— S'il part le 26 mars, quand est-ce qu'il reviendra?
— S'il part de Dieppe, c'est le même prix?

Faites par groupes de deux ces brefs dialogues.

SOUFFLE

GROUPEMENT PROFESSIONNEL DES ORGANISMES D'ENSEIGNEMENT DU FRANCAIS LANGUE ETRANGERE

2. Aidez les parents à remplir le bulletin d'inscription

Monsieur et Madame Mauriac, de Bordeaux, veulent envoyer leurs deux filles, Anne-Sophie qui est en seconde au lycée Montaigne et qui fait de l'anglais depuis 5 ans, et Elodie qui est en quatrième au collège Anne-Franck et qui fait de l'anglais depuis 3 ans, à Brighton en juillet. Elles seront dans la même famille. Comme elles sont deux sœurs, elles ont droit à une réduction de 100 F chacune sur le prix du forfait. Elles feront l'aller-retour Paris-Bordeaux en avion. Le prix du billet aller-retour est de 650 F. Une hôtesse les accueillera et les accompagnera à l'aéroport. Pour cela, il y a un supplément de 300 F par personne.
Monsieur Mauriac est agent de publicité; Madame Mauriac journaliste.

a) Remplissez, pour Monsieur et Madame Mauriac, la fiche d'inscription ci-contre pour Anne-Sophie (inventez les informations manquantes).

b) Remplissez, avec les prix, la *partie réservée au Club A3* (N.B.: T = total; R = réduction; AP = à payer).

3. Les mots pour rassurer

Tout le texte de la page précédente sert à rassurer les familles en montrant la bonne organisation des séjours linguistiques du Club A3.
Relevez les phrases, les expressions, les mots qui, à votre avis, y contribuent plus que les autres.

Ex.: *Les familles sont sélectionnées.*
Vous devez indiquer au moins 20 de ces éléments.

4. La facture envoyée à Monsieur et Madame Mauriac

Cherchez, dans les dossiers précédents, un modèle de facture. Sur ce modèle, établissez celle que le Club A3 va envoyer à Monsieur et Madame Mauriac pour le séjour de leurs deux filles à Brighton. Tenez compte des indications données dans les exercices précédents. *Attention :* au moment de l'inscription ils ont versé 2000 F d'acompte.

Bulletin d'inscription

Ecrire **sur** la ligne, s.v.p.

Participant: Nom _____ prénom _____ sexe _____ date de naissance _____

Adresse _____ Code postal _____ Localité _____

Classe _____ Nombre d'années d'étude de la langue _____ Tél. domicile _____

Profession du père (le cas échéant du participant) _____ Tél. travail _____

Profession de la mère _____ Tél. travail _____

Adresse de vacances du représentant légal (ou communiquer avant le départ) _____

Centre de séjour choisi _____ date de départ _____ durée _____

Deuxième choix _____ date de départ _____ durée _____

Formule choisie: cours de langue ☐   Angleterre seulement: 2 h/4 h   ILT (sans cours) ☐

Adulte: cours choisi _____

Voyage: ville de départ (train) _____ ville de départ (avion) _____ via _____

Je souhaite un billet SNCF/avion (biffer) aller-retour de/à _____ Accueil-gare / aéroport aller-retour souhaité à _____

Hébergement: je désire être le seul hôte de langue française   oui ☐   non ☐   indifférent ☐ avec _____

Adulte: chambre individuelle ☐   je disposerai d'une voiture   oui ☐   non ☐   fumeur: oui ☐   non ☐

Sports: tennis ☐   équitation (h) ☐   planche à voile (sem.) ☐   voile (sem.) ☐   ski ☐

Nom et adresse de l'établissement scolaire fréquenté _____

Nom du professeur d'angl./d'alld./d'esp. _____ Je m'inscris sur recommandation de _____

Divers:

Garantie-désistement ☐   réduction familiale ☐   **Joindre 3 photos récentes et un chèque de 1000 F**

Je déclare adhérer au Club A3 et avoir pris connaissance des Conditions Générales

Partie réservée au Club A3	
T	
R	
AP	
Carte établie le:	

Lieu et date _____   Signature de l'adhérent. Pour les mineurs, signature d'un représentant légal   Nom (en majuscules) du représentant légal

B

Entraînement

5. **Présentez une ville de votre pays dans un catalogue de séjours linguistiques**

Pour un catalogue de séjours linguistiques dans votre pays destiné à des francophones, présentez une ville de votre choix. Vous pouvez tenir compte des points suivants : situation, population, proximité d'autres sites touristiques, attraits géographiques, historiques et artistiques du lieu de séjour. Vous pouvez vous inspirez des indications de la page ci-contre.

6. **Présentez un programme de langue pour un public de votre choix**

En vous inspirant des extraits du catalogue *Séjours linguistiques - Nouvelles Frontières*, déterminez le public auquel s'adresse votre séjour (juniors, étudiants, adultes).

A la suite de la description du lieu de séjour de l'exercice n° 5, rédigez le programme des cours.

Donnez en particulier des précisions sur :
— le nombre de cours par jour, par semaine et leurs horaires ;
— le nombre de stagiaires par groupe ;
— les professeurs qui assurent les cours ;
— le contenu des cours ;
— les moyens utilisés.
Vous pouvez vous inspirer de la page ci-contre.

7. **Présentez l'encadrement et les loisirs de votre séjour linguistique**

Ecrivez un paragraphe pour présenter les loisirs et les excursions du séjour linguistique que vous organisez. Précisez si ces activités sont encadrées ; si oui, par qui ? Tenez compte de l'âge des participants.
Vous pouvez vous inspirer des extraits du catalogue *Séjours linguistiques - Nouvelles Frontières* et des indications de la page ci-contre.

FORMULE JUNIOR
UNE LANGUE EN TOUTE SÉCURITÉ

Cours le matin.
Activités sportives et culturelles encadrées l'après-midi.
Hébergement en famille-hôtesse soigneusement sélectionnée.
Voyage en groupe, accompagné par l'équipe d'encadrement, présente tout au long du séjour. Pour les jeunes de 12 à 17 ans. Des vacances linguistiques en toute sécurité en Grande-Bretagne, à Malte, en Allemagne, en Espagne, au Canada...

«LANGUAGE INSTITUTE FOR ENGLISH» CAMPUS DOMINICAN COLLEGE SAN RAFAEL

Stage langue et civilisation américaine adapté à votre niveau (test d'entrée). Le matin, étude de la langue sous tous ses aspects. L'après-midi, possibilité d'options : anglais des affaires, des sciences, des techniques, conversation, préparation au TOEFL. Ou, profitez des nombreuses activités culturelles et sportives au sein du campus. 17 ans minimum. Toute l'année. Stage d'anglais américain. 4 semaines minimum.
Prix : **9 400 F** en pension complète.

FORMULE ÉTUDIANT
UNE LANGUE AU CAMPUS

Cours le matin.
Activités sportives et culturelles l'après-midi.
Hébergement en résidence universitaire ou en famille-hôtesse. Le transport et le séjour ne sont pas accompagnés, mais individuels. Destinés aux 17-25 ans, mais ouverts à tous ceux qui souhaitent bénéficier de l'environnement d'un campus. Aux États-Unis, en Autriche, en Grande-Bretagne, en U.R.S.S...

INSTITUT «RENNERT BILINGUAL» FORMULE VIE ACTIVE

L'anglais américain : pratique de la langue parlée, technique de prononciation, vocabulaire et expressions idiomatiques, grammaire, aptitude à lire et à écrire. Plus un grand choix de vidéos pédagogiques et de films américains récents. Découvrez l'«américain way of life». 18 ans minimum. Toute l'année. Cours intensifs. 2 semaines minimum.
Prix pour 2 semaines : **2 020 F**

FORMULE VIE ACTIVE
UNE LANGUE SUR MESURE

Des cours standards intensifs ou particuliers, adaptés à vos besoins professionnels, tous agréés dans le cadre de la formation continue*.
Des options : sport, découverte...

Le transport et l'hébergement (chez l'habitant ou à l'hôtel) sont au choix des participants. Toute l'année, à New York, à Malte, à Florence ou à Sydney...

* Faites-nous parvenir une demande détaillée et nous adresserons à votre employeur ou votre responsable de formation, la convention correspondante pour la prise en charge du stage choisi.

V os compétences

— rassurer parents et participants aux séjours linguistiques;
— les informer sur:
- le lieu du séjour;
- le voyage;
- l'hébergement;
- les cours;
- l'encadrement et les loisirs.

**Pour informer
et rassurer**

on met l'accent sur certains points; voici les principaux:

Lieu du séjour

Situer la ville:

— Stuttgart, au pied de la Forêt Noire.
— L'Ile de Wight, au large de Portsmouth.
— Malte, une île à 100 km au sud de la Sicile.
— Sienne, au cœur de la Toscane.
— Tours, au cœur du «Jardin de la France».

Présenter ses attraits:

— un centre balnéaire réputé;
— un climat particulièrement agréable;
— au centre d'une région touristique;
— un paysage à la merveilleuse diversité;
— les habitants, dont l'hospitalité est proverbiale;
— une ville jeune et dynamique.

Voyage

— Voyage en   avion
                train
— Voyage accompagné, en avion spécial

Hébergement

— dans des familles sélectionnées;
— en internat, en chambres   individuelles
                               de deux.

Cours

— 4 cours par jour, le matin, 5 jours par semaine;
— cours intensif de 6 h par jour;
— des cours axés surtout sur la langue parlée;
— des groupes de 15 au maximum;
— des cours agréables;
— des professeurs parfaitement bilingues, dynamiques et sympathiques.

Encadrement et loisirs

— Les excursions (visites, activités sportives) sont organisées par notre animateur;
— les participants peuvent à tout moment joindre le responsable sur place;
— l'encadrement est assuré par des professeurs bilingues;
— les cours de tennis (équitation, etc.) ont lieu sous la direction d'un animateur compétent parlant français;
— les responsables locaux organisent la vie sur place;
— chaque activité est encadrée par un moniteur qualifié.

Activités professionnelles

8. **Présentez le séjour linguistique en Espagne à une réunion d'information**

Activité à faire avec toute la classe : Pour faire connaître votre séjour linguistique en Espagne (voir document ci-dessous), vous le présentez à des adultes et à des parents d'adolescents lors d'une réunion d'information. Vous avez 10 minutes pour leur présenter le séjour, les rassurer et les convaincre. Après, votre auditoire vous pose beaucoup de questions : sur le voyage, l'hébergement, l'encadrement, les cours, les professeurs, la sécurité, les loisirs, les excursions, les dates et les prix.

Un élève joue le rôle de l'organisateur du séjour ; les autres sont les futurs stagiaires ou les parents. Ils peuvent s'inspirer de l'exercice 1 de ce dossier, p. 124.

9. **Ecrivez un publipostage destiné au département d'espagnol des universités**

Rédigez un publipostage (lettre non personnalisée, envoyée en grand nombre à des fins publicitaires) destiné au département d'espagnol des universités, pour les informer de votre programme et des tarifs.

10. **Ecrivez la lettre qui accompagne la facture**

Le Club A3 envoie à Monsieur et Madame Mauriac la facture relative au séjour de leurs filles en Angleterre (v. exercice 4).
Ecrivez la lettre qui accompagne cette facture.
Vous pouvez vous inspirer de lettres semblables faites dans les dossiers précédents.

Vacances linguistiques

ESPAGNOL À MALAGA

Ce séjour à Malaga, en institut spécialisé – avec hébergement résidentiel – concilie de façon intéressante un recyclage efficace avec de belles vacances plage sur la Costa del Sol. Au choix : formule avec avion Paris/Paris ou formule séjour seul.

Le séjour

Il a pour cadre un des quartiers résidentiels de Malaga «el Cerrado Calderon», où se situe le Malaca Instituto, retenu pour ce séjour. L'institut – ensemble neuf de 5 étages, édifié en surplomb de la mer – offre sur place à ses stagiaires un hébergement d'excellent confort. Chambre individuelle ou double, toutes avec mobilier traditionnel andalou, plantes décoratives, salle de bains et toilettes privées, téléphone, vue mer ou collines (certaines chambres ont un balcon). La formule proposée est de style demi-pension.

Sur place pour votre agrément : piscine, jardins en terrasses, salle de restaurant, bar, restaurant-barbecue, salon, salle-vidéo avec rétroprojecteur, cabines téléphoniques. Certains soirs de la semaine, animations au «Club Hispanique», cours de danse et de cuisine. Accès également possible à l'Institut Alhambra, situé en bordure de mer et dépendance du Malaca Instituto.

À proximité : arrêt bus pour le centre-ville, nombreux commerces, plage à 10 minutes en contrebas...

Le stage

Se déroulant dans des salles de classes climatisées, il s'adresse aux adultes ou étudiants de plus de 16 ans, désirant se familiariser avec la civilisation hispanique et se perfectionner dans la langue ou s'y initier.

Les cours ont lieu du lundi au vendredi à raison de 6 heures chaque jour ; répartition en classes de 6/10 personnes, avec possibilité d'accès au laboratoire de langues.

4 niveaux d'enseignement sont proposés :
• débutant (initiation à la langue parlée et premiers rudiments de dialogues) ;
• intermédiaire (pour ceux qui désirent acquérir une meilleure aisance lors de conversations courantes) ;
• avancé (programme de grammaire, traductions, lecture et rédaction de textes de journaux, exposés) ;
• supérieur (pour ceux qui maîtrisent déjà la langue parlée et écrite et qui souhaitent perfectionner leur connaissance de la langue et de la civilisation).

Le programme récréatif

De nombreuses activités sont prévues durant le séjour et sont intégrées au forfait. À titre d'exemple : classes de flamenco, soirées paella, activités sportives (volley, piscine, activités nautiques), fêtes de bienvenue et de départ. Sont également prévues les excursions de la journée (repas inclus) à Ronda et à Grenade. Possibilité d'autres excursions – non incluses – au départ de l'institut (grottes de Nerja, Mijas et Fuengirola, les villages blancs et Banus).

Forfait par personne

PÉRIODE	CALENDRIER	RÉF.	PARIS	MALAGA
INTERSAISON	30.06 au 13.07	11 E 701	**10 100**	6 900
ÉTÉ	14.07 au 27.07	11 E 702	**10 100**	6 900
	28.07 au 10.80	11 E 703	**10 100**	6 900
	18.08 au 31.08	11 E 704	**9 900**	6 900

Suppl. chambre individuelle : 600 F.

Comprenant :
• le transport aérien Paris/Malaga AR, les transferts aéroport/école (sauf pour la formule séjour seul) ;
• l'hébergement au Club Hispanique en demi-pension du dîner du 1er jour au petit déjeuner de dernier jour ;
• le stage et le matériel de cours ;
• les excursions de la journée (repas inclus) ;
• l'animation du Malaca Instituto et la présence de guides locaux pour les visites ;
• l'assistance d'un accompagnateur Arts et Vie.

À prévoir :
les repas non mentionnés ;
les journées d'excursions facultatives.

La promotion touristique

SENLIS FRANCE

Cité romaine
Ville royale

SenliS

SENLIS • PARIS

SENLIS (Oise)
Sous-Préfecture
15 000 habitants
LIAISONS ROUTIÈRES
Autoroute Paris-Lille.
Nationale 17 (37 km de Paris).
Autocars vers Paris -
Compiègne - Chantilly -
Chaâlis - Ermenonville - Creil.

ACTIVITÉS
Hippisme - Cyclisme
(un vélodrome datant de 1896).
Natation (deux piscines dont une chauffée). Tennis.
Archerie (deux compagnies).
Musée de la Vénerie au Château Royal.
Heures d'ouverture :
— du 1er avril au 30 septembre, de 10 h à 12 h et de 14 h à 18 h
— du 1er octobre au 31 mars, de 10 h à 12 h et de 14 h à 17 h
Fermé le mardi toute la journée et le mercredi matin.
Expositions de peinture et de dessins
(Hôtel du Vermandois).
Archéologie (Haubergier).
Arènes gallo-romaines.
Musique (concerts à l'Auditorium Franz Liszt,
ancienne église St Frambourg).

Tous les deux ans,
Rendez-vous de Septembre
(la ville ancienne interdite aux voitures pendant 36 h).
Salon des Métiers d'Art
dans le cadre de l'église Saint-Pierre
pendant la deuxième quinzaine de mai.
La forêt : Ermenonville - Halatte - Chantilly
avec des circuits pédestres balisés.
Centres attractifs :
Fleurines à 7 km
Chantilly à 10 km
Ermenonville à 14 km.

Syndicat d'Initiative
place du Parvis-
Notre-Dame.
B.P. 24. 60302 Senlis
Cédex.
Tél. 44.53.06.40.

Compréhension

1. Le dépliant du Syndicat d'Initiative de Senlis

a) Observez cette partie d'un dépliant présentant la ville de Senlis et dites :
— combien de moyens d'expression différents ont été utilisés pour présenter la ville (illustration, texte);
— en combien de parties est subdivisé le texte linguistique;
— quelle partie est utile pour arriver à Senlis;
— quelle partie est utile une fois qu'on y est arrivé.

b) Lisez le texte et dites, en justifiant vos réponses par les phrases qui y sont employées:
— quelle(s) information(s) intéresse(nt) les sportifs;
— laquelle intéresse les mélomanes;
— laquelle intéresse les écologistes;
— laquelle intéresse ceux qui veulent de plus amples renseignements sur Senlis;
— laquelle intéresse les chasseurs;
— laquelle intéresse les amateurs d'histoire;
— laquelle intéresse les amateurs d'art de l'Antiquité;
— laquelle intéresse ceux qui veulent visiter aussi la région;
— laquelle intéresse ceux qui aiment les objets artistiques.

c) Sur ce dépliant, quelle est la phrase qui présente synthétiquement la ville de Senlis?

2. Des extraits de dépliants

Les dépliants touristiques offrent généralement de nombreuses photos. Ils contiennent aussi des textes pour informer touristes et visiteurs. Ces textes aident les visiteurs à *connaître* la ville, ou la région, à la *visiter,* à *assister* ou à *participer* à des activités, à *se loger* et à *se nourrir.*
Donnez pour chaque extrait du dépliant reproduit page ci-contre le verbe qui lui correspond.

3. Présentez les hôtels et restaurants de Montélimar

Examinez les parties du dépliant présentant les hôtels et restaurants et dites :
— Combien d'informations sont données sur les hôtels? Lesquelles?
— Combien d'informations sont données sur les restaurants? Lesquelles?

4. Renseignements sur Saint-Malo

— Cherchez sur la carte où se trouve Saint-Malo.
— Combien de curiosités sont signalées sur cette partie du dépliant?
— Pour lesquelles précise-t-on quand on peut visiter? Pourquoi pas pour toutes?

5. Spectacles à Vaison-la-Romaine

Pour chacun des spectacles annoncés dans ce dépliant, distinguez:

Où	Quoi	Qui	Quand

. et présentez ces informations dans le tableau.

6. Présentation d'une ville: Annonay

— Cherchez sur une carte où se trouve Annonay;
— Lisez rapidement les deux parties de cette présentation et distinguez :
  • ce qui concerne simplement l'historique;
  • ce qui concerne l'activité économique du passé;
  • ce qui concerne la vie économique et sociale d'aujourd'hui.
— Quels Annonéens célèbres sont mentionnés dans le dépliant?
— Dites quels temps des verbes sont utilisés pour évoquer le passé;
— Soulignez dans le texte tous les mots pour parler du passé;
Notez-les pour pouvoir les utiliser à votre tour.

— Dans la deuxième partie, distinguez:
  • ce qui concerne les services publics;
  • ce qui concerne l'industrie;
  • ce qui concerne le commerce.

ANNONAY

Saint Malo

Historique

Bâtie au confluent de deux rivières la Cance et la Deume, Annonay est un lieu de passage entre la vallée du Rhône et l'Auvergne. Place forte et hospitalière, très tôt ses artisans utilisèrent la qualité exceptionnelle des eaux pour leurs industries. Des chroniques des VIe et VIIe siècles parlent déjà de parcheminiers qui devinrent des coyratiers, puis des mégissiers et des tanneurs. Au XVIe siècle, les frères Johannot et les frères Montgolfier montèrent des moulins à papier qui dans les siècles suivants sont devenus des papetiers parmi les plus modernes d'Europe.

Par la suite, grâce à l'opiniâtreté et à l'esprit novateur de ses habitants, de nombreuses industries sont venues s'ajouter à ces activités ancestrales, en sorte qu'à côté de la vieille ville construite au creux des rivières et sur les pentes abruptes qui les enserrent, toute une ville nouvelle et moderne s'étend maintenant sur les plateaux environnants.

Annonay a connu de nombreuses vicissitudes au cours des siècles, en particulier pendant les guerres de religion, la Révolution, la Libération, mais les a toujours surmontées grâce au courage et à l'esprit d'initiative de ses concitoyens. Sa devise n'est-elle pas "Cives et Semper Cives" ? C'est la patrie des Frères Montgolfier qui le 4 juin 1783 réalisèrent la première ascension en aérostat. C'est aussi celle de Marc Seguin, l'inventeur des ponts suspendus et de la chaudière tubulaire et un des pionniers des chemins de fer en France, de Boissy d'Anglas...

ardèche

La Ville et ses activités

Annonay et son district forment un ensemble de près de 30.000 habitants. C'est le siège d'une Chambre de Commerce et d'un Tribunal de Commerce. Il y a de nombreux équipements scolaires et hospitaliers et tout un ensemble sportif des plus enviables et des plus modernes.

Complexe industriel important avec : Fabrique de cars (la plus importante de France), papeteries, textiles, tanneries, fabrique de chaussures, constructions mécaniques (en particulier machines pour tanneries, essoreuses), lavage de laines, feutres industriels, transformations du papier, imprimeries, produits pharmaceutiques, produits diététiques, fabriques de chapeaux... ainsi que de très nombreux artisans.

Un commerce important avec des magasins des plus modernes et bien achalandés, où règne une grande activité, en particulier le samedi, jour d'un marché important et pittoresque, où l'on vient de toute la région. Nombreuses banques.

RENSEIGNEMENTS INTRA-MUROS

Le tour des remparts : merveilleux panorama. Visites guidées organisées par l'Office de Tourisme en juillet et août.

La visite de la vieille ville : Bâtie sur un rocher entouré de plages de sable fin, Saint-Malo « intra-muros » joint, à l'attrait d'une grande ville, le pittoresque qui en a fait l'un des hauts lieux du tourisme mondial.

Le Musée de la ville au château : L'histoire d'une cité de la mer (ouvert toute l'année).

La cathédrale Saint-Vincent : Construite du XIe au XXe siècle.

La galerie Quic-en-Groigne, dans l'une des tours du château, évocation du prestigieux passé de la Cité corsaire (ouvert de Pâques au 15 septembre).

L'aquarium et l'exotarium malouin : Place Vauban (ouverts toute l'année).

La maison de la Duchesse Anne : Cours La Houssaye.

La maison en bois du XVIe rue Pélicot.

Le tribunal : Dans une ancienne chapelle magnifiquement restaurée. Visites guidées.

MONTÉLIMAR

Nom du restaurant	adresse	téléphone	menu	jour de fermeture
L'AUBERGE PROVENÇALE	Bd Marre-Desmarais	75.01.16.97	60 à 120 et carte, Pizzeria, spécialité sur commande 1/2 pension : 52 F.	
LA BRAISE	Bd Aristide Briand	75.01.65.75	Pizzas de 26 à 37 et carte	mercredi
CHEZ FRANÇOIS Pizzeria	5, Bd Aristide Briand	75.01.82.35	grillades au feu de bois carte	mercredi
L'ETAPE-SNACK	Bd Marre-Desmarais	75.01.23.31	à partir de 64 F. et carte, service rapide	mercredi
EURASIA	route de Marseille	75.01.66.86	60 F. et carte. Haute gastronomie vietnamienne	mercredi
LE GRILLON	40, rue Cuiraterie	75.01.79.02	Rest. gastronomique à partir de 97 F. et carte	mercredi
LE JARDIN BLEU	Motel Vallée du RHÔNE RN 7 1 Km au Sud	75.01.15.88	Repas gastronomique De 105 à 180 F. et carte	Salle de conférences Dîners-Banquets
LE MILK cáfétéria-crêperie	102, rue Pierre Julien (Zone piét.)	75.01.16.49	37 à 75 F	dimanche
LE VENDÔME	Places d'Armes	75.01.83.24	à partir de 72 F. et carte	lundi (HS seulement)

	NOM DE L'ETABLISSEMENT Catégorie et Adresse	Téléphone Télex	Nombre Chambres et Prix	Prix des Repas	Prix petit déjeuner	P. parking G. garage Pisc. piscine
1	LE PARC CHABAUD **** 16, avenue d'Aygu	75.01.65.66 Télex 345 324	22 Chb. de 300 à 637	255 F et carte	45	P Parc
2	RELAIS DE L'EMPEREUR *** Place Max Dormoy	75.01.29.00 75.01.36.65 Télex 345 537	40 Chb. de 150 à 525	210 F et carte	37	P G
4	MOTEL - Vallée du Rhône *** RN 7 (1 Km au Sud)	75.01.15.88 Télex 345 126	51 Chb. de 165 à 360	105 à 180 F et carte	25	P. Pisc. Parc Sal. Conf.
5	BEAU SOLEIL ** Bd du Pêcher · Logis de France	75.01.19.80	16 Chb. de 180 à 230		22	P
6	COMMERCE ** 4, place Emile Loubet	75.01.20.63	11 Chb. de 110 à 175		18	P
7	DAUPHINE-PROVENCE ** 41, av. Général de Gaulle	75.01.24.08	25 Chb. de 105 à 205		19	
35	EUROPA ** RN 7 Sortie Sud Autoroute A7	75.90.70.10	16 Chb. de 150 à 180 F	52 à 180 F. et carte	24	P. Pisc. Pl. d'eau Jeux

E *ntraînement*

7. Des photos pour évoquer et valoriser

Lisez ce qui est dit sur la page ci-contre à propos des dépliants, puis sélectionnez quatre à huit photos d'une ville ou d'une région de votre choix destinées à illustrer un dépliant touristique. Argumentez votre choix.

8. Des phrases pour évoquer et valoriser

Travail de groupe: sur le modèle de *Senlis, Cité Romaine, Ville Royale,* et en vous inspirant des suggestions faites sur la page ci-contre, proposez des phrases pour évoquer chacune des villes et régions pour lesquelles vous avez proposé des photos (v. exercice ci-dessus).
Attention: phrases de 10 mots maximum; un prix à la meilleure proposition.

9. Une brève histoire

Relevez les mots qui permettent de situer dans le temps (indicateurs temporels), dans *l'historique* sur Annonay page précédente. En réutilisant ces mots, écrivez l'historique d'une ville ou d'une région de votre choix.

10. Les personnages célèbres

Quels personnages très célèbres évoqueriez-vous dans un dépliant touristique pour faire connaître la ville ou la région de votre choix?
Consultez une encyclopédie, si c'est nécessaire.
Présentez en 5-6 lignes un de ces personnages.

11. Les monuments

Expliquez les mots suivants : abbaye, basilique, cathédrale, chapelle, château, église, musée, palais, remparts, ruines, statue

Faites une liste des monuments que vous présenteriez dans un dépliant sur la ville ou sur la région de votre choix. Présentez en 4-5 lignes un de ces monuments (verbes au présent historique ou au passé simple).

12. La ville ou la région actuelle

En vous inspirant du texte sur Annonay (voir page précédente) et en consultant la page ci-contre, faites une rapide présentation de la ville de votre choix ; évoquez surtout les activités économiques et la vie sociale.

13. Les hôtels et restaurants de votre ville

En vous inspirant du texte de la page précédente, faites deux tableaux:
— un pour présenter les hôtels de votre ville;
— un pour présenter les restaurants; indiquez pour chacun les spécialités.

14. Les manifestations culturelles

Sous forme de tableaux ou de mini-affiches, comme sur l'exemple de la page précédente, présentez les principales manifestations culturelles d'une ville de votre choix.
Attention : n'oubliez aucune des informations importantes : *où* on fait *quoi; qui* le fait et *quand?*

15. Les autres informations pratiques

Pour un dépliant en français, indiquez les *adresses utiles* à des touristes français séjournant dans votre ville.
Attention : mettez en français de quoi il s'agit (ex. : *Syndicat d'Initiative*) mais laissez quand même le nom en langue maternelle, sinon ces touristes ne trouveraient pas l'adresse.

Vos compétences

Vous devez savoir *promouvoir* votre ville, votre région ou votre pays, c'est-à-dire faire en sorte que les touristes aient envie de les visiter ou d'y séjourner. Pour cela, tous les moyens utilisés par la publicité peuvent être mis en œuvre. Dans la mesure du possible, vous devez *cibler* vos messages publicitaires : les Allemands, les Français du Nord peuvent être attirés par le *soleil* du sud de la France, pas ceux de l'Europe méridionale. La France peut être «le pays où les vacances sont moins chères» pour des Allemands, pas pour des Espagnols ou des Anglais.

Les moyens promotionnels les plus fréquemment utilisés sont:
— les *dépliants* et *brochures,* édités en France par les Syndicats d'Initiative et les Offices de Tourisme;
— les *campagnes publicitaires* dans la presse et à la télévision; elles peuvent être soutenues financièrement par les hôteliers, restaurateurs et autres intéressés au tourisme;
— des *manifestations,* comme: *expositions,* souvent dans des grands magasins (la «semaine de l'Italie», aux Galeries Lafayette); *stands dans les foires-expositions;*
— *les offres spéciales:* hôtels moins chers, voiture gratuite, etc.
Nous ne vous expliquons ici que comment faire un dépliant. Pour le reste: créativité et «remue-méninges»!

Un dépliant peut offrir:	— **de belles photos:** vues générales, monuments, détails, artisanat, etc.

— **des phrases concises et évocatrices,** avec une idée-force:

- Dijon, ville d'art
- Senlis, ville royale
- Reims, ville de rois
- Le vieux Lyon, musée vivant
- Carcassonne, cité médiévale

- l'Anjou, jardin de la France
- l'Ardèche: l'authenticité retrouvée
- l'Auvergne: la vie au naturel
- Valcenis: le ski passion
- l'Oise, rose de Picardie dans le jardin de l'Ile-de-France.

— **Un plan ou une carte** avec l'indication des musées, monuments, édifices publics.

— Une brève histoire :

- **en style télégraphique,** avec des dates et des phrases nominales ou elliptiques :
  - 1789 : début de la Révolution
  - 1783 : lancement de la 1re montgolfière
  - 1715 : avènement de Louis XV

- **en récit discursif :** au *présent* (présent historique) :
  Pendant longtemps Dijon est la capitale de la Bourgogne
  ou au *passé* (passé simple, surtout à l'écrit).

  Expressions pour indiquer les dates et les périodes :
  - *en* 1789
  - *au* XVe siècle
  - *pendant* la Révolution

— **L'évocation de personnages célèbres :**
C'est la patrie de Shakespeare, le plus grand écrivain anglais

— **La présentation et la description de monuments :**
au passé : Notre-Dame a été construite au XIIe siècle
au présent : C'est une des cathédrales gothiques les plus célèbres.

— **La présentation de la vie actuelle :**
- *au présent :* c'est un centre industriel important
- *avec des noms valorisants :* le siège, un complexe industriel, un ensemble sportif
- *avec des adjectifs valorisants :* important, nombreux, moderne, grand, enviable, achalandé, pittoresque
- *avec des adjectifs au superlatif :* des plus enviables, des plus modernes, la plus importante
- *avec des adverbes valorisants :* très, bien

— **Des informations pratiques,** souvent données sous forme de tableaux:
- liste des hôtels
- liste des restaurants
- nom et adresse des édifices d'utilité publique: Syndicat d'Initiative, commissariat de police, etc.

Activités professionnelles

16. **Un dépliant sur une ville de votre choix**

Travail à faire en groupes : Sur une grande feuille de papier blanc (à peu près 1 m²) que vous pliez en 12 ou en 16 selon son format, faites *la maquette* d'un dépliant en français pour une ville de votre choix. N'oubliez aucune des parties énumérées dans les pages de ce dossier. Vous pouvez mettre sur un dépliant à part les listes d'hôtels et de restaurants et sur un feuillet séparé la liste des manifestations culturelles d'une certaine période (à préciser) avec les informations pour les réservations.

Quelques conseils:
— Prévoyez tout de suite les places pour les photos;
— Equilibrez, sur chaque volet, les textes et les illustrations;
— Définissez, sur la maquette, la place de chaque partie (histoire, monuments, etc.);
— Ecrivez des textes qui s'insèrent juste dans les espaces qui leur sont réservés: ils ne doivent être ni trop longs, ni trop courts.
N.B.: vous pouvez vous procurer les photos sur des dépliants ou des catalogues d'agences de tourisme, qui sont à la disposition du public dans les agences. Un prix au meilleur dépliant!

Avec les compliments du Président et du Conseil d'Administration du Syndicat d'Initiative-Office du Tourisme de Lyon / Communauté.

17. **Une page de publicité pour une région**

Travail à faire en groupes : On vous demande de faire une campagne publicitaire pour attirer les touristes hors saison (en hiver, au printemps) dans une région de votre choix. Faites un encart publicitaire à paraître dans un hebdomadaire ; le texte peut être de 8 lignes, la photo est importante ; elle doit évoquer le charme de la région dans la saison qui vous intéresse. Mettez en évidence les avantages qu'il y a à visiter la région à cette période de l'année.

18. **Adaptez en français un dépliant sur votre ville ou votre région**

Procurez-vous auprès d'un organisme de promotion touristique de votre ville un dépliant dans votre langue maternelle sur votre ville ou votre région. *Adaptez-le en français.*
Attention : n'essayez pas de *traduire* trop fidèlement : les résultats sont rarement satisfaisants.

19. **Des idées pour attirer les touristes francophones**

Travail de groupe : Ensemble, faites toutes les propositions qui vous viennent à l'esprit pour attirer dans votre pays, et dans votre région en particulier, plus de touristes français ou francophones.
Ce petit jeu, qu'on appelle un «remue-méninges», est intéressant et utile si *tous* disent *tout* ce qui leur vient à l'esprit, même si c'est quelque chose qui semble un peu bizarre.

20. **Envoyez vos dépliants**

Il ne suffit pas de faire de beaux dépliants: il faut les faire parvenir aux touristes potentiels. Ci-contre, une carte que vous pouvez prendre comme modèle pour accompagner l'envoi de vos dépliants à des francophones qui vous les ont demandés.
Vous pouvez aussi les accompagner d'une vraie lettre.
Faites-en une.

TOURISME
Quel métier?

Travailler en agence, dans un ministère ou en «indépendant»?
Des métiers diversifiés.

STATUT	MÉTIERS	EMPLOYEURS	ÉVOLUTION
Saisonniers et indépendants	Guide accompagnateur	Agences de voyages, voyagistes	Responsable d'animation (tourisme social)
	Guide-interprète	Agences de voyages (réceptif)	
	Animateur	Voyagistes	
Employés qualifiés	Hôtesse d'accueil	Toutes agences Offices de tourisme	Responsable d'accueil (office de tourisme) (Maîtresse de maison) (tourisme social)
	Technicien (billettiste, vendeur sur brochure, agent de réservation...)	Agences de voyages, voyagistes	Chef de service, forfaitiste
	Technicien fonctionnaire ou contractuel	CDT (comité départemental) ou CRT (comité régional de tourisme)	
Agents de maîtrise Cadres moyens	Chef de service (réservation, service après-vente, billetterie...)	Toutes agences	Chef d'agence
	Forfaitiste	Agences de voyages ou de réceptif	Chef de produit
	Responsable d'animation	Associations de tourisme social	Directeur de village (tourisme social)
	Responsable d'accueil	Offices de tourisme	
	Chargé de mission, contractuel de la fonction publique	CRT, CDT	
	Prospecteur, démarcheur	Toutes agences	
Cadres supérieurs	Chef de produit		
	Adjoint de direction, attaché technique	Voyagistes	
	Chef d'agence	Petites agences ou succursales	Direction d'agences
	Directeur d'agence, directeur commercial, marketing...	Voyagistes ou agences (avec succursales ou filiales).	

Section 5

Un guide touristique doit savoir:

s'informer et informer les touristes ou visiteurs sur:
— le passé
— les personnages célèbres
— l'art
— les villes, les régions
— l'économie
— la nature
— etc.

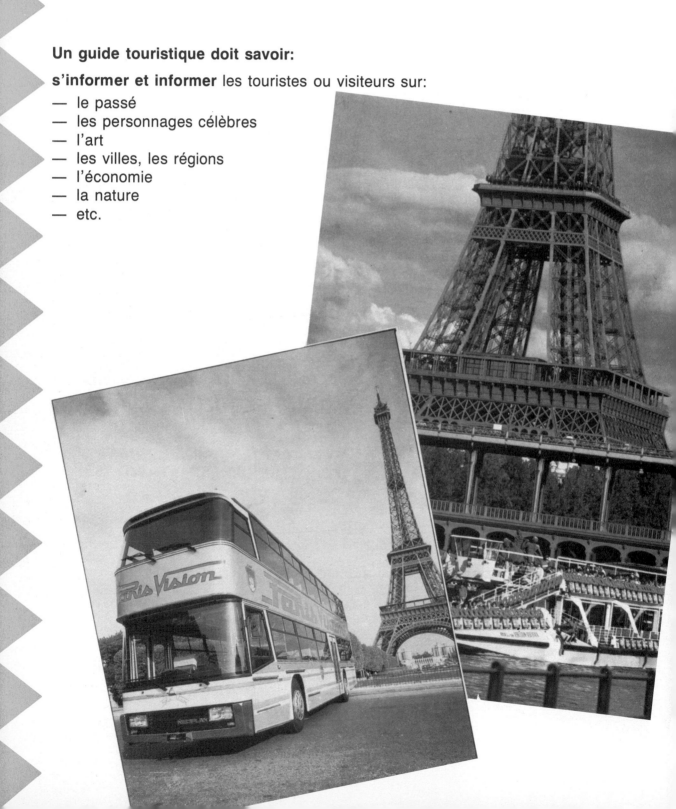

Guides

Pour faire cela, dans cette section vous apprendrez à:

— **faire des monologues,** assez longs et articulés pour:
   - les dire directement aux visiteurs
   - les enregistrer sur cassette ou cassette vidéo

   des pages de guide

— **lire et écrire**

   des dépliants

— **traduire** le texte de guides et dépliants existants.

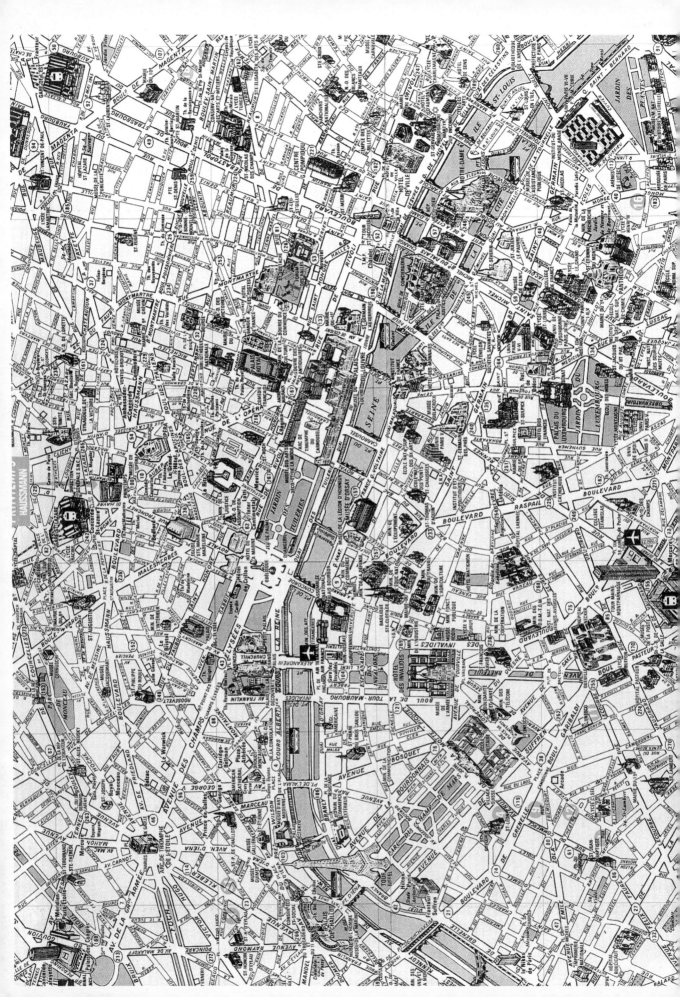

Paris vu de la Seine

Sur un bateau-mouche (embarquement)
quai Branly) une hôtesse accueille
les touristes à bord.
La croisière commence. Elle leur présente
les lieux et monuments qui bordent la Seine.

Mesdames et Messieurs, le commandant et moi-même vous souhaitons la bienvenue à bord. Notre croisière sur la Seine va durer à peu près une heure et quart. Nous allons voir, illuminés, un grand nombre de monuments célèbres. Tout d'abord, sur votre droite, la tour Eiffel, le monument qui est devenu le symbole de Paris. Elle a été construite pour l'exposition universelle de 1889. Elle mesure 307 m de haut. En haut, il y a les installations de la télévision. En face, sur votre gauche, les deux ailes du Palais de Chaillot, construit pour l'exposition de 1937 ; l'aile de gauche abrite le Musée de l'Homme. Sur votre gauche encore, le Grand Palais et, à côté le Petit Palais, qui ont été construits pour l'exposition de 1900 ; ils accueillent maintenant des expositions et des salons temporaires ; en ce moment, il y a le salon du livre.

Devant vous, regardez, nous allons passer sous le pont Alexandre-III, qui est un des plus beaux de Paris.
Maintenant, à votre droite, le « Quai d'Orsay » qui est le siège du ministère des Affaires étrangères ; tout de suite après, vous verrez le Palais-Bourbon, qui est le siège de l'Assemblée nationale.
En face, sur votre gauche, vous pouvez admirer la place de la Concorde qui date du XVIIIe siècle et qui a été édifiée en l'honneur de Louis XV. Au milieu, vous voyez l'Obélisque de Louqsor, qui a été donné à la France par l'Egypte et qui a été mis en place en 1836. C'est un monument qui remonte au XIIIe siècle avant Jésus-Christ, qui est constitué d'une seule pierre et qui pèse plus de deux cents tonnes.
Maintenant, sur votre droite, nous longeons l'ancienne gare d'Orsay qui a été aménagée en musée du XIXe siècle.
Sur votre gauche, le Louvre. C'est le plus grand palais du monde. Il a été agrandi et modifié à plusieurs époques : la construction a été commencée en 1200 et elle a été terminée au siècle passé, sous Napoléon III. C'est un des musées les plus célèbres du monde. C'est là que se trouvent la *Victoire de Samothrace,* la *Vénus de Milo,* la *Joconde,* etc. Le Louvre possède environ 200 000 œuvres de peinture, de sculpture et d'objets d'art divers. Au centre de la Cour Napoléon se dresse la pyramide de verre de l'architecte sino-américain Peï.
Sur votre droite, l'Institut de France. C'est là que siège la célèbre Académie française, fondée au XVIIe siècle par Richelieu. C'est sous la coupole que vous voyez que sont reçus les nouveaux membres de l'Académie...

Compréhension

1. **Repérez sur le plan de Paris les lieux présentés par le guide**

En écoutant les explications du guide, repérez sur le plan de Paris de la page précédente, les lieux et monuments représentés. Le guide parle lentement : une audition doit vous suffire pour faire ce travail.

2. **Prenez note des indications sur les sites et monuments**

— Réécoutez une fois les explications du guide et notez le nom des sites et monuments nommés. Ecrivez un seul nom par ligne et sautez deux lignes chaque fois.

— Réécoutez une troisième fois et notez, en style télégraphique (sans faire de phrases), les indications qui sont données sur chaque monument.

3. **Présentez Paris à des touristes**

Sur le bateau-mouche, les explications sont données en plusieurs langues. Donnez-les dans votre langue maternelle pour les touristes que vous accompagnez à bord.

Vous pouvez procéder de trois manières différentes :

— écouter phrase par phrase les explications en français et en donner tout de suite l'équivalent dans votre langue maternelle ;

— vous servir de vos notes de l'exercice précédent pour présenter les sites et monuments dans votre langue maternelle ;

— vous servir seulement du plan de Paris utilisé pour l'exercice et, en vous rappelant ce que vous avez entendu sur les monuments, les présenter dans votre langue maternelle.

4. **Les expressions pour indiquer le lieu**

Réécoutez une fois les explications du guide et notez toutes les expressions utilisées pour indiquer la position de chaque monument par rapport à celui qui les regarde et leur position respective.

Il y a dans le texte une dizaine de ces expressions : rappelez-les-vous : elles sont fréquentes et vous seront utiles.

5. **Les expressions pour indiquer le temps**

Réécoutez une dernière fois ce texte et notez toutes les expressions qui servent pour *dater* un monument ou un lieu. Il y en a cinq ou six dans le texte : rappelez-les-vous : elles sont fréquentes et vous seront utiles.

6. **Une visite guidée de Lyon**

Examinez le dépliant sur Lyon reproduit page ci-contre.

a) Lisez le texte et soulignez les éléments qui peuvent être utiles pour présenter rapidement Lyon au cours d'une visite guidée en autocar (vous pouvez vous inspirer de ce qui a été suggéré pour l'exercice 2) ;

b) Vous êtes hôtesse du Syndicat d'Initiative et vous devez faire faire le tour de la ville, en autocar, à un groupe de touristes. Tracez, sur le plan, le circuit que vous allez suivre pour leur montrer tous les monuments et lieux intéressants cités dans le texte (vous pouvez omettre Montessuy, le T.N.P. et le Tonkin).

Attention : rue Victor-Hugo et rue de la République sont des rues piétonnes. Le départ a lieu Place Bellecour, devant le S.I. ;

c) A partir de ce que vous avez souligné en a), prenez des notes qui vous soient utiles pendant le circuit. L'ordre est évidemment celui que vous avez choisi pour le circuit.

LES RENDEZ-VOUS DE LYON

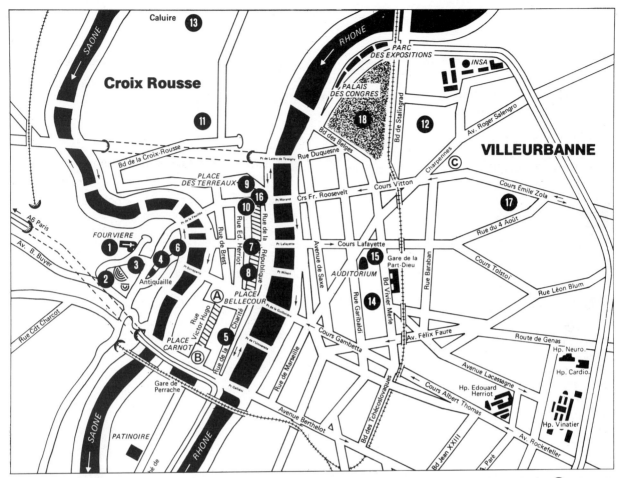

A Lyon, vous avez «rendez-vous avec la France». La rencontre se réalisera sur la colline de Fourvière d'où, devant la basilique (1) remontant au siècle dernier, vous pourrez embrasser d'un seul coup d'oeil le vieux Lyon et ses deux fleuves et la ville moderne. Vous y trouverez deux théâtres antiques (2) dont le plus grand accueille des spectacles les soirs d'été, et un Musée de l'Antiquité (3) qui évoqueront pour vous la splendeur de Lugdunum, la capitale des Gaules. Puis vous descendrez dans les quartiers St-Jean, St-Paul et St-Georges (4) où, pendant des siècles battit le coeur de la vieille ville et qui représentent le plus bel ensemble urbain français de la Renaissance. Dans le même quartier vous découvrirez la cathédrale St-Jean, édifiée entre le XIIe et le XVe siècle en style mi-roman mi-gothique. Ici, sous la Renaissance, se réglait la vie du royaume et, à certains égards, celle de l'Europe.

C'était une vie de création à laquelle Lyon prenait une large part, comme vous le diront d'autres rendez-vous: au Musée des tissus (5) , le plus riche du monde en son genre; au Musée Historique de Lyon (6) , dans l'Hôtel Gadagne, qui abrite aussi le musée de la marionnette; au musée de l'Imprimerie (7) ; au musée des Hospices (8) , à l'Hôtel-Dieu, bel ensemble architectural des XVIIe et XVIIIe siècle, qui nous rappelle que Lyon a toujours été un centre hospitalier renommé.

Vous promenant dans la Presqu'île, entre Rhône et Saône, vous rencontrerez de bons exemples de l'architecture fran-çaise du XVIIIe siècle, avec l'Hôtel de Ville (9) , sur la Place des Terreaux, un des plus beaux de France et l'Hôtel St-Pierre (10) qui abrite le palais des Arts et ses nombreuses collections de sculpture et de peinture de l'Antiquité jusqu'au XXe siècle.

Vous monterez ensuite à la Croix-Rousse (11) , quartier des «traboules» ces passages secrets d'une rue à l'autre, et des «canuts», ces ouvriers de la soie qui firent naître ici tant de merveilles.

Préférez-vous les rendez-vous contemporains? Cette métropole de 1.200.000 habitants peut vous en proposer dans tous les domaines: la technologie, la santé, l'art, la culture, l'urbanisme du Tonkin, à Villeurbanne (12) de Montessuy à Caluire (13) ou de la Part-Dieu (14) , image du Lyon de l'an 2000. A côté des tours d'affaires et d'un centre commercial attractif vous découvrirez l'auditorium Maurice Ravel (15) haut lieu européen de la musique, et qui rejoint dans la vie culturelle lyonnaise l'Opéra de Louis Erlo (16) , le T.N.P. de Roger Planchon (17) , le festival Berlioz de Serge Baudo.

Si l'on parle des traditions, nous n'en retiendrons qu'une, celle de la cuisine, qui connaît à Lyon une si brillante illustration.

Mais peut-être souhaitez-vous seulement un rendez-vous de silence et de beauté? Alors, du printemps à l'automne, sachez qu'au Parc de la Tête d'Or (18) quelques millions de roses vous attendent.

Entraînement

7. **Les noms français des monuments de votre pays**

— Certains noms d'édifices ou de sites étrangers très connus ont une traduction française, mais attention, ce n'est pas le cas pour tous !
— Faites une liste de 15 monuments ou sites de votre région ou de votre pays. A l'aide de la page ci-contre et, si c'est nécessaire, du dictionnaire, indiquez leur nom français s'ils en ont un.

8. **L'âge des monuments**

Choisissez une des expressions présentées page ci-contre pour dire à haute voix à quand remontent les monuments et sites de l'exercice précédent.

9. **Les monuments et leurs architectes**

En utilisant des verbes à la forme passive suivis de la préposition *par,* dites qui a construit ou dessiné les monuments et sites de la liste établie dans l'exercice n° 7.

Ex. : *Le Grand Palais, à Paris, a été projeté par l'architecte Gabriel. La colonnade du Louvre a été dessinée par Perrault.*

10. **L'utilisation actuelle des monuments**

En vous inspirant des phrases de la page ci-contre, dites quelle est l'utilisation actuelle des monuments et sites de la liste précédemment établie.

11. **Les monuments et lieux intéressants de votre ville**

A l'aide de dépliants ou de brochures d'un organisme de promotion touristique de votre pays, faites une rapide présentation orale, comme vous le feriez à des touristes francophones, des édifices et lieux marquants de votre ville ou d'une ville voisine. De chaque lieu ou monument, dites en particulier :

— son nom ;
— à quand il remonte ;
— par qui il a été construit ou dessiné ;
— éventuellement, pour qui ;
— son utilisation actuelle, si elle est différente de son utilisation originelle.

V os compétences

Vous devez savoir

— nommer les lieux et les monuments;
— les situer, par rapport à ceux qui regardent et l'un par rapport à l'autre;
— donner sur eux quelques indications: *date* ou *période* de leur construction, *auteur, utilisation actuelle*.

Pour cela: vous devez connaître et savoir utiliser:

Des mots :

Noms de lieux et d'édifices				Périodes
un quartier	une église	un tombeau	une citadelle	le IIIe millénaire avant J.-C.
un site	une cathédrale	un mausolée	une muraille	le IIe siècle après J.-C.
un édifice	une basilique	un arc de triomphe	une fontaine	l'Antiquité classique
un bâtiment	une chapelle	une tour	une esplanade	(grecque, romaine)
une construction	un Hôtel-Dieu	une pagode	un parvis	le Moyen Age
un palais	un musée	une porte	une cour	la Renaissance
un château	un théâtre	une villa	un quai	le XVe siècle
un hôtel	un amphithéâtre	un pavillon	un passage	le XVIe siècle
un temple	un opéra	un Hôtel de Ville	un jardin	le XVIIe siècle
une mosquée	un auditorium	un pont	un parc	le XVIIIe siècle
un monastère	des ruines	une forteresse	une galerie	le XIXe siècle
une abbaye	des tombes	des fortifications	des thermes	le XXe siècle

Des expressions pour

Indiquer la position

Par rapport au spectateur	Par rapport à d'autres lieux
— à votre droite	— à droite/à gauche (du pont)
— à votre gauche	— devant/derrière (la tour)
— en face de vous	— près du/à côté du musée
— devant vous	— à côté de l'église
— derrière vous	— un peu plus loin
— à côté de vous	— de l'autre côté

Indiquer la date de construction

— La construction a été terminée en 1889

— Il a été construit | au XVIIe siècle, | entre le XIIe et le XVe siècle
au début du XVIe siècle | sous le règne de Louis XIV
au Moyen Age | sous la dynastie des Tang
dans l'Antiquité | en 1789
pendant la Renaissance | dans la seconde moitié du XIXe siècle

— Il date | de l'Antiquité
du Moyen Age
de la fin de la Renaissance
du XVIIe siècle
de 1930

— Il remonte | à l'Antiquité
à l'époque des Croisades
au Moyen Age
à la Renaissance
au XVIe siècle
à 1830

Indiquer l'affectation actuelle

— Il abrite le musée des Beaux-Arts
— C'est le siège du Conseil Municipal
— On y fait des spectacles
— Il est utilisé pour des expositions

A ctivités professionnelles

12. **La suite de la promenade en bateau-mouche**

La promenade en bateau-mouche qui introduit ce dossier n'est pas terminée : le bateau ira jusqu'à l'île Saint-Louis, après laquelle il fera demi-tour et reviendra à son point de départ. Continuez à la place de l'hôtesse, les indications et les explications qu'elle donne aux touristes. Servez-vous des notes suivantes et suivez sur le plan :

— *Le Pont-Neuf :* le plus vieux de Paris ; construit au temps du roi Henri IV ;

— *L'île de la Cité :* le cœur de Paris ; la partie la plus ancienne de la ville ;

— *Le Palais de Justice :* la plus ancienne résidence des rois de France ; aujourd'hui, siège du Palais de Justice.

— *Notre-Dame :* une des plus belles cathédrales gothiques ; construite à partir du XIIe siècle ; restaurée au XIXe par Viollet-le-Duc ; la plus grande église de Paris ;

— *La Tour d'Argent,* quai de la Tournelle : un des plus célèbres et des meilleurs restaurants du monde ;

— *L'île Saint-Louis :* un des quartiers les plus tranquilles de Paris ; nombreux hôtels du XVIIe siècle ;

— *Hôtel de Ville :* siège de la mairie de Paris ; édifice actuel construit après 1871, pour remplacer le précédent, incendié sous la Commune ;

— *Tour Saint-Jacques :* clocher d'une église détruite sous le Directoire ;

— *Conciergerie :* prison de Marie-Antoinette et d'autres, pendant la Révolution.

13. **Un tour commenté de Lyon**

A l'aide des notes que vous avez prises pour l'exercice n° 6 et du circuit que vous avez dessiné sur le plan de Lyon, faites le commentaire de la visite. Vous pouvez intégrer avec des renseignements trouvés dans un guide ou une encyclopédie.

Faites l'exercice par groupes; soyez le plus réalistes possible et essayez d'avoir un ton «professionnel».

14. **Proposition d'un circuit touristique**

Le voyagiste Bon Vent (4, rue Vivienne - 75002 Paris) a contacté par téléphone l'Office de Tourisme de Lyon (8, place Bellecour - 69000 Lyon) pour demander que ce dernier organise un circuit touristique pour un groupe de 10 personnes dont 3 enfants.

Rédigez une lettre de l'Office de Tourisme au voyagiste Bon Vent en reprenant les éléments suivants :

— Confirmation de l'Office de Tourisme de la prise en charge d'un groupe de 10 personnes à Lyon le 9/7.

— Proposition d'un circuit touristique « Lyon Ballade » en minibus :
Matin départ à 9 h Place Bellecour face à l'Office de Tourisme,
Visite générale vieux Lyon et Lyon moderne,
Retour aux environs de 12 heures à Bellecour,
Après-midi départ à 15h 30 Place Bellecour face à l'Office de Tourisme,
Visite du Quartier des canuts et de la soierie «la Croix Rousse»,
Retour aux environs de 18h 30 à Bellecour.
Des commentaires en français ou en anglais et fonds musicaux agrémenteront le déplacement en minibus. Prix 200 F / moins de 12 ans : 100 F.

— Réservation nécessaire 15 jours à l'avance.
Paiement : 25 % à la réservation et le reste le jour de la visite.

Attention à la présentation de la lettre et à la reformulation de l'itinéraire.

15. **Une visite guidée de votre ville**

a) Procurez-vous un plan de votre ville ou d'une ville voisine;

b) Prenez les notes sur les lieux et monuments que vous avez préparées à l'exercice n° 11;

c) Etablissez un itinéraire de visite;

d) Présentez votre ville à un groupe de Français au cours d'un tour en autocar ou d'une promenade à pied.

N.B.: mettez en pratique à la première occasion les compétences que vous avez acquises.

16. **Un encart publicitaire pour une visite de votre ville**

En vous inspirant de l'encart publicitaire de la p. 140 pour la mise en forme et, en reprenant vos notes sur les lieux et monuments de votre ville (voir exercice n° 11), rédigez un encart publicitaire à faire paraître dans une brochure d'un organisme de promotion touristique de votre pays à l'étranger. Attention à bien calibrer votre encart, il ne doit pas excéder 1/4 de page format A4.

Une visite guidée de l'Hôtel-Dieu de Beaune

Dans la cour d'honneur de l'Hôtel-Dieu de Beaune, en Bourgogne, un guide commente la visite pour un groupe de touristes. Pour mieux se faire entendre, il est monté sur les marches du puits...

Nous nous trouvons ici dans la cour d'honneur de l'Hôtel-Dieu. Vous savez qu'on appelait « Hôtel-Dieu » l'hôpital, en français ancien. En effet, l'Hôtel-Dieu de Beaune, depuis sa fondation au XVe siècle, a toujours été un hôpital. Il accueille encore aujourd'hui des personnes âgées.

L'Hôtel-Dieu a donc été construit de 1443 à 1451 par Nicolas Rolin, chancelier de Bourgogne, dont vous verrez les initiales dans la Chapelle et sur les murs de la grande salle des malades. C'est un exemple typique de l'architecture bourguignonne, qui a été fortement influencée par l'architecture flamande. Vous savez en effet que le duché de Bourgogne était très étendu, qu'il comprenait non seulement la Bourgogne actuelle, mais aussi tout le nord de la France, la Belgique et une partie des Pays-Bas. Le toit à dessins géométriques en tuiles vernissées polychromes est typique de l'art flamand, ainsi que cette dentelle de plomb qui couronne les toits.

Quand on entre dans la cour d'honneur, on est frappé par le contraste entre la façade sur la rue, qui est sobre, grise et plutôt sévère, comme vous l'avez sans doute noté, et la façade intérieure, celle-ci, qui est richement décorée. C'est que l'Hôtel-Dieu, qui était une institution très riche et qui recevait de nombreuses donations, ne voulait pas montrer sa richesse, qui aurait pu attirer les malfaiteurs; la richesse était cachée.

(Un monsieur demande)

— Ce qu'on voit là, par les fenêtres, ce sont les cuisines qui sont encore utilisées?

— Non, mais elles l'étaient jusqu'à il y a quelques années. Tout à l'heure, en ressortant, nous les verrons... Si vous voulez me suivre...

Nous sommes donc maintenant dans la grande salle des malades, qui a été conservée exactement comme elle était au XVe siècle. Elle mesure 72 m de long, 14 de large et 20 de haut. Vous voyez les lits, de chaque côté, avec de grands rideaux pour protéger l'intimité des malades; c'était une médecine très humaine, vous voyez... Là-bas, au fond de la salle, se trouvait le polyptyque du Jugement Dernier, peint par Roger van der Weyden, que nous verrons tout à l'heure. Normalement, il était fermé, mais on l'ouvrait, les jours de fête. On tirait alors les rideaux des malades, pour qu'ils puissent le voir...

C ompréhension

1. **Les indications importantes données par le guide**

Ecoutez deux fois les explications du guide en regardant les photos. Ecrivez en même temps, en style télégraphique, les informations ci-après:

— Ville où se trouve le monument visité: ....

— Nom du monument: ....

— Fonction de ce monument: ....

— Nom de celui qui l'a fait construire: ....

— Parties visitées: ....

....

2. **Répondez aux questions des visiteurs**

Le guide ne doit pas seulement présenter un monument, commenter une visite. Il doit aussi répondre à des questions des visiteurs. Ecoutez encore une ou deux fois les explications et répondez à sa place, de la façon la plus complète possible:

— Il y a encore des malades, ici?
— Qu'est-ce que c'est, les initiales N.R. qu'on voit partout dans la chapelle?
— Pourquoi est-ce que la façade sur la rue est si différente de celle sur la cour?
— Qu'est-ce que ça veut dire, Hôtel-Dieu?
— Pourquoi est-ce que l'architecture bourguignonne ressemble à l'architecture flamande?
— Ces cuisines avec ces grandes cheminées sont encore utilisées, aujourd'hui?

Faites cet exercice par deux.

3. **Les aspects d'une présentation orale**

Le texte que vous venez d'entendre est *oral* et il est dit *sur place* (dans l'Hôtel-Dieu de Beaune), à *des visiteurs présents*. Réécoutez une ou deux fois et notez tous les mots et expressions qui ne se retrouveraient pas dans un texte écrit. Il y en a 15 ou 16:

Pour vous aider:... *vous savez...; maintenant...*
Rappelez-vous ces mots et expressions qui vous seront utiles pour donner oralement des explications.

4. **La notice écrite sur la Sainte-Chapelle**

— Avant de lire la notice ci-contre distribuée à l'entrée de la Sainte-Chapelle (dans l'île de la Cité, à Paris), cherchez, dans une encyclopédie ou une histoire de l'art, des informations sur *l'art gothique*. Cherchez aussi les noms des différentes parties d'une église. Vous comprendrez alors plus facilement le texte écrit.

— Lisez maintenant ce texte en soulignant tous les mots techniques de l'architecture et de l'histoire de l'art en général (il y en a plus de 25).

Si vous ne comprenez par leur sens d'après le contexte, cherchez-le dans le dictionnaire.

5. **Les mots et les choses: mettez en rapport les éléments de la photo et les mots du texte**

Certains des mots que vous avez soulignés (ex. 4) correspondent à des éléments visibles sur la photo.
Faites des flèches pour relier ces mots et ces éléments (il y en a plus de dix).

6. **Répondez aux questions des visiteurs**

Après avoir lu cette notice, vous devez être capable de répondre à des questions simples des visiteurs. Faites-le à haute voix:

— A quel siècle remonte la Sainte-Chapelle?
— On connaît le nom de l'architecte?
— Pourquoi est-ce que Saint-Louis a fait construire cette chapelle?
— Elle ne s'est jamais écroulée, fragile comme elle semble?
— Pourquoi y a-t-il deux chapelles superposées?
— Les vitraux sont des originaux?
— Quelqu'un a compté combien de scènes sont représentées sur les vitraux?
— D'ici on ne voit pas bien: qu'est-ce qui est représenté, sur la grande rosace?
— Que représentent les médaillons sous les vitraux?
— Qu'est-ce que c'est, ce baldaquin au milieu de l'abside?

Faites cet exercice par deux.

LA SAINTE-CHAPELLE

La Sainte-Chapelle est un des joyaux de l'art gothique. Elle fait partie de l'ensemble monumental du palais de justice qui, construit à différentes époques, fut en particulier la résidence des gouverneurs romains et des premiers rois capétiens. La Sainte-Chapelle elle-même fut construite par le roi saint Louis qui voulait abriter dignement la couronne d'épines du Christ et d'autres saintes reliques.

La construction, probablement confiée à Pierre de Montereau, se fit en un temps record : moins de trente-trois mois. La consécration eut lieu en 1248. Elle fit grande impression : pour la première fois on voyait des murs presque entièrement à jour. Ils sont faits d'une armature de minces piliers qui soutiennent les voûtes ; pas d'arcs-boutants pour les contrebuter ; de légers contreforts suffisent. Des vitraux de 15 m de hauteur remplissent les vides. Cet ensemble d'aspect fragile n'a pas eu une fissure depuis sept siècles. La flèche s'élève à 75 m au-dessus du sol. Une petite galerie reliait l'étage supérieur du porche aux appartements de saint Louis.

On entre dans la Chapelle Basse, qui était destinée aux serviteurs du palais. Deux escaliers à vis, encadrant l'entrée, conduisent à la Chapelle haute.

La nef unique est une immense verrière orientée vers l'est, qui capte le moindre rayon de soleil. Elle représente un des accomplissements les plus parfaits de l'art gothique : ses voûtes ogivales et ses fins piliers nervurés permirent d'éliminer presque complètement les murs et de les remplacer par des vitraux qui laissent pénétrer à flots la lumière.

Les vitraux sont les plus anciens de Paris. Par la vivacité de leurs couleurs, l'animation de leurs miliers de petits personnages, ils se placent au premier rang de la production du XIIe siècle. Leurs 1134 scènes forment une véritable bible historiée. Les restaurations, très habiles, sont difficiles à déceler.

La grande rose de la façade a des verrières du XVe siècle représentant des scènes de l'Apocalypse.

Tout le vaisseau est entouré d'arcatures : à l'intérieur de leurs médaillons sont peints les martyres de divers saints. Leurs chapiteaux, très finement sculptés, représentent des feuilles, des plantes, des arbustes. Deux petites niches, dans la troisième travée, étaient réservées au roi et à sa famille. Dans la travée suivante (à droite) on voit la porte de l'oratoire bâti par Louis XI : une petite baie grillagée lui permettait de suivre l'office sans être vu.

Au milieu de l'abside s'élève une tribune surmontée d'un baldaquin en bois qui abritait la châsse contenant les reliques. Deux petits escaliers tournants, enfermés dans des tourelles à jour, conduisent à la plate-forme. Celui de gauche date de l'origine. Saint Louis l'a souvent monté pour aller ouvrir lui-même, devant les assistants, les panneaux de la châsse étincelants de pierreries.

Entraînement

7. Les parties d'une église

En vous aidant de la page ci-contre et du dictionnaire si c'est nécessaire, écrivez sur le plan de l'église le nom des différentes parties.

8. Evoquez oralement des faits du passé

Les phrases suivantes appartiennent plutôt à l'écrit ou à l'oral recherché (enregistrements d'informations). Faites-en des phrases plus typiquement orales en mettant le *passé composé* (v. ci-contre):
— La construction de Notre-Dame fut commencée en 1163.
— François Ier invita Leonard de Vinci en France et lui donna une maison à Amboise.
— Au XIXe siècle on construisit le «Nouveau Louvre» qui prolonge l'Ancien Louvre.
— Le Jardin des Tuileries fut dessiné par Le Nôtre au XVIIe siècle.
— Après la guerre on·dut restaurer certains vitraux qui avaient été détruits.
— Les insurgés de la Commune incendièrent l'Hôtel de Ville de Paris.
— L'art gothique atteignit ses formes les plus parfaites au XIIIe siècle.
— C'est Jules Hardouin-Mansart qui dessina la place Vendôme.
— Victor Hugo habita pendant quinze ans au 6, place des Vosges.
— C'est là qu'il écrivit un certain nombre de ses œuvres, en particulier *Ruy Blas*.
— Quand, au XVIe siècle, les rois français revinrent d'Italie, ils voulurent imiter l'art qu'ils y avaient découvert.

9. Evoquez par écrit des faits du passé

— Chagall a peint le plafond de l'opéra Garnier à Paris en 1964.
— La basilique Notre-Dame-de-la-Garde et la cathédrale de la Major à Marseille, ont toutes deux été construites au XIXe siècle dans un style romano-byzantin.

— Les fouilles effectuées ont permis de découvrir des vestiges gallo-romains.
— Les Français ont fait de la gare d'Orsay un musée.
— Pendant les combats de la Libération en 1944, des incendies ont détruit à 80 % la ville de Saint-Malo.
— En 1309, la ville d'Avignon est devenue le siège de la papauté. Remparts, églises, couvents ont été édifiés ainsi que le palais.
— C'est à Rouen que Jeanne d'Arc a été brûlée.
— C'est Le Nôtre qui a dessiné les jardins à la française du château de Versailles.

10. Evoquez des faits habituels du passé

Dans les phrases suivantes, mettez les verbes à l'imparfait pour évoquer des faits habituels ou répétés du passé:
— La cour (vivre) à Versailles et (participer) aux fêtes données par le roi.
— Quand ils (coloniser) un pays, les Romains (respecter) la religion des habitants.
— Les villes (s'incendier) facilement parce que les édifices (être) en bois.
— Les châteaux du Moyen Age (avoir) avant tout une fonction défensive.
— Pendant la Renaissance, les rois (faire) de fréquents séjours dans la vallée de la Loire.
— Dans la «Galerie du bord de l'eau», au Louvre (il y avoir) de nombreuses boutiques.
— Chaque fois que la cour (se déplacer) on (emporter) les tapisseries et les meubles.
— A l'époque gallo-romaine, Paris (s'appeler) Lutèce.
— Au Moyen Age les portails des façades des cathédrales (composer) alors une bible de pierre où les fidèles qui (ne pas savoir) lire (pouvoir) apprendre l'histoire sainte.

Vos compétences

Vous devez
— savoir décrire les monuments;
— connaître leur histoire et celle des personnages qui sont liés à cette histoire;
— connaître l'histoire de l'art et l'histoire tout court;
— savoir donner des explications surtout orales;
— savoir vous adapter au public: on n'explique pas de la même manière à un groupe d'enfants et à des universitaires.

Pour cela: vous devez connaître et savoir utiliser...

...les temps du passé

— **L'imparfait:** pour évoquer des faits habituels ou d'une certaine durée:

Les malades étaient accueillis à l'Hôtel-Dieu.
A cette époque les rois habitaient le Louvre.

— **Le passé simple** ou **le passé composé,** pour évoquer des faits ponctuels.
Le passé simple est utilisé surtout à l'écrit et dans les textes oraux enregistrés.
Le passé composé est utilisé surtout à l'oral en face à face.

Voici les formes du passé des verbes les plus fréquents:

	passé simple		passé composé	imparfait
avoir	il eut	ils eurent	il a eu	il avait
être	il fut	ils furent	il a été	il était
faire	il fit	ils firent	il a fait	il faisait
vouloir	il voulut	ils voulurent	il a voulu	il voulait
pouvoir	il put	ils purent	il a pu	il pouvait
savoir	il sut	ils surent	il a su	il savait
devoir	il dut	ils durent	il a dû	il devait
aller	il alla	ils allèrent	il est allé	il allait
venir	il vint	ils vinrent	il est venu	il venait
prendre	il prit	ils prirent	il a pris	il prenait
construire	il construisit	ils construisirent	il a construit	il construisait
finir	il finit	ils finirent	il a fini	il finissait
peindre	il peignit	ils peignirent	il a peint	il peignait

N.B. : 1) de ces temps, vous n'aurez, évidemment, à utiliser que la 3e personne;
2) observez : comment fait-on pour trouver la 3e personne du pluriel du passé simple quand on a la 3e du singulier, ou vice versa?

Vous devrez connaître des quantités de mots techniques.

En voici quelques-uns:

L'église			Le château
l'art roman	le porche	la tour	la tour
l'art gothique	les portails	la flèche	le donjon
l'art renaissance	la nef	la voûte	le corps central
l'art baroque	les bas-côtés	le pilier	l'aile
l'art rococo	le transept	la colonne	la galerie
l'art classique	le chœur	le vitrail	l'ameublement
l'art néo-classique	les croisillons	la tribune	le tapis
l'art néo-gothique	le déambulatoire	l'arc-boutant	la chambre
l'art nouveau	l'abside	le dôme	le salon
etc.	le chevet	la rosace	la tapisserie

A ctivités professionnelles

11. Une notice écrite sur l'Hôtel-Dieu de Beaune

On vous demande d'écrire une notice sur l'Hôtel-Dieu de Beaune à mettre à la disposition des visiteurs. Faites-le en utilisant les informations données dans le texte initial de ce dossier.

Attention:
1) tenez compte des observations faites dans ce dossier et les précédents sur les différences entre oral et écrit;
2) la présentation écrite ne se fait pas forcément selon l'ordre suivi par le guide;
3) les destinataires du texte ne sont pas présents: il ne faut donc pas s'adresser à eux.

12. Une visite guidée de la Sainte-Chapelle

Vous êtes un guide chargé d'accompagner les groupes dans leur visite de la Sainte-Chapelle. Donnez-leur les explications en utilisant les informations contenues sur la notice présentée dans ce dossier.

Attention:
1) la visite commence par la «Chapelle basse» et continue par la «Chapelle haute» qu'on voit sur la photo;
2) les explications orales ne se font pas forcément selon l'ordre suivi par la notice;
3) les visiteurs sont présents; vous pouvez vous adresser à eux, attirer leur attention sur certains aspects particuliers; ils peuvent poser des questions;
4) tenez compte de ce que vous avez observé pour l'exercice n° 3.

Faites l'exercice par groupes de quatre ou cinq.

13. Préparez une présentation enregistrée de la Sainte-Chapelle

A la Sainte-Chapelle, dans la Chapelle haute, on installe un appareil à pièces de monnaie, qui donne des explications. L'appareil est au fond de la Chapelle (la partie non visible sur la photo).

Préparez et enregistrez le texte (2-3 minutes).

Attention :
1) tenez compte des problèmes stylistiques (temps des verbes, forme des phrases, etc.) abordés dans ce dossier et dans les précédents ;
2) les visiteurs ne sont pas présents : vous ne pouvez donc pas vous adresser à eux ;
3) vous pouvez utiliser des formes comme *devant vous, à droite, à gauche,* puisque vous savez où est l'appareil.

14. Une présentation écrite et orale d'un monument de votre pays

1) Procurez-vous deux photos d'un monument représentatif de votre pays (une prise de vue intérieure et une prise de vue extérieure).

2) Trouvez tous les mots techniques décrivant l'architecture intérieure et extérieure ainsi que l'histoire du monument choisi.

3) Ecrivez une notice descriptive du monument choisi qui sera placée à l'entrée, à l'intention des touristes francophones.

4) A partir de la notice écrite que vous venez de rédiger, faites une visite guidée du monument choisi. Organisez votre visite en tenant compte des deux photos choisies. Vous pouvez utilisez des formes comme *devant vous, à droite, à gauche,* puisque vous savez où est votre groupe de touristes.

Attention aux problèmes stylistiques entre formes orale et écrite abordées dans ce dossier.

Une visite guidée de la Normandie

Pendant un voyage organisé en Normandie, un guide donne aux visiteurs des explications sur tous les aspects de la région visitée:

Nous sommes ici en Normandie. Comme vous le savez sans doute, le nom de la Normandie dérive de *Northmen,* les hommes du Nord, les Vikings, qui, à partir du IXe siècle, ont commencé, venant de Scandinavie, à faire des incursions, puis à s'installer ici. En réalité, la Normandie existait bien avant l'arrivée des Normands. Il y avait en particulier des cités gallo-romaines florissantes, comme Rotamagus, Rouen actuellement, qui devint même capitale. Mais c'est bien avec les Normands que, si on peut dire, la Normandie a pris une importance internationale. C'est un Normand, Guillaume le Conquérant, qui est devenu roi d'Angleterre, et ce sont ses descendants qui ont pris possession de la Sicile. La conquête de l'Angleterre est l'événement qui est raconté dans la célèbre tapisserie de la Reine Mathilde, dont vous avez peut-être vu des reproductions et que nous verrons. C'est à cette époque que remontent les nombreux châteaux et abbayes qui parsèment la Normandie.

Pour l'histoire plus récente, la Normandie est une des régions françaises qui ont le plus souffert de la Deuxième Guerre mondiale. C'est sur les plages normandes, où nous passerons demain, qu'a eu lieu le débarquement allié en juin 1944. C'est ce qui explique que Le Havre, comme vous l'observerez, Lisieux, Caen et d'autres villes, sont des villes presque neuves.

L'image traditionnelle de la Normandie est celle d'un pays vert, avec des millions de pommiers en fleurs et des milliers de vaches dans les prés. Cette image est évidemment juste ; il suffit de regarder par les vitres de notre autocar pour s'en convaincre. La Normandie est encore une grande productrice de lait, de beurre et de fromage ; le « calva », l'alcool de pommes est, avec le cidre, produit en grande quantité. Mais cette image de la Normandie n'est pas complète. La Normandie, c'est aussi l'ensemble portuaire Le Havre-Rouen, que nous allons traverser, qui est le deuxième ensemble portuaire français, après Marseille ; ce sont aussi des centrales qui alimentent de nombreuses industries, comme Moulinex, à Alençon ; c'est aussi la première usine de retraitement de déchets nucléaires pour la production de plutonium, à La Hague.

Et puis, il ne faut pas l'oublier, la Normandie a été au siècle dernier la première région touristique française ; c'est en 1820 que la duchesse de Berry a lancé la mode des bains de mer sur les côtes normandes. Deauville, qui reste une des stations balnéaires les plus chic, remonte au Second Empire. Rappelez-vous aussi que la Normandie est le pays de plusieurs très grands écrivains ; Flaubert, Maupassant au XIXe siècle, Corneille au XVIIe. Proust, qui était parisien, a beaucoup aimé la Normandie : c'est à Cabourg, qu'il appelle Balbec, qu'il a situé ses « jeunes filles en fleurs » ; à cette époque les dames devaient se faire conduire à la mer dans des cabines fermées, pour qu'on ne voie pas leurs maillots, qui semblaient très osés.

Et puis, beaucoup de peintres impressionnistes ont été inspirés par les paysages normands.

Voilà ; nous allons maintenant nous arrêter pour déjeuner. Attention au calva ! Cet après-midi nous devons visiter le port du Havre...

Compréhension

1. Activités préparatoires

Pour comprendre plus facilement ce texte, un peu long et un peu plus complexe que d'autres, puisqu'il ne s'agit pas d'un dialogue, préparez-vous à l'écouter :

a) cherchez les principales villes de la Normandie ; regardez quel est le climat ; d'après le climat, imaginez le type de paysage et le type d'activités agricoles ;

b) réunissez les connaissances sur la Normandie (histoire, économie) que vous avez acquises par le passé ;

c) lisez, dans une encyclopédie ou un guide touristique, les pages consacrées à la Normandie, en prenant des notes : histoire ; art ; économie ; tourisme ; personnages célèbres.

2. Première écoute des explications du guide

Écoutez une première fois les explications du guide sur la Normandie. Notez les expressions qui montrent qu'elles s'adressent à un public présent.
Ex. : ...*comme vous le savez...* ; Il y a neuf expressions de ce genre dans le texte.

3. Répondez aux questions des visiteurs

Lisez les questions suivantes que pourraient vous poser les touristes et répondez-y. Vous pouvez réécouter une fois le texte, si c'est nécessaire.
— D'où dérive le nom de «Normandie»?
— C'est Guillaume le Conquérant qui a conquis la Sicile?
— Qu'est-ce qu'on fait de toutes ces pommes, en Normandie?
— Qu'est-ce que c'est, le «calva»?
— A quand remontent toutes ces abbayes?
— Qu'est-ce qu'on produit, à l'usine de La Hague?
— Quelle est la ville que Proust a appelée Balbec, dans son œuvre?
— Quand est-ce qu'on a commencé à prendre des bains de mer?

Faites l'exercice à haute voix, par groupes de deux.

4. Les informations fournies par le guide

Réécoutez les explications données par le guide en remplissant un tableau identique à celui ci-dessous avec les informations fournies, que vous noterez en style télégraphique :

Histoire	Art	Gastronomie	Economie	Personnages célèbres

Vous avez droit à trois écoutes pour remplir le tableau.

5. Page d'informations sur Grenoble

Examinez et lisez la page ci-contre et dites ce qui montre qu'il ne s'agit pas de la *transcription* d'explications données à des touristes présents.
(Forme des phrases, etc.).

6. Répondez aux questions des touristes sur Grenoble

Après avoir relu attentivement les informations sur Grenoble, vous pouvez guider une visite et répondre à des touristes qui vous demandent :

— D'où vient le nom de Grenoble?
— Pourquoi est-ce que, au Musée Dauphinois, il y a une exposition de gants?
— Depuis quand est-ce que le Dauphiné fait partie de la France?
— Quand a vécu Bayard?
— Mandrin, c'était un général?
— Qu'est-ce que Stendhal a écrit?
— Qui est cet Aristide Bergès dont il y a la statue à Grenoble?
— Comment se fait-il qu'il y ait un Musée de la Résistance, à Grenoble?
— Quand est-ce qu'il y a eu les jeux Olympiques, à Grenoble?

Faites l'exercice par groupes de deux.

GRENOBLE DAUPHINÉ

HISTOIRE

— Au temps des Romains : *Gratianopolis* est devenu *Grenoble*;
— Au XIVe siècle, Humbert II, comte du Dauphiné, vend ses domaines au roi de France, à condition que le Dauphiné soit l'apanage de l'héritier de la Couronne, qui porterait le titre de «Dauphin»;
— 1788 : les Etats du Dauphiné demandent la réunion des Etats Généraux : c'est le premier épisode de la Révolution Française;
— 1940-1945 : les massifs du Vercors et de la Chartreuse, qui entourent Grenoble, sont les principaux centres de la Résistance contre les Allemands.

ÉCONOMIE

— ganterie: activité traditionnelle;
— industries traditionnelles: métallurgie, industries alimentaires, textiles, chimiques, papeterie, cimenteries;
— industries de pointe: électronique, énergie nucléaire.

TOURISME

— 1888: création, à Grenoble, du premier Syndicat d'Initiative de France;
— Grenoble est au cœur des Alpes; nombreuses possibilités de sports d'hiver;
— 1968: Jeux Olympiques d'hiver, à Grenoble;
— un équipement sportif de premier ordre.

PERSONNAGES CÉLÈBRES

— BAYARD (1476-1524): le «chevalier sans peur et sans reproche» qui s'illustre pendant les guerres d'Italie;
— MANDRIN (1724-1755): le bandit légendaire qui volait aux riches pour donner aux pauvres;
— STENDHAL (1783-1842) : un des plus grands romanciers français, auteur de *Le Rouge et le Noir* et de *La Chartreuse de Parme*;
— ARISTIDE BERGES : le premier, en 1869, à canaliser une chute d'eau dans des conduites forcées, pour produire de l'électricité. C'est le début de la prospérité pour la région.

Grenoble, ville moderne et agréable pour sa proximité avec les grandes stations des Alpes. Une croissance exceptionnelle : 70 000 habitants à la fin du XIXe siècle; 170 000 en 1970, près de 400 000 aujourd'hui. Université dynamique. Instituts à la pointe de la recherche scientifique.

E ntraînement

7. Parlez d'une façon plus structurée; faites des phrases avec «qui»

Pour vous exprimer d'une façon plus structurée, de deux phrases faites-en une seule en utilisant «qui» (v. page ci-contre):

— Bayard est un chevalier; il s'illustra pendant les guerres d'Italie.
— Deauville est une station balnéaire; elle reste l'une des plus élégantes.
— Grenoble est une ville agréable; elle se développe très rapidement.
— La Normandie est une région d'élevage; elle produit des fromages réputés.
— Maupassant est un écrivain; il est célèbre pour ses nouvelles.

8. Parlez d'une façon structurée: faites des phrases avec «que»

Pour vous exprimer d'une façon plus structurée, de deux phrases faites-en une seule en utilisant «que» (v. page ci-contre):

— Versailles est un château; Louis XIV l'a fait construire.
— Nous admirons les jardins; Le Nôtre les a dessinés au XVIIe siècle.
— Sur la façade du Louvre il y a une colonnade; Perrault l'a ajoutée à l'ancien Louvre.
— Au Musée de Cluny, il y a les têtes des statues des rois de Judée; les révolutionnaires les avaient coupées sur la façade de Notre-Dame.
— A La Hague il y a une usine de retraitement de déchets nucléaires; les écologistes la contestent.

9. Parlez d'une façon plus structurée: faites des phrases avec «dont»

Pour vous exprimer d'une façon plus structurée, de deux phrases faites-en une seule, en utilisant «dont» (v. page ci-contre):

— Balzac est un romancier; ses romans sont traduits dans toutes les langues.
— Champollion était un égyptologue; ses recherches ont permis de lire les hiéroglyphes.
— Galilée était un savant; ses découvertes furent contestées par l'Eglise.

— Leonard de Vinci était un savant; ses découvertes sont encore intéressantes.
— Stendhal est un grand écrivain; son œuvre principale est *Le Rouge et le Noir.*
— Voltaire est un philosophe; son œuvre a préparé la Révolution.

10. Mettez en relief le sujet: utilisez «c'est... qui...»

Dans les phrases suivantes, mettez en relief le sujet (v. page ci-contre):

— Grenoble a été choisi pour y construire le super-accélérateur de particules européen.
— Les Anglais ont lancé la mode de la Côte d'Azur au XIXe siècle.
— Dom Pérignon a inventé le procédé de fabrication du champagne.
— Pasteur a découvert le principe du vaccin pour prévenir les maladies.
— Un architecte italien, Gae Aulenti, a aménagé le Musée d'Orsay.
— Le baron Haussmann a transformé Paris par d'importants travaux d'urbanisme au XIXe siècle.

11. Mettez en relief les compléments de lieu ou de temps: utilisez «c'est... que...»

Dans les phrases suivantes, mettez en relief le complément de lieu ou de temps (v. page ci-contre):

— Paris est né dans l'Ile de la Cité.
— En Anjou et en Touraine on parle le français le plus pur.
— Sous Napoléon III la Savoie a été rattachée à la France.
— La Renaissance française a connu son apogée au XVIe siècle.
— Dans le Périgord on produit le meilleur foie gras.
— Alain-Fournier a situé son roman *Le Grand Meaulnes* en Sologne.
— Dans les Charentes on produit le meilleur beurre français.
— On laisse fermenter le champagne dans des caves de calcaire.
— Dans les environs de Bayonne on produit les meilleurs jambons.
— Lyon connut sa plus grande splendeur au XVIe siècle.

Vos compétences

Vous devez savoir	— évoquer l'histoire d'une ville ou d'une région ; — parler de son économie ; — parler des écrivains, des artistes et des hommes célèbres ; — raconter légendes, anecdotes, épisodes curieux.

Vous devez savoir en particulier:

faire des propositions relatives, qui permettent de s'exprimer de façon plus structurée:

pour donner des explications et des détails

- **avec «qui»:**

  au lieu de dire:
  Il y a des centrales nucléaires; elles alimentent les nombreuses industries
  il vaut mieux dire:
  Il y a des centrales nucléaires qui alimentent les nombreuses industries.

- **avec «que»:**

  au lieu de dire:
  A Bayeux on peut admirer une tapisserie; la Reine Mathilde l'a dessinée
  il vaut mieux dire:
  A Bayeux on peut admirer une tapisserie que la Reine Mathilde a dessinée.

- **avec «dont»:**

  au lieu de dire:
  Il y a la tapisserie de Bayeux; vous en avez vu des reproductions
  il vaut mieux dire:
  Il y a la tapisserie de Bayeux dont vous avez vu des reproductions.

pour mettre en relief certains éléments de la phrase

Utiliser l'expression «c'est... qui...», pour mettre en relief le sujet:

au lieu de dire :
Un Normand, *Guillaume le Conquérant, devint roi d'Angleterre*
on peut dire :
C'est un Normand, Guillaume le Conquérant, qui *devint roi d'Angleterre.*
N.B. : si le sujet est pluriel, on dit plutôt «Ce sont... qui...».

Utiliser «C'est... que...» en début de phrase, pour mettre en relief un autre élément, en particulier un complément de lieu ou de temps :
C'est à Bayeux que *se trouve la tapisserie de la Reine Mathilde*
C'est au XIIe siècle que *furent construites les nombreuses abbayes normandes.*

Vous devez connaître aussi des mots et expressions :

Pour parler de l'industrie		Pour parler d'agriculture	Pour évoquer une légende
une centrale	une métropole régionale une technopole	une ferme	une anecdote
une usine	une zone artisanale	une exploitation agricole	un héros légendaire
un barrage	une ZI (zone industrielle)	l'élevage	une héroïne
un laboratoire	un foyer prospère	une culture	d'après la légende...
un centre de recherches	une industrie florissante	un pâturage	la légende raconte...
un atelier	connaître un regain	un verger	la légende veut que...
une PME	d'activité	un champ	un monstre
(petite et moyenne entreprise)	connaître une grande	un vignoble	un animal fabuleux
la production	prospérité	l'horticulture	une fée
la fabrication	être touché par	une région de polyculture	
la construction	la crise	la monoculture	

Activités professionnelles

12. **Présentez à des visiteurs la ville de Grenoble**

Vous êtes guide au Syndicat d'Initiative de Grenoble et vous devez présenter la ville à un groupe de visiteurs.

1) Préparez par écrit la présentation de la ville de Grenoble. Vous pouvez vous aider des notes présentées dans ce dossier, des informations trouvées dans un guide ou dans une encyclopédie et si vous le désirez, de la présentation de la Normandie.

2) Vous êtes dans les locaux du S.I. ; avant de partir à la découverte de Grenoble, vous faites oralement une présentation générale de la ville au groupe de visiteurs.

13. **L'histoire de votre région**

Vous devez présenter à un groupe l'histoire de votre région.

a) documentez-vous en prenant des notes, en particulier sur les points suivants :
   — origines de la région et origine de son nom ;
   — rapports éventuels avec d'autres peuples ;
   — époques de plus grande splendeur ;
   — appartenance politique aux différentes époques ;
   — hommes célèbres (guerriers, artistes, écrivains, etc.) ;

b) présentez oralement l'histoire, en tenant compte des observations faites dans ce dossier et dans les précédents.

14. **Les hommes célèbres de votre région**

Pour présenter votre région à un groupe de Français, vous devez leur parler de ses hommes ou femmes célèbres :

a) documentez-vous sur les plus importants d'entre eux. Pour chacun prenez des notes sur :
   — lieu et date de naissance ;
   — œuvres ou découvertes principales ;

   — innovations apportées et importance dans l'histoire de l'art, de la science, etc. ;

b) sur la base de ces notes présentez oralement trois d'entre eux qui se sont illustrés dans des domaines différents. Ex. : un écrivain, un savant, un musicien.

15. **Une anecdote ou une légende sur votre région ou ses habitants**

Racontez à haute voix à vos camarades, comme s'il s'agissait d'un groupe de touristes français, une légende ou une anecdote sur votre région, votre ville ou un personnage célèbre.

16. **L'économie de votre région**

Vous devez présenter à un groupe de Français l'économie de votre région.

a) documentez-vous et prenez des notes: quelles sont les activités principales: l'agriculture? l'industrie? le tourisme? Pour chacun de ces domaines, notez les réalisations les plus intéressantes; ex.: agriculture fortement industrialisée, usine de...; installations touristiques, portuaires;

b) en vous aidant de ces notes, présentez oralement l'économie de votre région.

17. **Présentez votre région à un groupe de visiteurs français**

En utilisant ce que vous avez fait dans les exercices 13, 14, 15, 16, faites une présentation générale de votre région à un groupe de Français.
Variante: chaque élève peut présenter une région différente à la classe, qui joue le rôle du groupe de visiteurs français.

OFFICE DU TOURISME
ET DES CONGRES DE PARIS

127, Champs-Elysées
75008 Paris

ITINÉRAIRES 1 à 8

Blanchard R. 1989

CHAMBRE
DE COMMERCE
ET D'INDUSTRIE
DE PARIS

MAIRIE DE PARIS

SOMMAIRE

Le tourisme culturel

LE SECTEUR PROFESSIONNEL

Le tourisme culturel comprend :
– les visites de musées, monuments et sites ;
– la fréquentation de festivals, spectacles et carnavals ;
– la découverte de parcs et sites naturels.
En France, il existe des agences spécialisées dans l'organisation et la vente de voyages culturels :
– *Clio*, 34, rue du Hameau, 75015 Paris, tél. : (1) 48.42.15.15.
– *Le monde et son histoire*, 82, rue Taitbout, 75009 Paris, tél. : (1) 45.26.26.77.
– *Arts et Vie*, 251, rue de Vaugirard, 75015 Paris, tél. : (1) 40.43.20.21.

LES ACTEURS

En situation professionnelle interviennent :
– le personnel des organismes de promotion touristique (offices de tourisme) ;
– le personnel des agences de voyages. Ces agences peuvent exercer trois types d'activité :
  – activité de voyagiste : fabrication de voyages à forfait ou voyages organisés,
  – activité d'agence distributrice : vente de voyages à forfait,
  – activité d'agence de réceptif : organisation de circuits et d'excursions dans le pays d'accueil pour des touristes étrangers, pour le compte d'un voyagiste étranger ;
– les touristes.

LES SITUATIONS PROFESSIONNELLES

Dans cet itinéraire les situations professionnelles sont les suivantes :
– action de promotion d'une agence de réceptif étrangère auprès de voyagistes français : n° 1 ;
– demande de cotation et d'organisation d'un circuit culturel : n° 2 ;
– cotation et proposition d'un circuit touristique : n° 3 ;
– lecture et sélection dans un catalogue des éléments se rapportant au tourisme culturel : n° 4 ;
– rédaction d'un tract publicitaire : n° 5 ;
– vente d'un voyage culturel : n°s 6 et 7 ;
– cas de litige : n° 8 ;
– réponse à un voyagiste français concernant l'organisation d'un circuit culturel et la cotation des prestations ; rédaction du télex : n° 9 ;
– commentaires donnés par le guide-interprète lors d'une visite : n° 10 ;
– caractérisation et explication de boissons et de plats locaux par le guide interprète : n° 11.

1 Vous êtes employé(e) dans une agence de réceptif égyptienne (Egypt Tours, Garden City, B.P. 2130, Le Caire; tél.: (20) 2.36.87.60; télex: 93500).

Souhaitant vous faire connaître auprès de voyagistes français pour travailler avec eux, vous décidez d'envoyer un publipostage.

Rédigez la lettre d'information en reprenant les éléments suivants:

- 10 ans d'expérience,
- spécialiste du tourisme culturel,
- réservation hôtelière,
- location de voiture,
- circuits sur demande, formules tous budgets,
- cotations groupes et individuels,
- prise en charge groupes,
- catalogue disponible sur demande,
- responsable clientèle: Mamdouh Sharif.

1ÈRE ASSOCIATION CULTURELLE FRANÇAISE DE VOYAGES A L'ÉTRANGER

Agrément ministériel Tourisme n° 74065

93500 EGYPT TOURS EGP
008 11:25
CLIO VOYAGES 214075F
BONJOUR ICI CLIO VOYAGES A PARIS LE
08/05/91

ATTN : RANIAH / EGYPT TOURS
REF : DEMANDE DE COTATION POUR
CIRCUIT 9 JOURS/8 NUITS GROUPE 20
PAX
PERIODE : AVRIL-MAI 92 SELON
PROGRAMME SUIVANT :
VISITES ET EXCURSIONS DEMANDEES
POUR 6 JOURS ET 6 NUITEES A
LOUXOR :
- KARNAK
- MUSEE ARCHEOLOGIQUE DE LOUXOR
- TEMPLE ILLUMINE DE LOUXOR
- LA RIVE DES MORTS : LA VALLEE DES
  TOMBEAUX ROYAUX, LA VALLEE DES
  REINES
- SON ET LUMIERE AU TEMPLE DE
  KARNAK
- CARRIERES DE OUADI HAMMAMAT
- MEDAMOUD
- COPTOS
- TEMPLE FUNERAIRE DE MEDINET
  ABOU
- NECROPOLE ROYALE DE DEIR EL
  MEDINET
- CIMETIERE DE CHEIKH ABD EL
  GOURNAH
- ERMANT
- ABYDOS
- TEMPLE DE DENDERAH
- SITE DE TOD

VISITE DEMANDEE POUR 1 JOUR ET
2 NUITEES AU CAIRE :
- MUSEE EGYPTIEN AU CAIRE

LE FORFAIT DOIT INCLURE :
- LOGEMENT HOTELS CAT 3/4 ETOILES
- LA PENSION COMPLETE DU DINER DU
  J1 AU PETIT DEJEUNER DU J9 SAUF
  DEJEUNER DU J8 / ATTENTION :
  PETIT DEJ CONTINENTAL, DEJ ET
  DINERS 3 PLATS, AVEC THE/CAFE
- TOUTES LES ENTREES CITEES AU
  PROGRAMME
- TOUS LES DEPLACEMENTS EN
  AUTOCAR PRIVE CLIMATISE POUR
  EXCURSIONS ET VISITES DE THEBES
  OUEST
- TOUS LES DEPLACEMENTS EN
  CALECHE POUR LES VISITES DE
  LOUXOR
- TRANSFERT AEROPORT HOTEL
- GUIDE LOCAL PENDANT 9 JOURS
  LOUXOR/LE CAIRE
- TAXES
- 1 GRATUITE POUR LE GROUPE

MERCI ME DONNER REDUCTION POUR
DEJEUNER 2 PLATS ET SUPPL CHAMBRE
INDIVIDUELLE
MERCI POUR VOTRE RAPIDITE ET
PRECIEUSE COOPERATION
MEILLEURES SALUTATIONS
GERALDINE

DOCUMENT 1

2   Lisez le document 1. Dans chaque série de quatre réponses, cochez celle qui correspond au texte que vous venez de lire.

1. Ce document est :
   - a) une lettre ☐
   - b) un télex ☐
   - c) un télégramme ☐
   - d) une télécopie ☐

2. L'expéditeur est :
   - a) un voyagiste ☐
   - b) Clio Voyages, une agence de réceptif ☐
   - c) Egypt Tours ☐
   - d) Géraldine pour Egypt Tours ☐

3. Le destinataire est :
   - a) Clio Voyages ☐
   - b) Egypt Tours à Paris ☐
   - c) une agence de réceptif égyptienne ☐
   - d) un groupe de touristes ☐

4. Il s'agit de :
   - a) une demande de circuit ☐
   - b) une proposition de circuit ☐
   - c) une réponse à une demande de circuit ☐
   - d) une demande de devis ☐

5. PAX signifie :
   - a) personne ☐
   - b) voyage à forfait ☐
   - c) Paris ☐
   - d) adulte ☐

6. Une nuitée désigne :
   - a) un forfait hôtel + excursion ☐
   - b) l'hébergement à l'hôtel ☐
   - c) une soirée culturelle ☐
   - d) une excursion nocturne ☐

7. Un transfert désigne :
   - a) la prise en charge des passagers par l'hôtel ☐
   - b) le transport des touristes de ou à l'aéroport ☐
   - c) le transport des touristes ☐
   - d) la prise en charge des bagages ☐

8. Les excursions et visites auront lieu :
   - a) au Caire ☐
   - b) dans toute l'Égypte ☐
   - c) au Caire et à Louxor ☐
   - d) à Louxor ☐

9. Un déjeuner ou un dîner 3 plats comprend :
   - a) deux entrées et un plat principal ☐
   - b) un plat principal et deux desserts ☐
   - c) une entrée, un plat principal et un dessert ☐
   - d) 3 plats au choix ☐

10. À qui va profiter la gratuité demandée :
    - a) à un touriste ☐
    - b) au guide local ☐
    - c) au conférencier-accompagnateur du groupe ☐
    - d) au chauffeur de car ☐

CLIO VOYAGES 214075F
008 15:23
93500 EGYPT TOURS EGP

BONJOUR ICI EGYPT TOURS AU CAIRE LE 08/05/91

ATTN : GERALDINE
REF : GROUPE 9 JOURS/8 NUITS PERIODE 04-05/92

JE VOUS REMERCIE DE VOTRE DERNIER TELEX ET C'EST AVEC PLAISIR QUE JE VOUS FAIS PARVENIR LES PRIX POUR CE GRPE EN REFERENCE

PRIX NET P.P. EN FRANCS FRANÇAIS
AVR/MAI 20 PAX FF 5300
SUPP CHAMBRE INDIVID. : FF 1230 P.P.

CE PRIX COMPREND :
- 8 NUITS DANS HOTELS 3/4 ETOILES, CHAMBRES AVEC BAIN OU DOUCHE PRIVEE ET W.C.
- LA PENSION COMPLETE DU DINER DU J1 AU PETIT DEJ DU J9 SAUF DEJ DU J8 (PETIT DEJ CONTINENTAL, DEJ & DINER A 3 PLATS, DINER DANS LES HOTELS)
- TOUTES LES ENTREES DES SITES ET MUSEES
- ENTREE AU SPECTACLE SON ET LUMIERE AU TEMPLE DE KARNAK
- GUIDE PARLANT FRANÇAIS POUR LA DUREE DU SEJOUR
- AUTOCAR PRIVE CLIMATISE PENDANT 9 JOURNEES
- TRANSFERT AEROPORT-HOTEL
- 1 GRATUITE POUR LE CONFERENCIER-ACCOMPAGNATEUR DU GROUPE
- TAXES

HOTELS SUGGERES :
- LOUXOR : HOTEL WINTER PALACE 4*
- LE CAIRE : HOTELS PRESIDENT OU PHARAOS 3/4*
OU SIMILAIRE EN FONCTION DES DISPONIBILITES AU MOMENT DES RESERVATIONS
JE VOUS ENVERRAI LES BROCHURES DES HOTELS

REDUCTION POUR DEJEUNER A 2 PLATS FF 20 P.P. PAR DEJEUNER

RESTE A VOTRE ENTIERE DISPOSITION
MEILLEURES SALUTATIONS
RANIAH

DOCUMENT 2

Le tourisme culturel

UNE SEMAINE À LOUXOR 25 avril au 3 mai 92 **9 200 F** – EG 33 – séjour en autocar – 9 jours

Lors d'un premier contact avec l'Égypte, nombreux sont les voyageurs qui ont ressenti un choc unique, en découvrant Louxor. Nous leur proposons un séjour pour apprécier, selon un rythme paisible, la richesse archéologique incomparable de l'ancienne Thèbes qui fut capitale de l'empire égyptien pendant la période où il eut le plus d'éclat. Durant six siècles, les rois de la XVIIIe et de la XIXe dynasties mirent à profit leurs ressources pour élever à la gloire d'Amon sur le site de Karnak des constructions qui, par leur grandeur, excitent encore notre imagination.

Vous aurez tout le temps nécessaire pour admirer les plus belles tombes et les temples des « millions d'années » de la rive des Morts.

1er JOUR : PARIS-LOUXOR
Dans la journée, envol de Paris pour Louxor (avec ou sans escale au Caire).

2e JOUR :
Le matin, première visite du site de **Karnak,** dominé par l'importance du grand temple dédié au dieu Amon. L'après-midi, visite du **musée archéologique de Louxor** où sont exposés de très beaux objets découverts dans la région thébaine. En soirée, visite du **temple illuminé de Louxor.**

3e JOUR :
Traversée du Nil pour la rive occidentale, la **rive des Morts :** vaste nécropole où les souverains égyptiens du Nouvel Empire se faisaient enterrer dans la montagne accompagnés d'une foule d'objets bien connus par la tombe de Toutankhamon. Notre première visite commencera par la **vallée des tombeaux royaux :** Toutankhamon, Sethi Ier, Ramsès III, Ramsès VI, Thoutmosis III, Horemheb. **La vallée des Reines** où nous évoquerons les fouilles accomplies sous la responsabilité du Louvre. Les tombes d'Amonherkhopchech, la reine Thiti... Les temples funéraires de la reine Hatchepsout à **Deir el Bahari** et de Ramsès II dit le **Ramesseum,** dont le colosse brisé gît parmi les ruines.
Après la détente de l'après-midi, vous assisterez au spectacle **son et lumière** au temple de **Karnak.**

4e JOUR :
Excursion au **Ouadi Hammamat :** les grandes carrières de pierres dures employées à Thèbes et dans la Haute Égypte dont l'exploitation commencée dès la Ve dynastie s'est poursuivie jusqu'à la fin de la période pharaonique. En chemin, arrêt à **Medamoud,** domaine du dieu Montou ; ainsi qu'à **Coptos** pour une évocation du culte du dieu Min.

5e JOUR :
Notre seconde visite de Thèbes ouest commencera par **Medinet Abou,** grand temple funéraire construit par Ramsès III, le dernier des grands pharaons du Nouvel Empire. Le village des ouvriers de la nécropole royale de **Deir el Medinet** complétera cette découverte approfondie... Nous nous rendrons ensuite au site de **Cheikh abd el Gournah,** principal cimetière des hauts fonctionnaires thébains de la XVIIIe dynastie : prêtres, officiers, vizirs dont les tombes sont illustrées de magnifiques scènes de vie quotidienne : nous achèverons notre visite par Ramose, Rekhmira, Sennefer... et la colline de l'Assassif parsemée de tombes des XXVe et XXVIe dynasties. Rapide excursion à **Ermant.**
Fin d'après-midi et soirée libres.

6e JOUR :
Tôt le matin départ pour **Abydos,** haut-lieu de pèlerinage du grand dieu Osiris. Visite du temple de Sethi Ier, de l'osireion et du temple de son fils Ramsès II. Sur la route de retour arrêt au temple de la divine Hathor de **Denderah.**

7e JOUR :
Le matin, seconde visite de **Karnak :** le musée de plein air, la chapelle blanche de Sesostris Ier, la chapelle rouge d'Hatchepsout. Visite du site de **Tod.**
Envol dans l'après-midi pour **Le Caire.**

8e JOUR : LE CAIRE
Le matin, visite approfondie du **Musée égyptien,** excellente conclusion à notre circuit en évoquant les objets de la vie quotidienne des anciens Égyptiens. Fin d'après-midi libre. Dîner et nuit à l'hôtel.

9e JOUR : LE CAIRE-PARIS
Dans la journée, envol pour Paris.

Conditions du voyage
Avion Paris-Louxor / Le Caire-Paris
Hôtels : sur la base de chambre double avec douche ou bain et W.C.
Le Caire : hôtels Président ou Maadî ou Pharaos 3/4*
Louxor : hôtel Winter Palace 4*
Ces hôtels vous sont donnés à titre indicatif et peuvent être remplacés par des hôtels similaires.
Pension complète (sauf le déjeuner du 8e jour).
Déplacements : en autocar privé climatisé pour les excursions et les visites de Thèbes Ouest. En calèche ou à pied pour les visites de Louxor. Transfert Louxor / Le Caire en avion.

Le tourisme d'affaires

LE SECTEUR PROFESSIONNEL

Les activités spécifiques à ce secteur sont les suivantes : les congrès, les séminaires, l'hôtellerie d'affaires, les salons professionnels, les foires, les voyages de stimulation ou « d'incentive », les bureaux d'affaires.

Il existe des voyageurs d'affaires qui, toute l'année, rendent des visites commerciales et séjournent hors de leur domicile plusieurs jours ainsi que des touristes d'affaires qui participent à des congrès ou des salons. Chaque année 20 millions de personnes participent à 2 000 congrès internationaux (réunion à but professionnel accueillant au moins 500 participants). Paris est la première ville de congrès du monde avec plus de 350 congrès internationaux par an.

Les voyages de stimulation ou « d'incentive » sont destinés à aiguiser la motivation des salariés d'une entreprise afin d'améliorer leur performance professionnelle.

LES ACTEURS

En situation professionnelle interviennent :
– le personnel des agences de voyages ou de communication spécialisées dans ces types de produit ;
– le personnel des organismes de promotion du secteur. En France, l'association France Congrès regroupe une quarantaine de villes de congrès pour une action commune de promotion ;
– le personnel des structures d'accueil (palais des congrès, hôtels et chaînes hôtelières) ;
– les entreprises ;
– les hommes d'affaires ; les voyageurs d'affaires ou les touristes d'affaires.

LES SITUATIONS PROFESSIONNELLES

Dans cet itinéraire les situations professionnelles sont les suivantes :
– lecture et sélection dans un article de presse spécialisée des informations se rapportant au tourisme d'affaires : n° 1 ;
– location de voiture : n° 2 ;
– prospection d'un établissement hôtelier en vue de l'organisation d'un séminaire : n°s 3 et 4 ;
– rédaction d'un encart publicitaire : n° 5 ;
– réponse à une demande d'accueil d'un voyage de stimulation : rédaction par télécopie de la proposition, de la cotation, des menus et lettre d'accompagnement : n° 6 ;
– négociations entre une agence de voyages française spécialisée et un établissement hôtelier hors de France : n° 7.

TOURISME D'AFFAIRES

● CHOISIR SON MODE DE TRANSPORT

S'il s'agit d'un voyage sur le territoire national, bien que plus rapide en temps de transport, l'avion ne se justifie pas toujours par rapport au train. Paris-Lyon en T.G.V., du cœur de Paris au cœur de Lyon, offre d'énormes avantages comparé à l'avion. A contrario, Paris-Nice reste l'exemple de «la» destination avion. D'ailleurs, «le» transporteur national le sait, qui le fait sentir dans ses prix! En fait, on ne peut jamais être catégorique sur ce point. On préférera parfois le train, sur un Paris-Bruxelles alors qu'on choisit encore l'avion sur Paris-Marseille (malgré le coût des taxis Marignane-Marseille).

S'il s'agit d'un voyage vers l'étranger, il est prudent de ne pas toujours accepter le premier prix de voyage annoncé. On peut économiser parfois plusieurs milliers de francs sur une autre compagnie au départ de Bruxelles ou de Londres. Néanmoins on prendra soin de vérifier si le détour et les frais impliqués justifient la différence, ou l'inverse. Dans ce choix, doit entrer en ligne de compte le caractère du voyage. S'il s'avère qu'un client important s'impatiente à Rio, on lui prouve en prenant le *Concorde* combien son cas nous préoccupe. De même, si le contrat à signer est de grande importance, arriver par un charter ou un «vol-rallye» après trois changements ne donne pas au client une image souhaitable. Par contre, si le voyage doit durer huit jours aux États-Unis et que l'on peut quitter un peu plus tôt son entreprise, les transports aller et retour peuvent s'effectuer par des chemins légèrement détournés si les prix le justifient.

Ce que l'on doit toujours garder présent à l'esprit, c'est de savoir voyager dans les meilleures conditions de confort afin d'être «frais» à l'arrivée. Ça aussi c'est l'image favorable d'un pragmatisme raisonné.

● LE CONFORT PASSE-T-IL
PAR LES «CLASSES AFFAIRES»?

Désormais, toutes (ou presque) les compagnies aériennes proposent une gamme de classes distinctes dont le confort est à «géométrie variable». Qu'elles s'appellent : Club, Président, Galaxy, Top Class, Executive, Affaires... elles font du charme aux hommes d'affaires, avec des sièges plus larges, plus moelleux, plus espacés, des repose-pieds, un nécessaire de vol, de petites attentions particulières, une intimité et une tranquillité, une séparation avec les classes «touristes», etc., mais aussi un enregistrement plus rapide à un comptoir distinct, ce qui évite les pertes de temps. C'est une formule agréable qui se retrouve aussi sur le prix du billet, parfois lourdement, mais parfois pour à peine 10 % de plus. Quoi qu'il en soit un confort à saisir lorsqu'il est abordable.

● CHOISIR SON HÔTEL

Dans la complexe préparation d'un voyage, bien sûr, l'hôtel n'est pas le moindre des détails. Tout d'abord son choix, impérativement (si l'on est sans voiture) au centre-ville, ensuite un établissement de bonne catégorie. L'image de la société représentée et de son «représentant» passe par le réceptif choisi. Si des discussions, des rendez-vous, des contacts doivent avoir lieu à l'hôtel, on préférera l'un des trois meilleurs établissements de la ville (voir les guides hôteliers) afin d'être sûr qu'il soit connu et que son image ajoute à la réputation de l'entreprise. Sinon, un hôtel de classe moyenne mais très confortable peut parfaitement convenir, surtout s'il s'agit exclusivement d'y dormir.

Dans la préparation d'un voyage entre aussi la question des dates. Savoir par exemple si ce n'est pas férié dans le pays de destination. Ensuite être informé des grands événements, salons, élections, deuils nationaux... afin de bien prévoir. Par exemple trouver une chambre à Paris au moment du Salon de l'Agriculture relève de l'exploit pour qui ne connaît pas certaines «ficelles». Parmi celles-ci l'usage d'une centrale de réservation ou de certaines chaînes volontaires qui disposent de chambres spécialement réservées.

À noter qu'il existe aussi une formule «**Train + Hôtel**» (à la S.N.C.F.). D'autre part, pour ne pas se trouver sans véhicule à l'arrivée à destination, la S.N.C.F. propose, dans plus de 200 villes, la formule «**Train + Auto**».

● AVOIR UN BUREAU DANS CHAQUE CAPITALE

Une des innovations de ces dernières années pour les hommes d'affaires, ce sont les «**bureaux d'affaires**». On les loue à la journée, à la semaine ou à l'année et l'on y reçoit dans un cadre «ad hoc» ses contacts professionnels. On peut y faire expédier, suivre et traiter son courrier, prendre ses appels téléphoniques, organiser des réunions (jusqu'à 20 ou 30 personnes), tenir un petit cocktail... L'ensemble des services est à la carte et c'est en tous les cas un excellent moyen d'être toujours présent. La qualité des «Business Centre» est variable et, comme dans les hôtels, on va du 2 au 4* luxe... Malheureusement rien ne l'indique avant que l'on ait essayé. À Paris, il existe des Bureaux d'affaires de grande qualité. Ces installations deviennent maintenant pratiquement indispensables et leur usage constitue une commodité reconnue.

L'Officiel des congrès et du tourisme d'affaires, n° 137.

DOCUMENT 1

1 Lisez l'article « Tourisme d'affaires »
(document 1), et dites si les affirmations
suivantes sont vraies ou fausses.
Soulignez la partie du texte qui vous permet
de répondre et corrigez les affirmations fausses.

	Vrai	Faux
Cet article est extrait d'un magazine grand public.	☐	☐
Cet article s'adresse aux agences de voyages françaises spécialisées dans le tourisme d'affaires.	☐	☐
Quelle que soit la destination, le train est le moyen de transport le plus approprié au tourisme d'affaires en France.	☐	☐
Un billet d'avion Air France Paris-Nice coûte plus cher qu'un billet de train S.N.C.F. Paris-Nice.	☐	☐
Un vol au départ de Bruxelles ou de Londres n'est pas toujours avantageux pour un homme d'affaires français désireux de se rendre à l'étranger.	☐	☐
En matière de tourisme d'affaires, confort et rapidité sont deux critères à prendre en considération.	☐	☐
Toutes les compagnies aériennes proposent une classe affaires de même standing.	☐	☐
Le prix d'un billet « classes affaires » coûte 10 fois plus qu'un billet « classe économique ».	☐	☐
Le touriste d'affaires ne descend que dans des hôtels haut de gamme.	☐	☐
Organiser un voyage d'affaires à l'étranger implique la connaissance du calendrier local.	☐	☐
Aucun accord n'existe entre les Chemins de fer français et les loueurs de voitures.	☐	☐
Les hommes d'affaires peuvent louer des bureaux dans les hôtels où ils descendent.	☐	☐

POUR LOUER UNE VOITURE

Être âgé de 21 ans pour conduire et contracter une location
pour les catégories A-B, de 25 ans pour les catégories C-D-I-
K-O-P-R-T et pour bénéficier d'une assurance complémentaire.

Permis de conduire de plus d'un an.

Carte d'identité ou passeport.

Dans tous les cas il faut pouvoir justifier d'un domicile fixe et
remplir les conditions fixées par la Fédération des Loueurs.

LES SERVICES EURORENT

Une galerie : 91,12 F TTC pour la durée de la location.
Siège bébé : 175,76 F TTC pour la durée de la location.

Livraison et reprise :
– en ville : 87,87 F TTC pendant les heures d'ouverture,
124,98 F TTC en dehors des heures d'ouverture.

– en dehors de la ville et pendant les heures d'ouverture :
2,64 F TTC le kilomètre avec un minimum de 320,28 F TTC.

ASSURANCE

Assurance au Tiers illimité. Pendant toute la durée de la
location prévue, EURORENT a souscrit une assurance au tiers
illimité, vol, incendie, bris de parebrise, lunette arrière et
glaces latérales, dégâts à la voiture résultant d'un choc avec
un corps fixe ou mobile, avec une franchise accident suivant
les catégories.

Vous pouvez éviter de payer cette franchise moyennant un
supplément de location de :

Catégories	Franchise T.T.C.	Suppression franchise par jour T.T.C.
A-B	9 000	65,86
C	11 000	73,36
D	12 000	82,35
I-K-O-P-R-T	13 000	98,81

ASSURANCE OPTIONNELLE

Partez sans souci en souscrivant une assurance individuelle
conducteur et complémentaire passagers comprenant une
assistance médicale et technique 24 h/24 assurée par MON-
DIAL ASSISTANCE pour 28,75 F TTC par jour ou fraction de
jour.

GARANTIE

– Capital décès et invalidité 100 000 F.
– Frais médicaux et pharmaceutiques 5 000 F.

Cette assurance est obligatoire pour les déplacements à
l'étranger.

LOUEZ ICI – LAISSEZ AILLEURS

En France continentale : 1. Cat. A-B-C-D gratuit entre toutes
les stations EURORENT. – 2. Cat. I-K-O-P-R-T forfait 878,66 F
TTC.

DOCUMENT 2 ▶ ▶

▶▶

EURO RENT
Location de Voitures

TARIF 1991/1

Applicable au 01/01/91
Prix maximum modifiable sans préavis

CATÉGORIES			MODÈLES	PORTES	RADIOS	CASSETTES		PAR JOUR	PAR KM
ÉCONOMIQUE *SUBCOMPACT*	A		Renault Clio RL 1.1 Peugeot 205 Junior	3 3	♪		HT TTC	206,00 251,32	3,27 3,92
MOYENNE *MEDIUM SIZE*	B		Renault 19 GTS Renault Clio RT 1.4 Peugeot 309 GL Profil	5 5 5	♪		HT TTC	256,00 312,32	3,73 4,55
SUPÉRIEURE *FULL SIZE*	C		Renault 21 GTS Peugeot 405 GR	4 4	♪	▭	HT TTC	334,00 407,48	4,78 5,83
	D		Renault 25 GTS Peugeot 605 SL	4 4	♪	▭	HT TTC	377,00 459,94	4,99 6,08
AUTOMATIQUES	**SUPÉRIEURE** *FULL SIZE*	I	Renault 25 TA	4	♪	▭	HT TTC	490,00 597,80	5,90 7,19
	LUXE *LUXURY*	K*	Mercedes 190 E Peugeot 605 SRI	4 4	♪	▭	HT TTC	600,00 732,00	6,20 7,56
BREAK 5/7 pl *STATION WAGON*	O		Renault 21 Nevada Peugeot 405 Break	5 5	♪	▭	HT TTC	406,00 495,32	5,26 6,41
EVASION 5/7 pl *LUXURY ST. WAGON*	P		Renault Espace	5	♪	▭	HT TTC	437,00 533,14	5,35 6,52
MINIBUS 9 pl	R		Renault Trafic Peugeot J5 Wolkswagen		♪	▭	HT TTC	400,00 488,00	4,40 5,36
CABRIOLET *CONVERTIBLE*	T**		Peugeot 205	2	♪	▭	HT TTC	440,00 536,80	4,50 5,49

Les prix TTC sont donnés à titre indicatif, la taxe de 22 % est calculée sur le total des prestations (Corse : T.V.A. 21 %).
Durée minimum de location : 1 jour (24 heures).
Heure supplémentaire : 1/5 du prix de la journée.

Les modèles proposés peuvent être similaires.
* Disponibles à Paris et à Nice. ** Disponibles uniquement à Nice.

Including tax rates are given as indicative 22% tax is based on the cost of the rental (Corsica : 21%).
Minimum rental one day (24 hours).
Additional hour : 1/5 of daily rate.

Proposed models can be similar.
* Available in Paris and Nice. ** Available only in Nice.

DOCUMENT 2

2 La secrétaire de M. Paillarès, directeur commercial de la société Tripagel, téléphone à l'agence de location de voitures Eurorent. Elle souhaite obtenir des informations et réserver un véhicule. Faites par groupe de deux la conversation téléphonique en vous servant du document 2 « Tarif 1991 Eurorent » pour l'employé(e) de l'agence, et des exigences de M. Paillarès pour la secrétaire :
– date de location : mardi 14 / 5 10 h au 16 / 5 ;

– M. Paillarès désire un véhicule confortable, il voyagera seul ;
– livraison et reprise à effectuer à l'hôtel Pullman, 17, bd Saint-Jacques, 75014 Paris.
L'employé(e) d'Eurorent présentera les conditions générales (types de véhicules les plus appropriés pour un cadre, avantages d'une assurance, conditions de livraison et de reprise) et calculera le prix global de la location en fonction du choix du client.

3   La société Guillebert confie l'organisation de son séminaire à l'agence de voyages Séminartour spécialisée dans le tourisme d'affaires. La demande formulée par la société Guillebert est la suivante :
- 100 participants ;
- date : du 2-5 au 4-5, arrivée : 19 h, départ : 17 h ;
- hôtel : Paris proche banlieue, standing 2** ;
- salle de réunion pour le 3 et 4 ;
- séjour en pension complète.

Vous êtes l'employé(e) de l'agence Séminartour, vous devez sélectionner un établissement hôtelier parmi les trois du document 3 en fonction de la demande de votre client. Justifiez votre choix.

4   L'employé(e) de Séminartour téléphone à la centrale de réservation, service groupes, de la chaîne hôtelière Ibis-Urbis pour une demande de réservation et de cotation pour l'hôtel choisi précédemment. Faites par groupe de deux la conversation téléphonique. L'employé(e) de Séminartour tiendra compte de la demande de son client, et l'employé(e) de la centrale de réservation des points suivants :
- tarif T.T.C. (toutes taxes comprises) par personne et par nuit, en chambre double, plus le petit déjeuner = 210 F ;
- une gratuité par tranche de 25 personnes payantes sur la prestation achetée en demi-double (c'est-à-dire : 1 lit + 1 petit déjeuner gratuit en chambre double) ;
- repas 3 plats = 75 F, repas 4 plats = 90 F ;
- salles de réunion : pas de location à payer ;
- commission accordée à l'agence : 8 % T.T.C. calculée sur le prix T.T.C. de la chambre ;
- maintien d'une option : J-30 ;
- modalités de paiement : arrhes J-30 25 %, totalité J-1.

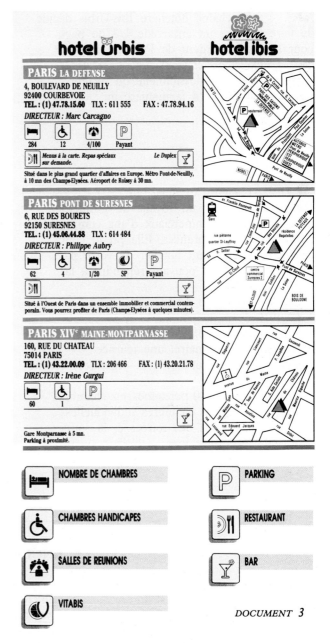

DOCUMENT 3

5   La chaîne hôtelière Ibis-Urbis décide de faire paraître un encart de 1/8 de page pour son établissement de Paris-La Défense dans *L'Officiel des congrès et du tourisme d'affaires,* revue professionnelle du secteur. Rédigez cet encart à la manière du document 4.

6   L'agence Séminartour de Paris est chargée d'organiser un voyage de stimulation pour les agents commerciaux d'une compagnie internationale d'assurances. Elle prend contact avec un établissement hôtelier de votre pays. Choisissez un hôtel pouvant répondre à la demande suivante :
- date : du 10-1 au 14-1 ;
- nombre de participants : 114 ;
- 4 jours en pension complète dont deux journées de séminaire, une journée d'excursion (à proposer et à organiser) et une journée libre ;
- hébergement : 100 personnes en chambres doubles et 14 en chambres individuelles ;
- prévoir animation des soirées et la soirée de gala le dernier jour ;
- repas : 2 plats le midi et 3 plats le soir ;

- journée de séminaire : prévoir 2 pauses (café, thé ou jus de fruits) ;
- équipement séminaire (6 heures quotidiennes) : salle climatisée, audiovisuel complet, traduction simultanée anglais et français, accès télex, télécopie et photocopieuse.

Vous travaillez pour cet établissement hôtelier, télécopiez la réponse à la demande ci-dessus : détail des prestations (hébergement, excursion, animation-loisirs, organisation séminaire, menus détaillés de chaque repas) et cotation. N'oubliez pas de rédiger une lettre d'accompagnement.

7   Lorsque votre réponse et votre cotation seront établies, présentez-les au reste de la classe qui jouera le rôle de l'agence française Séminartour. Une négociation devra avoir lieu entre les deux parties et soulever les points suivants :
- commission consentie par l'établissement hôtelier à Séminartour ;
- modalités de paiement ;
- date limite de maintien d'une option prise ;
- transfert aéroport – gare – hôtel ;
- boissons comprises ou non dans le prix des repas...

LES VACANCES DES FRANÇAIS

Pour la préparation de votre voyage en France, si vous devez traiter des affaires avec un partenaire français, apprenez à connaître les jours fériés et les périodes de vacances scolaires.

Jours fériés

1ᵉʳ janvier
Pâques
(dimanche et lundi)
1ᵉʳ mai
8 mai
(fête de la Victoire)
Ascension
Pentecôte
(dimanche et lundi)
14 juillet
15 août

Vacances scolaires

Toussaint : *une semaine*
Noël : *15 jours*
Hiver : *8-10 jours en février-mars*
(dates variables selon les années et selon les régions)
Printemps : *15 jours en mars-avril*
Été : *2 mois (juillet-août)*

Le tourisme de santé

LE SECTEUR PROFESSIONNEL

Le tourisme de santé comprend l'hydrominéralisme, le thermalisme (source d'eau minérale froide ou chaude) mais aussi la thalassothérapie (eau de mer). Pour dépasser une image trop médicalisée des cures thermales, les stations se lancent dans la « remise en forme ». Elles développent une communication jeune et dynamique (exemple : la Chaîne thermale du Soleil), notamment en unissant leurs efforts au sein du Syndicat national des établissements thermaux de France (10, rue Clément-Marot, 75008 PARIS, tél. : (1) 47.20.45.25) et de l'Union nationale des établissements thermaux (16, rue de l'Estrapade, 75005 PARIS, tél. : (1) 43.25.11.85).

Avec ses 1 200 sources, ses 150 stations thermales et ses 100 centres de thalassothérapie, la France est le premier pays par le nombre de centres pour le tourisme de santé.

Le thermalisme se caractérise par une assez forte concentration puisqu'une dizaine de stations sur une centaine accueillent plus de la moitié des curistes.

Classement des cinq premières stations thermales (saison 1990) : 1. Dax (52 924 curistes) ; *2.* Aix-les-Bains (47 935 curistes) ; *3.* Amélie-les-Bains (31 913 curistes) ; *4.* Bagnères-de-Luchon (28 660 curistes) ; *5.* Balaruc-les-Bains (28 241 curistes).

LES ACTEURS

En situation professionnelle interviennent :
– le personnel des organismes de promotion du secteur (tourisme),
– le personnel des stations thermales (tourisme, hôtellerie, restauration),
– les curistes.
Les agences de voyages ne servent pas d'intermédiaire dans ce type de tourisme.

LES SITUATIONS PROFESSIONNELLES

Dans cet itinéraire les situations sont les suivantes :
– information sur le déroulement du séjour (soins, hébergement, restauration, animation et excursions) : nos 1 et 2 ;
– information sur les différentes formules et les tarifs proposés : no 3 ;
– lettre accompagnant l'envoi d'un dépliant : no 4 ;
– réservation, confirmation de réservation : no 5 ;
– caractérisation et explication d'un plat diététique : nos 6 et 7.

LA SEMAINE PRIVÉE :
le retour aux sources

La Chaîne thermale du Soleil souhaite apporter un nouveau souffle au thermalisme en proposant une innovation destinée à une clientèle française et étrangère soucieuse de remise en forme et de prévention. Elle propose un forfait de soins et d'hôtellerie de prestige dans quatre des plus belles stations de la Chaîne thermale du Soleil. À côté de la thalassothérapie et des formules sportives de certaines villes thermales, elle propose à sa clientèle « 7 jours à la Source de Soi ».

Un choix de quatre stations thermales pour la « Semaine privée », c'est la possibilité de réaliser une remise en forme personnalisée à ses besoins, en fonction des vertus spécifiques de chaque eau thermale. Par exemple, le choix se portera plus volontiers sur Molitg-les-Bains pour une cure de beauté à base de plancton thermal à l'origine des produits Biotherm. Pour perdre quelques kilos avec le sourire, Eugénie-les-Bains vous proposera notamment ses douches filiformes, avec la grande cuisine minceur de Michel Guérard. De même, pour une remise en forme sportive, Gréoux-les-Bains vous offre en plus des soins thermaux et esthétiques, des séances de gymnastique et des parcours d'oxygénation. Quant à Barbotan-les-Thermes, on y soigne notamment les jambes lourdes et son tonus.

Ainsi le forfait « Semaine privée » propose un véritable « Retour aux Sources » : une formule en pension complète dans des hôtels ★★★ et ★★★★ luxe, un ensemble très complet de soins thermaux et esthétiques personnalisés, mais aussi les conseils d'une diététicienne (Eugénie-les-Bains) et la possibilité de découvrir chaque région avec des excursions (deux excursions sont le plus souvent incluses dans le prix du forfait). L'ensemble des équipements sportifs (comprenant au minimum tennis et piscine) est mis gratuitement à la disposition des clients « Semaine privée ».
Par ailleurs, il est également possible de louer une voiture à des prix préférentiels.

DOCUMENT 1

Prix forfaitaires (en francs franç

LIEUX DE RÉSIDENCE	PÉRIODES du – au	SÉJOUR pour 2 personn dont 1 seule cure (en chambre dou
EUGÉNIE-LES-BAINS Les Prés d'Eugénie (Michel Guérard – Relais et Châteaux-Luxe 1er village Minceur de France)	BASSE SAISON du 15.02 au 07.04 05.06 – 08.07 27.08 – 10.09 01.10 – 02.12	Prix par personne 8728 FF Grande cuisine Minceur
	HAUTE SAISON 08.04 – 04.06 09.07 – 26.03 11.09 – 30.09	Prix par personne 9786 FF Grande cuisine Minceur
MOLITG-LES-BAINS Château de Riell Hôtel ★★★★ de Luxe Relais et Châteaux	BASSE SAISON 01.04 – 08.07 10.09 – 05.11	7315 FF
	HAUTE SAISON 09.07 – 09.09	7715 FF
Grand Hôtel Thermal Hôtel ★★★ NN	01.04 – 31.10	3805 FF
GRÉOUX-LES-BAINS La Crémaillère Hôtel ★★★ NN	25.02 – 01.12	4445 FF
Les Grands Pins (4) Résidence Studios Confort ★★★	25.02 – 01.12	2534 FF
BARBOTAN-LES-THERMES La Bastide Gasconne Hôtel ★★★ NN Relais et Châteaux	01.04 – 31.10	4730 FF

Au cas où il vous serait impossible d'honorer votre réservation à la date prévue et à condit que vous préveniez le Service Réservation de la Station choisie 3 semaines avant la d d'arrivée, nous vous donnons la possibilité de reporter les arrhes versées sur une nouve période de séjour de la même saison proposée sur ce tarif. Toutefois, en cas d'annulat définitive et selon les dispositions prévues à l'article 1590 du Code civil français «tou arrhes versées resteront définitivement acquises».
ASSURANCES : La Chaîne thermale du Soleil a signé un accord avec la Présence foncière p les Cartes thermales qui vous propose une garantie Annulation et Assistance 24 h sur 24
• EUGÉNIE (Les Prés d'Eugénie) et MOLITG (Château de Riell) : 130 F par personne.
• MOLITG (Grand Hôtel Thermal), GRÉOUX et BARBOTAN : 100 F par personne.

TARIFS* SEMAINE PRIVÉE 1990

– Pension complète (^{1}) et cure (^{2}). Hors voiture de location et assurances. Taxes locales de séjour en sus.

SÉJOUR pour 2 personnes avec 2 cures (en chambre double)	SÉJOUR pour 1 personne avec cure	SOINS THERMAUX Surveillance médicale par médecin spécialiste** qui fixera le programme personnalisé de cure (^{2}) KINÉSITHÉRAPIE, ESTHÉTIQUE	SPORT, DÉTENTE ET DÉCOUVERTE
Prix par personne 9 928 FF Grande cuisine Minceur	Prix par personne 12 757 FF Grande cuisine Minceur	*Une sélection de 5 soins thermaux* • Cure diurétique de boisson • Bain à débit suractivé • Douche générale au jet • Cataplasme de boue à porosité permanente • Douche filiforme • Grande trombe thermale • Massage sous l'eau • Douche pénétrante hydromassante • Bain de boue en apesanteur • Radio Vaporarium • Sauna • Pédidouche (jambes) • Manudouche (bras) (jets-massages suractivés à pression modulée)	Cuisine à 2 visages de Michel Guérard Grande cuisine Minceur tous les jours Gourmande le dernier soir : Souper de fête (^{1}) Tennis. Piscine chauffée. Gymnasium Potager d'herbes aromatiques Visite des cuisines et de la cave de Michel Guérard Billard
Prix par personne 10 986 FF Grande cuisine Minceur	Prix par personne 14 850 FF Grande cuisine Minceur	*Diététicienne diplômée* **Salon de Beauté****	
Prix par personne 8 325 FF	Prix par personne 10 135 FF	*Une sélection parmi 12 soins thermaux* • Cure diurétique de boisson • Bain de «délices» avec douche sous-marine • Douche générale au jet • Douche générale • Douche pénétrante hydromassante	Dîner de fête (^{1}) Tennis. Piscines Gymnasium. Équitation Découverte du Roussillon : visites, excursions
Prix par personne 8 725 FF	Prix par personne 10 900 FF	• Douche locale tamisée (visage) • Pulvérisation externe générale • Cataplasme de plancton thermal frais en application unique (visage) • Sauna • Radio Vaporarium • Pédidouche (jambes) • Manudouche (bras)	
4 450 FF	5 055 FF	*Centre de beauté :* Nettoyage de peau avec application ampoule de plancton (visage) **Salon de Beauté****	
Prix par personne 5 645 FF	Prix par personne 6 840 FF	*Une sélection de 3 soins thermaux par jour + cure de boisson* • Bain individuel • Douche massage sous immersion • Bain en eau courante • Cabine de sudation • Douche locale et bain de boue aux jambes • Douche au jet • Douche pénétrante générale	Dîner de fête (^{1}) Tennis. Piscine à proximité (en saison) Découverte de la Provence : visites et excursions ou 2 invitations à des spectacles
Prix par personne 3 734 FF	Prix par personne 4 494 FF	*Gymnastique personnalisée, oxygénation Centre esthétique : 2 séances de remise en forme énergétique par semaine*	
		Une sélection de 4 soins thermaux par jour + cure de boisson • Bain avec insufflation de gaz thermaux ou illutation générale ou locale (boue thermale) • Douche pénétrante hydromassante • Pulvérisation des membres • Douche sous forte pression	Dîner de fête (^{1}) Tennis. Piscines Découverte du Gers : 2 excursions et une visite des Chais d'Armagnac du Château de Sandemagnan – Michel Guérard
Prix par personne 5 733 FF	Prix par personne 6 636 FF	*Centre esthétique : 1 soin du visage par semaine*	

* Sous réserve des augmentations légales ** Prévoir un supplément. (^{1}) Ce forfait comprend 7 déjeuners et 6 dîners santé ainsi qu'un dîner gourmand. Les extras et suppléments non compris dans ce forfait (restaurant, cave, bar, téléphone, blanchisserie, thermes, etc.) devront être réglés en sus le jour de votre départ. (^{2}) Ce forfait ne comprend pas les honoraires de visite et de surveillance médicale obligatoires assurés par les médecins thermaux de la Station choisie, aucune des prestations incluses dans ce forfait ne peut faire l'objet d'un remboursement par un organisme de sécurité sociale. (^{3}) Une matinée gratuite de soins thermaux est offerte à l'accompagnant. (^{4}) Sauf à la résidence des Grands Pins ou seul l'hébergement est compris.

DOCUMENT 2

Le tourisme de santé

1 Lisez la présentation de la formule «La semaine privée» (document 1) proposée par la Chaîne thermale du Soleil et dites si les informations suivantes sont vraies ou fausses. Soulignez la partie du texte qui vous permet de répondre et corrigez les affirmations fausses.

	Vrai	Faux
La Chaîne thermale du Soleil est une station thermale.	☐	☐
Les forfaits de la «Semaine privée» s'adressent à une clientèle internationale.	☐	☐
Les traitements ont exclusivement une fonction curative.	☐	☐
Les curistes sont hébergés dans des établissements haut de gamme.	☐	☐
Le type de cure souhaité détermine le choix du lieu.	☐	☐
Pour perdre du poids on choisira Molitg-les-Bains.	☐	☐
Seule la station thermale de Gréoux-les-Bains propose des soins esthétiques.	☐	☐
Les curistes bénéficient de prix avantageux pour louer une voiture.	☐	☐
La durée des cures proposées est de sept jours.	☐	☐
Les forfaits incluent l'hébergement, trois repas par jour, des soins thermaux esthétiques et personnalisés, des excursions et les conseils d'une diététicienne.	☐	☐

2 Madame Raynaud téléphone à la Maison du thermalisme, représentante de la Chaîne thermale du Soleil à Paris. Elle a consulté le dépliant concernant les différentes formules de cure de la «Semaine privée» et elle souhaite obtenir quelques renseignements supplémentaires. Faites par groupe de deux la conversation téléphonique en vous servant des informations figurant sur le document 2, «Tarifs Semaine privée 1990». Madame Raynaud demande :
– si dans toutes les stations thermales, on peut choisir son hôtel et si c'est le seul mode d'hébergement proposé ;
– si son mari peut l'accompagner sans faire de cure ;
– si des activités hors cure sont proposées ;
– si en cas d'annulation elle peut être remboursée des arrhes qu'elle aura versées ;
– si les tarifs figurant sur son dépliant sont définitifs ;

– si les soins médicaux ou esthétiques sont compris dans les forfaits ;
– ce qui justifie l'écart de prix entre le Château de Riell et le Grand Hôtel Thermal ;
– si les forfaits comprennent toutes les activités loisirs (sport, détente et découverte) ;
– s'il est nécessaire de réserver longtemps à l'avance pour une cure mi-juillet à Eugénie-les-Bains ;
– si tous les tarifs proposés comprennent tous les repas.

3 Monsieur et madame Yvin désirent faire une cure de remise en forme axée sur des activités sportives. M. Yvin téléphone à la Maison du thermalisme pour se renseigner sur les formules proposées, et souhaiterait une formule économique. Faites par groupe de deux la conversation téléphonique en respectant les souhaits du client et en vous servant des informations figurant sur le document 2, «Tarifs Semaine privée 1990». (Attention ! Plusieurs propositions sont possibles ; vous ne pouvez pas montrer les documents à M. Yvin.)

4 Madame Taupin (44, rue Émile-Bodot, 15000 Aurillac) a écrit à la Chaîne thermale du Soleil (32, avenue de l'Opéra, 75002 Paris) pour demander des informations concernant une cure d'amaigrissement en juin.
Rédigez la lettre d'accompagnement du dépliant «Tarifs Semaine privée 1990» qui devra reprendre les points suivants :
– proposition de la formule Eugénie-les-Bains avec le détail des prestations incluses dans le forfait ;
– attirer l'attention du client sur l'existence de tarifs haute et basse saison, sans donner les prix, ainsi que sur les modalités de réservation et de paiement ;
– demander à la cliente de remplir avec soin le coupon de réservation dûment rempli accompagné du montant des arrhes correspondant à 30% du forfait.
N'oubliez pas de remercier la cliente et d'attirer son attention sur le caractère haut de gamme de la formule proposée (manière de justifier les prix élevés des prestations).

COUPON DE RÉSERVATION
(un formulaire par chambre)

Pour nous permettre d'enregistrer définitivement la réservation de votre « Semaine privée », nous vous demandons d'avoir l'obligeance de :
– remplir avec soin ce coupon de réservation ;
– l'adresser directement à la Station thermale de votre choix, sous enveloppe, **dûment signé et accompagné du montant des arrhes correspondant à 30 % du Forfait Hôtel-Thermes**, par chèque bancaire ou eurochèque en Francs Français ou par virement international. Le solde devra nous être versé trois semaines au plus tard avant le jour de votre arrivée.

Nom .... TAUPIN .... Prénom ... Catherine ....

Adresse .44, rue Emile BADOT..........

Code postal ....15000........ Ville ... AURILLAC ....

Pays ......FRANCE.......... Tél. : 71.38. 67. 40........

Nombre de personne(s) : ....1..... Nombre de personne(s) suivant la cure : ...1....

Station et Hôtel choisis : Eugénie-les-Bains, Hôtel Les Prés d'Eugénie.

Semaine du : ...11 juin... au ...17 juin...

Arrivée le : .11 juin... Départ le : ...17 juin...

Comment avez-vous connu la Semaine Privée : ...par relations...

Mode de transport .S.N.C.F. Mont-de-Marsant Horaire d'arrivée ...17 H 01...

Ci-joint un règlement de 3.827,10. FF, soit 30 % de votre Forfait,
libellé à l'ordre des Thermes de ....Eugénie-les-Bains.......... (ville de votre choix)
Pour Eugénie, libellé à l'ordre de Société Thermale d'Eugénie.

DATE : ... 3 mars 1991.......... SIGNATURE ... Catherine Taupin ....

LES STATIONS
DE LA CHAÎNE THERMALE
DU SOLEIL

Bains-Les-Bains

ATLANTIQUE

Jonzac

Saint-Laurent-Les-Bains

Barbotan-Les-Thermes

Eugénie-Les-Bains Gréoux-Les-Bains

Cambo-Les-Bains Lamalou-Les-Bains

Saint-Christau

Molitg-Les-Bains

La Preste-Les-Bains Le Boulou Corse

Amélie-Les-Bains

ESPAGNE

MÉDITERRANÉE

5 Voici le coupon de réservation rempli et adressé par madame Taupin à la Société thermale d'Eugénie-les-Bains (40320 Eugénie-les-Bains, tél. 58 51 19 01).
Employé(e) de la Société thermale d'Eugénie, vous rédigez une lettre de confirmation de réservation adressée à Mme Taupin. Votre lettre reprendra les points suivants :
– réservation enregistrée,
– ci-joint un reçu pour les arrhes versées,
– rappel que le solde du forfait sera à régler trois semaines au plus tard avant le jour d'arrivée (indiquer la date),
– transfert de la gare SNCF à l'hôtel assuré par un véhicule de la Société thermale.
N'oubliez pas de remercier la cliente.

6   Lisez les deux recettes (documents 3 et 4) en vous assurant de la bonne compréhension de tous les termes culinaires. Dites laquelle des deux est une recette minceur et justifiez votre réponse en comparant les ingrédients, les préparations et les modes de cuisson. (Vous pouvez pour cela isoler ces différents éléments dans un tableau comparatif.)

POT-AU-FEU DE BŒUF À L'ANCIENNE

INGRÉDIENTS

800 g de viande de pot-au-feu • 1 os à moelle • 3 poireaux • 4 carottes • 2 navets • 1 branche de céleri • 1 oignon piqué de 2 clous de girofle • 1 gousse d'ail • 1 bouquet garni • sel

PRÉPARATION

Dans un fait-tout, mettez à bouillir environ 2 litres d'eau avec le sel et tous les légumes et aromates indiqués ci-dessus. Quand l'eau bout, plongez-y la viande. Laissez bouillir doucement 2 heures et ajoutez les pommes de terre épluchées, que vous laisserez cuire encore une demi-heure. Égouttez la viande. Servez-la entourée des légumes et accompagnée de gros sel et de cornichons.

Le bouillon peut être servi tel quel avec une biscotte dans chaque assiette ou épaissi avec du tapioca ou du vermicelle (une cuillerée par personne). Laissez bouillir 5 minutes à découvert.

DOCUMENT 3

7   Madame Taupin est en cure d'amaigrissement à Eugénie-les-Bains, et séjourne au Relais et Châteaux de Michel Guérard : Les Prés d'Eugénie. En consultant le menu lors de son premier repas dans cet établissement, elle hésite à prendre le pot-au-feu de jarret de veau aux carottes et à la coriandre pour des raisons diététiques. Vous êtes le maître d'hôtel, vous rassurez cette cliente sur le caractère diététique de ce plat. Expliquez la composition du pot-au-feu sans rentrer dans les détails (quantité, détails de préparation). Faites cet exercice par deux en vous référant à la recette de Michel Guérard.

Pot-au-feu de jarret de veau aux carottes et à la coriandre
par Michel Guérard

par personne : 304 calories

MARCHÉ POUR 4 PERSONNES	2 jarrets de veau • 2 oignons • 2 gousses d'ail • 1 bouquet garni • 1 clou de girofle • 2 poireaux • 2 branches de céleri • 2 carottes • 15 g de sel

LÉGUMES DE GARNITURE
1 kg de carottes • 1 branche de thym effeuillée • 1 gousse d'ail • 2 cuillères à soupe de graines de coriandre concassées • 1 cuillère à soupe d'huile d'olive • 15 cl de bouillon des jarrets • sel et poivre

FINITION : 4 cuillères à soupe de persil haché

PRÉPARATION : 20 MINUTES
CUISSON : 2 HEURES À 2 HEURES 30

PRÉPARATION ET CUISSON DES JARRETS

Laver et peler les légumes.
Dans une marmite, mettre les jarrets, les légumes, les condiments et le sel, couvrir d'eau froide, porter rapidement à ébullition, réduire ensuite le feu pour assurer une petite ébullition régulière pendant 2 heures à 2 heures 30, les jarrets doivent être très tendres.
En cours de cuisson, écumer et retirer les impuretés qui montent en surface.

PRÉPARATION ET CUISSON DE LA GARNITURE

Éplucher et hacher l'ail. Éplucher les carottes, les couper en julienne d'un demi-centimètre de côté.
Dans une casserole moyenne, mettre à chauffer l'huile d'olive à feu vif. Ajouter les carottes et les autres ingrédients et mélanger constamment pendant 2 minutes.
Mouiller avec 15 cl de bouillon des jarrets. Couvrir et laisser cuire 3 minutes de plus.

FINITION ET PRÉSENTATION

Effeuiller, hacher le persil.
Répartir la julienne de carottes sur un plat de service, y poser les jarrets égouttés. Parsemer de persil haché.
Servir avec du gros sel et de la moutarde.

REMARQUE : Après avoir passé et dégraissé le bouillon, il pourra être conservé au congélateur. Il pourra ainsi remplacer le bouillon de volaille dans d'autres préparations.

DOCUMENT 4

Le tourisme religieux

LE SECTEUR PROFESSIONNEL

Le tourisme religieux est une forme de tourisme fondée sur un loisir spirituel. Il peut s'agir de voyages organisés ou de pèlerinages dans des lieux saints tels que : Lourdes, Jérusalem, La Mecque, Rome, Saint-Jacques-de-Compostelle... Les pèlerinages ont d'importantes retombées économiques sur les villes saintes. Lourdes (Hautes-Pyrénées), par exemple, accueille 4,5 millions de pèlerins par an dont 60 % d'étrangers. Pour le trafic charter en France, l'aéroport de Tarbes qui dessert Lourdes est le second après ceux de Paris.

LES ACTEURS

En situation professionnelle interviennent :
- le personnel des agences de voyages (voyagistes et agences de réceptif). Les pèlerinages sont organisés par des agences et associations de tourisme, souvent spécialisées, qui les vendent sous forme de voyages organisés. En France, il existe une agence spécialisée dans l'organisation et la vente de voyages à thèmes religieux : SIP Voyages (Service international de pèlerinages), 1, rue Garancière, 75006 Paris, tél. : (1) 43.29.56.70 ;
- le personnel des centres de pèlerinages (hôtellerie, restauration) ;
- les touristes ou pèlerins.

LES SITUATIONS PROFESSIONNELLES

Dans cet itinéraire les situations professionnelles sont les suivantes :
- lecture et sélection dans un article de presse des informations se rapportant au tourisme religieux : $n° 1$;
- analyse d'extraits de catalogues : $n^{os} 2, 3$ et 4 ;
- renseignements sur les prestations comprises et non comprises dans un forfait : $n^{os} 5$ et 6 ;
- télex : demande de réservation d'un autocar : $n° 7$;
- conception, organisation et cotation d'un voyage à thème religieux : $n° 8$;
- négociations agence de réceptif/voyagiste : $n° 9$;
- rédaction d'un itinéraire : $n° 10$.

Le tourisme religieux

1 Lisez le document 1 p. 179. Dans chaque série de trois réponses, cochez celle qui correspond au texte du document que vous venez de lire.

1. Cet article traite :
   a) d'un nouveau produit touristique de fabrication italienne. ☐
   b) du tourisme religieux en Italie et en Pologne. ☐
   c) de la création d'une agence de voyages italo-polonaise. ☐

2. L'initiative de la création de Nomada revient :
   a) au Vatican. ☐
   b) à Aviatour. ☐
   c) au gouvernement polonais. ☐

3. Nomada a été créée pour :
   a) promouvoir le tourisme en Pologne. ☐
   b) organiser des voyages d'études pour les habitants de Cracovie et de Gdansk. ☐
   c) permettre aux Polonais de découvrir de grandes destinations touristiques européennes dans de bonnes conditions. ☐

4. Nomada a pour partenaires :
   a) un voyagiste italien et les autorités religieuses polonaises. ☐
   b) la compagnie aérienne scandinave et la famille Poli. ☐
   c) le Vatican et les autorités vénitiennes. ☐

5. Nomada commercialise :
   a) des produits touristiques exclusivement religieux. ☐
   b) des voyages à forfait avec ou sans destinations religieuses. ☐
   c) des voyages organisés dans le monde entier. ☐

6. Les brochures de Nomada seront distribuées par :
   a) les agences de voyages polonaises. ☐
   b) les paroisses. ☐
   c) les agences Aviatour. ☐

7. Le joint-venture Nomada :
   a) n'aura aucune répercussion dans d'autres pays de l'Est. ☐
   b) pourra entraîner d'autres associations dans d'autres pays d'Europe de l'Est. ☐
   c) va encourager le tourisme italien en Pologne. ☐

8. L'affluence de touristes polonais en Italie risque d'entraîner :
   a) la construction d'un hôtel par le Vatican. ☐
   b) la construction de nouveaux centres d'hébergement. ☐
   c) la transformation de certains biens immobiliers du Vatican en centres d'hébergement. ☐

2 Lisez le document 2 p. 180, extrait du catalogue de SIP Voyages.
Complétez le formulaire suivant :

Thème du voyage : ....
Durée : ....
Date(s) du séjour : ....
Ville de départ : ....
Ville d'arrivée : ....
Sites religieux visités : ....
Hébergement/repas : ....
Transport : ....
Accompagnateur : ....
Prix : ....

Identifiez dans le programme les éléments qui font de ce voyage un pèlerinage.

3 Lisez le document 3 p. 181, extrait du catalogue de Fram.
Complétez le formulaire suivant :

Thème du voyage : ....
Durée : ....
Date(s) du séjour : ....
Ville de départ : ....
Ville d'arrivée : ....
Sites religieux visités : ....
Hébergement/repas : ....
Transport : ....
Accompagnateur : ....
Prix : ....

Identifiez dans le programme les éléments qui font de ce voyage un pèlerinage.

4 Comparez les deux voyages : lequel est le plus axé sur le pèlerinage ?
Indiquez les éléments qui vous permettent de l'affirmer (descriptif du programme, sites religieux visités, accompagnement, type d'hébergement).
À quelle(s) clientèle(s) s'adressent ces voyages ?

Tourisme religieux : le joint-venture italo-polonais

Nomada est une agence de voyages pas comme les autres. L'affaire fut rondement menée par l'épiscopat polonais qui s'est associé à Aviatour pour canaliser l'engouement des compatriotes du pape Jean-Paul II pour le tourisme à l'étranger. Nul besoin de courir : les brochures sont disponibles directement dans les paroisses et offrent un grand choix de destinations à caractère religieux mais aussi laïque, voire balnéaire. Un premier pas en direction du marché touristique de l'Est qui pourrait bien intéresser le Vatican.

Maria Latella - *Il Corriere della Sera* (Milan)

Fini, les cars de Polonais, avec leurs sandwichs dans des sacs en plastique. Fini aussi, les invasions chaotiques, qui inquiètent les autorités vénitiennes et qui plongent les commerçants dans le plus profond des désespoirs. Le tourisme de l'Est aura désormais sa propre organisation : parole d'épiscopat polonais. Des pèlerinages ? Pas seulement : l'Église fait officiellement son entrée dans le monde des affaires vacancières.

L'accord a été conclu à Varsovie : Nomada, nom qui en dit long sur les programmes, est née ces jours derniers. Le Vatican s'est probablement ému à la vue des vieux autocars fatigués – deux journées de voyage et vingt-quatre heures pour visiter les monuments italiens – permettant ainsi aux habitants, cultivés mais pauvres, de Cracovie et de Gdansk, de se plonger avec délice dans les villes tant admirées dans leurs livres de classe. Nomada, dont 50 % sont détenus par l'épiscopat polonais, et les 50 % restants par Aviatour, numéro deux des tour-opérateurs italiens, remet un peu d'ordre dans l'engouement des compatriotes du pape Jean-Paul II et de Lech Walesa pour le tourisme. Au programme : des destinations pieuses, mais aussi des séjours classiques, voire balnéaires, d'inspiration plus laïque : Lourdes et Paris, le sanctuaire de sainte Rita de Cascia, sans oublier l'usine balnéaire de Rimini.

Les Polonais n'auront même pas besoin de s'adresser à une agence de voyages. Il leur suffira de se rendre à leur paroisse. Toutes assidûment fréquentées, elles sont au nombre de 8 000 en Pologne : endroit rêvé pour la promotion. Entre une messe et un rosaire, les fidèles y trouveront ainsi les brochures contenant toutes les informations nécessaires sur les visites de Rome et de Florence, ainsi que de la Ville lumière (Paris), étape obligée pour les débutants en tourisme.

L'initiative a mûri dans la plus grande discrétion. Le choix s'est porté sur la Pologne, pour un premier essai en vue de tester l'énorme potentiel du marché touristique de l'Est. C'est Aviatour, société détenue par la famille Poli, dont le chiffre d'affaires a atteint 250 milliards de lires (1,2 milliard de FF) en 1990, partenaire depuis peu de SAS, compagnie aérienne scandinave, qui a été élue pour la partie italienne de l'opération.

Les entrevues se sont poursuivies pendant plusieurs mois, avec d'un côté Enzo Poli, PDG d'Aviatour, et de l'autre les représentants de l'épiscopat polonais. Leur objectif était de proposer des forfaits touristiques convenables, à un prix très réduit. La côte romagnole est la grande gagnante de cet accord. Alors que dans les années 60 elle avait été prise d'assaut par les Allemands, dans les années 90, ce sera le tour des Polonais.

Bien sûr, nous n'en sommes qu'au début. Pour le moment, le Vatican se contente d'observer, mais il est sûr que cette marée de pèlerins impatients de voir d'un peu plus près le Ponte Vecchio, la tour Eiffel, la colonnade du Bernin et la basilique San Marco, auront besoin de plus d'hôtels et de pensions. Le Vatican possède de nombreux immeubles, des couvents et des palais, dont beaucoup attendent d'être employés à bon escient. Après tout, les voies du Seigneur sont infinies. ∎

DOCUMENT 1

Dessin de
Luciano Francesconi
paru dans
Il Corriere della Sera
- Milan.

500 ANS DE SAINT IGNACE

1991 célébrera le 500ᵉ anniversaire de la naissance d'Ignace de Loyola. Fondateur de la Compagnie de Jésus, il marquera ses fils, les jésuites, de sa spiritualité, de sa rigueur et de sa devise : « Pour la plus grande gloire de Dieu ».

1. Perpignan-Ampurias : visite du site et de la ville gréco-romaine. **Barcelone.**

2. Barcelone : la Sagrada Familia, la cathédrale et le quartier gothique, le port, où saint Ignace s'est embarqué pour la Terre Sainte ; le Pueblo Español. **Tarrassa,** les églises visigothiques. **Manresa.**

3. Manresa : la Santa Cueva, Notre-Dame de Viladordis, le Cardoner, Santa Clara, la Croix du Tort, Notre-Dame de la Guia. La chapelle du Rapt, la Séo et les souvenirs ignatiens.

4. Excursion de la journée à **Montserrat,** l'Abbaye et les ermitages dans la montagne.

5. Route par **Poblet,** visite du monastère de Santa Maria et son panthéon royal. **Saragosse. Javier.**

6. Excursion de la journée à **Sanguesa,** entourée d'une puissante enceinte ; **Sos del Rey Catolico,** ville moyenâgeuse ; le monastère de San Salvador de **Leyre.**

7. Route par **Olite :** son château et l'église San Pedro. **Pamplona,** où Ignace fut blessé, lors du siège de la ville, en 1521. **Loyola.**

8. Loyola : le monastère de Saint Ignace, à côté de l'ancien manoir de la famille ; les jésuites y construisirent un sanctuaire à la fin du XVIIᵉ s., qui est devenu un important lieu de pèlerinage ; la Basilique circulaire, la Santa Casa (chambre natale de saint Ignace).

9. Loyola, temps libre. **Hendaye.**

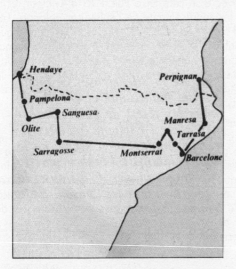

Les prix comprennent
- tous les transports et transferts prévus au programme par le mode indiqué
- Tous les taxes aériennes (y compris les taxes d'aéroports)
- le logement en pension complète en chambre à 2 ou 3 lits (logement en chambre individuelle avec supplément en nombre limité) ainsi que les repas en cours de transport
- la franchise de 20 kg de bagages maximum
- les excursions et visites guidées précisées dans le programme (droits d'entrée compris)
- les taxes, services et ports de bagages
- l'assistance de notre représentant local ou d'un membre de notre bureau de Paris et d'un prêtre chargé de l'animation spirituelle et culturelle du groupe, assisté si nécessaire d'un guide local
- les frais d'inscription
- notre assurance-assistance et annulation
- les pourboires aux guides et aux chauffeurs

Ils ne comprennent pas
- les frais personnels, les boissons
- les frais de visas (sauf mention expresse)

Transport : Autocar
Hébergement : maisons religieuses et hôtels**
(normes espagnoles)
Accompagnateur/Animateur/Guides locaux

Nom du voyage	Dates
LOYOLA	du 16 Fév. au 24 Fév.(1)
MANRESA	du 22 Mai au 30 Mai
PAMPLONA	du 24 juil. au 01 Août
(1) accompagné par le Père Lauras, Jésuite	
Prix par personne :	4 390 F

DOCUMENT 2

Service
International de
Pèlerinages

SEMAINE SAINTE
5 900 F PÂQUES À ROME

9 JOURS
DE TOULOUSE
PENSION COMPLÈTE (sauf 2 repas)
hôtels 3 et 4 étoiles

Code : PAQROME
du 28 mars au 4 avril 91

• **LIMOGES, BORDEAUX, BAYONNE :**
Départ individuel en train pour TOULOUSE.
• **PARIS, LYON :**
Départ individuel en train pour NICE. Logement inclus.

1ᵉʳ jour - Jeudi : Toulouse-Nice

• **TOULOUSE :** Rendez-vous des participants à 9 h à la gare routière, Quais FRAM. Départ à 9 h 15 par l'autoroute vers Montpellier pour NIMES. Déjeuner. Continuation par Arles, Marseille et l'autoroute jusqu'à NICE. Dîner et logement.

2ᵉ jour - Vendredi : Nice-Rome

• **NICE :** Rendez-vous à 7 h 45 devant l'hôtel. Départ à 8 h par Vintimille. Passage de la frontière. Autoroute de la RIVIERA du LEVANT. Déjeuner. L'après-midi, continuation pour ROME. Dîner et logement.

3ᵉ jour - Samedi : Rome

Découverte guidée de la Ville Éternelle. Le matin, visite de la Basilique Saint-Pierre et la Chapelle Sixtine. Déjeuner.
L'après-midi : le Forum, le Colisée et Saint-Pierre-aux-Liens. Dîner et logement.

4ᵉ jour - Dimanche (Pâques) : Rome en demi-pension

Matinée libre ou, vers 10 h, départ pour Saint-Pierre afin d'assister à la Messe et recevoir la bénédiction papale. Déjeuner libre.
Après-midi libre. Vers 20 h 30, départ pour dîner dans une taverne au cadre typique.

5ᵉ jour - Lundi : Rome-Assise

Matinée libre. Déjeuner. L'après-midi, par l'autoroute pour ASSISE. Découverte de la ville de saint François. Dîner et logement.

6ᵉ jour - Mardi : Assise-Florence

Départ pour FLORENCE. Déjeuner. Après-midi, visite guidée à pied du centre-ville. Dîner et logement.

7ᵉ jour - Mercredi : Florence en demi-pension

Journée libre en demi-pension permettant la découverte personnelle ou le shopping. Dîner et logement.

8ᵉ jour - Jeudi : Florence-Nice

Le matin, arrêt à PISE et continuation par l'autoroute pour RAPALLO.
Déjeuner. Continuation pour NICE. Dîner et logement.

9ᵉ jour - Vendredi : Nice-Toulouse

Départ par l'autoroute jusqu'à Salon, Marseille et NIMES. Déjeuner.
Continuation par l'autoroute. Arrivée à TOULOUSE, gare routière, vers 18 h 30.

• **Pour PARIS, LYON :**
Transfert à la gare de NICE. Départ individuel en train, selon horaire au choix, le 8ᵉ jour avant le dîner.
• **Pour LIMOGES, BORDEAUX, BAYONNE :** *Retour en train de Toulouse.*

Départ NICE : (7 j) 5 010 F
Départ PARIS et LYON (8 j) 5 240 F

Supplément chambre individuelle :
de Nice (7 j) + 700 F - de Paris (8 j) + 830 F - de Toulouse (9 j) + 960 F.

Carte nationale d'identité en cours de validité obligatoire.

Les prix comprennent :
- *le TRANSPORT depuis la ville d'origine ;*
- *tous les services hôteliers en chambre à deux lits avec bain ou douche, les services de restaurants ;*
- *les entrées et visites inscrites au programme ;*
- *les services d'un pilote-vacances circuit ;*
- *une GARANTIE ANNULATION, une ASSURANCE RAPATRIEMENT - FRAIS MÉDICAUX - BAGAGES ;*
- *les TAXES et SERVICES.*

Ils ne comprennent pas :
- les boissons aux repas (sauf mention particulière) ;
- dans la plupart des pays (Espagne...) les hôteliers ne fournissent pas d'eau en carafe. Seules des bouteilles d'eau minérale payantes vous seront proposées ;
- toutes les dépenses d'ordre personnel ;
- les excursions facultatives : le minimum de participants requis pour la réalisation des excursions sera précisé par le pilote-vacances circuit.

DOCUMENT 3

5   M. Poublan de Paris téléphone à l'agence SIP Voyages pour avoir des précisions sur le pèlerinage «500 ans de Saint Ignace». À partir du document 2, faites par groupe de deux la conversation téléphonique en vous servant des points suivants :
- M. Poublan veut savoir si le prix du forfait comprend l'hébergement en pension complète ;
- il veut savoir s'il sera logé en chambre individuelle pour le même prix ;
- il veut avoir des précisions sur l'encadrement du séjour ;
- il se demande si le transport est compris au départ de Paris.

Dans un premier temps l'employé(e) de SIP répondra aux questions de M. Poublan, puis il/elle donnera le détail des prestations comprises et non comprises dans le forfait.

6   Mme Rouquet de Lyon téléphone à l'agence Fram pour avoir des précisions sur le voyage «Pâques à Rome».
À partir du document 3, faites par groupe de deux la conversation téléphonique en vous servant des points suivants :
- Mme Rouquet veut savoir si le préacheminement Lyon-Toulouse est compris dans le prix du séjour ;
- elle veut savoir pourquoi le prix du voyage à partir de Lyon s'élève à 5 240 F au lieu de 5 900 F.

Dans un premier temps l'employé(e) de Fram répondra aux questions de Mme Rouquet, puis il/elle donnera le détail des prestations comprises et non comprises dans le forfait.

7   Marie de l'agence SIP (télex : 201 221 F) télexe à José de la compagnie d'autocars Les Cars Catalans de Perpignan (télex : 500 012) une demande de réservation d'un car. Rédigez ce télex qui devra contenir les points suivants :
- référence : réservation groupe Loyola ;
- un autocar vidéo pour 30 personnes (28 participants, 2 accompagnateurs) ;
- de Perpignan à Hendaye ;
- départ le 16 février à 9 h, retour le 24 février dans la soirée ;
- demande de cotation.

8   Agent de réceptif dans votre pays, vous êtes contacté(e) par un voyagiste français qui vous commande un voyage à thème religieux. Il s'agira :
- de recenser les sites religieux ou à évocation religieuse de votre pays ;
- de choisir un thème se rapportant aux sites que vous aurez sélectionnés ;
- de déterminer à quel type de clientèle vous destinez votre forfait ainsi que le nombre de participants ;
- de déterminer la durée et la période du séjour ;
- d'établir l'itinéraire, les lieux et les formules d'hébergement et de restauration ;
- de déterminer les moyens de transport à partir de l'arrivée des touristes français dans votre pays ;
- d'organiser l'accompagnement ;
- de fixer le prix du forfait par personne sans oublier de préciser quelles sont les prestations non comprises dans le prix du forfait.

Faites cet exercice par groupe.

9   Lorsque votre projet et votre cotation seront établis, présentez-les au reste de la classe qui jouera le rôle du voyagiste français.
Une négociation devra avoir lieu entre les deux parties et déboucher sur un accord.

10   Votre voyage religieux ayant été accepté, rédigez le détail du circuit, à remettre au voyagiste français, sur le modèle des documents 2 ou 3.

Le tourisme d'aventure

LE SECTEUR PROFESSIONNEL

Le tourisme d'aventure, produit en pleine expansion, est constitué de circuits alliant l'exploration d'un pays ou d'une région et la découverte d'une culture à travers des activités telles que :
- la randonnée ;
- le trekking (de l'afrikaans *trek* : voyage long et difficile), le raid ou l'expédition ;
- le safari.

Les moyens de locomotion sont : à pied, à vélo tout terrain (VTT), à cheval, à dos de chameau, en véhicule tout terrain (4×4, taxi-brousse, mini-bus), en pirogue, en canot pneumatique, en canoë, en avion privé...

LES ACTEURS

En situation professionnelle interviennent :
- le personnel des agences de voyages. Ces agences peuvent exercer trois types d'activité ;
  - activité de voyagiste : fabrication de circuits d'aventure,
  - activité d'agence distributrice : vente de circuits d'aventure,
  - activité d'agence de réceptif : organisation de circuits d'aventure dans le pays d'accueil à l'intention de touristes étrangers pour le compte d'un voyagiste étranger ;
- les participants ou touristes.

LES SITUATIONS PROFESSIONNELLES

Dans cet itinéraire les situations sont les suivantes :
- informations et conseils aux participants : n°s 1, 2 et 3 ;
- organisation d'un circuit d'aventure suivi de la rédaction du catalogue : n°s 4 et 5 ;
- réunion d'information voyageurs : n° 6 ;
- questionnaire d'évaluation : n° 7 ;
- note d'information : n° 7

Le tourisme d'aventure

1 Lisez l'article « La bonne information », extrait du catalogue 1991 du voyagiste Terres d'Aventure et dites si les affirmations suivantes sont vraies ou fausses. Soulignez la partie du texte qui vous permet de répondre et corrigez les affirmations fausses.

	Vrai	Faux
Ce document s'adresse à des voyagistes passionnés d'aventure.	☐	☐
Toutes les randonnées proposées par Terres d'Aventure ont le même degré de difficulté.	☐	☐
Les participants choisissent leur itinéraire en fonction de leur condition physique, de leur expérience de randonneur et du pays qu'ils veulent découvrir.	☐	☐
Terres d'Aventure conseille sa clientèle dans le choix de la randonnée.	☐	☐
Quelles que soient les destinations, Terres d'Aventure offre les mêmes prestations à sa clientèle.	☐	☐
Un randonneur habitué à un minimum de confort et de service préférera le Népal au Tibet.	☐	☐
Le randonneur type Terres d'Aventure fait preuve d'esprit d'équipe, d'endurance et de facilité d'adaptation.	☐	☐
Pour participer à une randonnée Terres d'Aventure il faut avoir au minimum 16 ans et au maximum 65 ans.	☐	☐

	Vrai	Faux
Les participants aux randonnées sont tous de nouveaux clients.	☐	☐
Terres d'Aventure propose des trekkings en France et à l'étranger, à plus de 2 500 m d'altitude.	☐	☐

2 Relisez attentivement le document 1. M. Amond téléphone à Terres d'Aventure. Un forfaitiste-vendeur(se) lui répond. Faites par groupe de deux une conversation téléphonique en tenant compte des indications suivantes :
– M. Amond se recommande d'un ami, M. Tiron, qui a fait un trekking en Inde l'année passée ;
– il désire faire ce même trekking ;
– il n'a jamais fait de marche ;
– il est âgé de 66 ans.
Pour répondre, l'employé(e) de Terres d'Aventure tiendra compte des éléments suivants :
– document « La bonne information » ;
– trekking demandé : niveau soutenu ;
– proposition de l'envoi du catalogue pour randonnée de remplacement.

LA BONNE INFORMATION

pour aller plus loin

COMMENT CHOISIR SA RANDONNÉE ?

Avant de partir, il faut savoir ce que notre corps peut supporter. Et ce que notre esprit peut assumer.

D'abord se mettre en question...

Lorsque votre envie de partir dans tel ou tel pays se précise, posez-vous les bonnes questions : chaque destination a ses données propres (climat, terrain, durée, altitude, population, etc.) et le montagnard chevronné que vous êtes peut-être n'est pas forcément rompu pour autant à la traversée d'un désert ou d'une jungle. Interrogez-nous : selon votre expérience et votre condition physique, nous vous orienterons vers la destination qui nous paraît la plus adaptée.

... et bien choisir son aventure

Les marcheurs ont changé : le plaisir de la marche n'est plus leur seul credo. Voilà pourquoi, sur chacun des itinéraires, Terres d'Aventure tente de soulever un voile différent des pays rencontrés. Racontez-nous vos aspirations, ce que vous voulez connaître d'un pays, nous vous indiquerons ce qui nous semble être le meilleur itinéraire. Ainsi, au plaisir de la marche, rajoutez celui de la découverte de la nature en Islande, des rencontres au Mali, de l'approche d'une culture au Ladakh et au Zanskar, d'une véritable aventure sportive à Hawaï, d'une initiation à la haute montagne dans le massif de l'Oisans, d'un farniente actif en Crète. Faune, flore, géologie, préhistoire, les itinéraires Terres d'Aventure ont mille choses à faire découvrir, à faire aimer. Chacun d'eux dispose ainsi, en fonction du but fixé, d'un encadrement spécialisé et de moyens spécifiques. Alors, choisissez votre terre d'aventure, et nous vous aiderons à la découvrir.

S'ADAPTER D'AVANCE AU VOYAGE

Si, au fil des années, nous avons pu créer une véritable identité Terres d'Aventure dans la façon de concevoir et d'organiser nos randonnées, des différences peuvent se faire sentir dans les prestations locales en fonction des voyages. Dans certains pays himalayens (Inde du Nord, Népal), l'expérience du tourisme, les traditions culturelles, favorisent un « service » considéré parfois comme luxueux par des randonneurs habitués à une cer-

taine autonomie et une intendance plus spartiate (porteurs en nombre, cuisinier, aide-cuisinier, serveur...). Sur d'autres destinations, ouvertes plus récemment au trekking (URSS, Tibet), les infrastructures locales naissantes ne peuvent pas toujours offrir un service équivalent, soit par manque d'expérience, soit parce que, parfois, les mœurs et usages locaux ne le permettent pas. Peut-être vous faudra-t-il alors monter votre tente, assister le guide français en participant plus activement aux tâches quotidiennes, faire preuve d'un véritable esprit d'équipe en vous prenant en charge. Pour nous, cela fait partie de l'aventure. Mais êtes-vous prêts à l'assumer... ?

PORTRAIT D'UN GROUPE

Votre groupe comportera de 8 à 15 personnes parties seules, ou en couple, ou avec quelques amis. Environ la moitié d'entre vous aura déjà effectué un voyage Terres d'Aventure.
La passion pour la randonnée et la recherche d'une organisation de qualité définissent avant tout votre attachement à Terdav. Les « anciens » et les amis des anciens représentent 50 % en 1990. Cela garantit la réussite de la cohésion du groupe. Âge moyen : 30-35 ans. Pas de limite d'âge pour les randonneurs « vétérans » (autorisation médicale souhaitée pour les personnes de plus de 65 ans). Les enfants peuvent accompagner leurs parents à partir de 13 ans ou dès 16 ans, non accompagnés, avec une autorisation écrite.

NOUVEAU

Typologie des voyages :

Afin de faciliter votre choix et de vous permettre d'un coup d'œil d'estimer la difficulté d'un voyage TA, nous avons ajouté, sous le titre de chaque voyage, les mots « randonnée » ou « trekking » suivi de la mention « niveau facile » (ou « moyen », ou « soutenu », ou « engagé »).

« Randonnée » s'applique à tous les voyages en France, ainsi qu'à tous les voyages à l'étranger dont l'altitude est inférieure à 2 500 m.

« Trekking » s'applique à tous les voyages à l'étranger dont l'altitude est supérieure à 2 500 m.

L'indication de niveau se rapporte à l'effort physique à fournir. Bien entendu, cette première indication doit être complétée par une lecture attentive du niveau indiqué à chaque voyage (A1, B2, etc.).

DOCUMENT 1

PAKISTAN Le Baltistan, Nanga Parbat et Masherbrum

Durée de Paris à Paris	**19 jours**
Nombre de participants	8 à 12 Réf. M 336

Séparé de la Chine par le Massif du Karakorum et de l'Inde par les hauts plateaux du Deosaï, le Baltistan, partie extrême de la plaque tibétaine est de type désertique de haute altitude. C'est en jeep et à pied que nous découvrons cette région isolée, située aux confins du monde musulman et qui a conservé des traditions d'influence tibétaine.

Points forts
- l'impressionnante face Sud du Nanga Parbat découverte depuis le camp de base
- la traversée des hauts plateaux de Deosaï
- les villages traditionnels de Hushe et de Kaphlu
- la montée au camp de base de Masherbrum
- le cours majestueux de la Shyok, affluent de l'Indus
- les environs de Skardu et les lacs d'émeraude de Kachura et de Satpara.

Aspects pratiques
Expédition mixte : 800 kilomètres à bord de jeep (3 à 4 participants) le long de pistes parfois difficiles, deux marches aisées de trois jours chacune (4 à 5 heures de marche quotidienne) - chevaux pour les bagages - Nuits sous tente avec matelas - Yourtes à Skardu - Vivres de course à midi - Dîner chaud préparé par un cuisinier - Encadrement français et pakistanais - Climat d'altitude - Journées ensoleillées - Nuits fraîches.

Informations complémentaires : voir encart joint

Assurance : Contrat global « Assistance, rapatriement, remboursement des frais d'annulation, vol ou perte de bagages, frais de recherche ou de sauvetage ». Cette assurance facturée à l'inscription, représentant 3 % du prix du voyage, est obligatoire.

Prix de Paris à Paris	**19 500 FF**
Sup. chambre/tente indiv.	**1 200 FF**
	Le demander à l'inscription
Dates des départs	Ma. 30 juillet 91
	Ma. 13 août 91

DOCUMENT 2

3   Lisez attentivement le document 2 extrait du catalogue 1991 du voyagiste Explorator. Notez ci-dessous les informations principales :

Référence : ....

Pays : ....

Régions : ....

Climat : ....

Durée : ....

Dates : ....

Prix : ....

Nombre de participants : ....

Thème(s) du voyage : ....

....

Moyen(s) de locomotion : ....

Portage des bagages : ....

Type(s) d'hébergement : ....

Nourriture : ....

Encadrement : ....

Assurance : ....

4 Forfaitiste, vous travaillez pour le voyagiste français Explorator. Vous êtes chargé(e) d'élaborer un nouveau circuit dans votre pays d'origine.

La formule choisie (raid, randonnée, trekking, expédition...) tiendra compte des réalités géographiques, économiques et culturelles de votre pays.

La fabrication de votre circuit reprendra les points suivants :

FICHE TECHNIQUE

Référence : ....

Pays : ....

Régions : ....

Climat : ....

Durée : ....

Dates : ....

Prix : ....

Nombre de participants : ....

Thème(s) du voyage : ....

....

....

Moyen(s) de locomotion : ....

Portage des bagages : ....

Type(s) d'hébergement : ....

Nourriture : ....

Encadrement : ....

....

Passeport / carte d'identité nationale / visa : .....

....

Vaccinations : ....

Assurance : ....

---

5 Suite à l'élaboration du circuit, rédigez, en une demi-page, la présentation qui paraîtra dans le catalogue d'Explorator. Pour cela, inspirez-vous du document 2. (Attention ! n'oubliez pas de faire apparaître les points forts et les aspects pratiques du circuit.)

6 Vous êtes chargé(e) d'animer une réunion d'information pour les participants inscrits au circuit que vous avez conçu.

Le plan de votre réunion tiendra compte des points suivants :
- la présentation du pays, de la région et du circuit à l'aide d'une carte sur laquelle vous aurez tracé le parcours ;
- les aspects géographiques, économiques et culturels rencontrés au fil du circuit ;
- l'hébergement ;
- la nourriture (composition et préparation des repas) ;
- le portage des bagages ;
- les moyens de locomotion ;
- l'encadrement ;
- la liste de l'équipement à prévoir (vêtements, accessoires et pharmacie) ;
- l'assurance ;
- le passeport / le visa ;
- les vaccinations.

Votre présentation sera suivie de questions posées par les participants.

7 Au retour du circuit « Découverte du Kenya » organisé par le voyagiste Vacances Aventures, les participants remettent la feuille d'évaluation qu'ils ont remplie.

L'analyse de leurs réponses fait apparaître les résultats suivants :

---

1 / Pays, régions visités :
- ☐ intéressants : **95 %**[1]
- ☐ moyennement intéressants : **5 %**
- ☐ inintéressants : **–**[2]

2 / Itinéraire de la randonnée :
- ☐ intéressant : **90 %**
- ☐ moyennement intéressant : **10 %**
- ☐ inintéressants : **–**

3 / Encadrement :
- ☐ bon : **1 %**
- ☐ moyen : **54 %**
- ☐ insuffisant : **45 %**

4 / Hébergement :
- ☐ bon : **5 %**
- ☐ moyen : **69 %**
- ☐ insuffisant : **21 %**

5 / Nourriture :
- ☐ bonne : **62 %**
- ☐ moyenne : **36 %**
- ☐ insuffisante : **2 %**

6 / Transports :
- ☐ bons : **49 %**
- ☐ moyens : **50 %**
- ☐ insuffisants : **1 %**

7 / Organisation matérielle :
- ☐ bonne : **1 %**
- ☐ moyenne : **43 %**
- ☐ insuffisante : **56 %**

8 / Transports :
- conformes à la réalité :
  - ☐ oui : **2 %**
  - ☐ non : **98 %**
- suffisamment précis :
  - ☐ oui : **1 %**
  - ☐ non : **99 %**

9 / Observations et suggestions :
- manque d'information sur le degré de difficulté de l'itinéraire (condition physique inadéquate) ;
- réceptif : prestations insuffisantes, suppléments injustifiés ;
- absence de sanitaires et de douches non signalée dans le catalogue ;
- liste de l'équipement nécessaire incomplète ;
- argent de poche à prévoir.

Attention lire les chiffres comme suit :
[1] 95 % des participants estiment intéressants le pays et les régions visités.
[2] Aucun des participants estime inintéressant le pays et les régions visités.

Vous êtes chargé(e), par la direction de Vacances Aventures, de rédiger une lettre interne ou note d'information à l'attention de tous les services de l'agence. Pour vous aider, reprenez les résultats de l'évaluation en retenant les critiques positives et négatives, ainsi que les modifications à envisager. Complétez la note d'information suivante :

VACANCES AVENTURES

De : *A. Charpentier*
à : *l'ensemble des services*
Réf. : *Ken 56*
Date :

NOTE D'INFORMATION

RÉSULTATS DE L'ÉVALUATION DU CIRCUIT Découverte du Kenya

Cher(e)s collègue(s),

. . . .
. . . .
. . . .
. . . .
. . . .
. . . .
. . . .
. . . .
. . . .
. . . .
. . . .

Bien amicalement.

A. Charpentier
La direction

Le tourisme de luxe

LE SECTEUR PROFESSIONNEL

Le tourisme de luxe, marché en pleine expansion, privilégie l'individu par rapport à la masse, l'originalité et la personnalisation des prestations par rapport au produit banalisé. C'est précisément l'ambition de Tourifirst, un salon professionnel réservé aux produits touristiques haut de gamme, qui est devenu, dès sa création à Paris en 1989, un événement majeur dans le monde du tourisme. Le tourisme de luxe recouvre notamment des produits tels que :
- les loisirs de luxe : golf; équitation ;
- les voyages à l'étranger : croisières, trains de prestige, première classe de certaines compagnies aériennes, voyages à forfait haut de gamme ;
- l'hôtellerie et la restauration de luxe ;
- la location de lieux très prestigieux, de limousines avec chauffeurs, d'avions privés.

Une clientèle sélectionnée, des prestations et prix élevés ainsi qu'une promotion et une distribution restreintes sont les principales caractéristiques du tourisme de luxe.

LES ACTEURS

En situation professionnelle interviennent :
- le personnel des établissements hôteliers, catégorie luxe ;
- le personnel des entreprises de transport de prestige ;
- le personnel des agences de location (produits haut de gamme) ;
- le personnel des agences de voyages (voyagistes et agences distributrices) spécialisées dans le tourisme de luxe ;
- les participants ou clientèle de luxe.

LES SITUATIONS PROFESSIONNELLES

Dans cet itinéraire les situations sont les suivantes :
- informations, réservations et vente d'un voyage de prestige (Venice Simplon Orient-Express) : nos 1, 2 et 4 ;
- encart publicitaire (hôtel catégorie luxe) : no 3 ;
- gastronomie raffinée, conseils aux clients en fonction de leurs habitudes alimentaires : nos 5, 6 et 7 ;
- publipostage accompagnant l'envoi d'un catalogue : nos 8 et 9.

VOTRE VOYAGE À VENISE

C'est à bord du train continental que vous effectuerez ce voyage hors du temps, romanesque et séduisant.

Il se compose de trois voitures-restaurants, d'une voiture-bar et de onze voitures-lits bleu marine à toits blancs. Les compartiments respectent l'espace des cabines de l'époque.

De Paris à Venise

Vous partez de Paris-Gare de l'Est, la gare qui depuis plus d'un siècle a vu s'enfuir dans la nuit des générations d'Orient-Express. Dès cet instant, vous vivez une aventure exceptionnelle.

Un bureau d'accueil vous attend au début du quai. Le conducteur stylé, responsable de votre voiture, vous indique votre compartiment et vous aide à installer vos bagages à main. Les autres sont déjà enregistrés dans le fourgon spécial. En avançant dans ce couloir de bois précieux, vous entrez dans un monde préservé où chaque détail compte, du cendrier au papier à lettres, des reflets de l'éclairage à l'environnement douillet.

Le maître d'hôtel vous précise la voiture-restaurant où est réservée votre table. En vous y rendant, arrêtez-vous à la voiture-bar. C'est votre premier rendez-vous à bord de cet hôtel roulant. Vous vous êtes habillé pour une fête, en smoking ou tenue sombre et robe élégante, car le Venice Simplon Orient-Express est une grande fête sur rails. Prenez place à table. Vous n'en croyez pas vos yeux !

Le Chef a préparé un menu digne d'éloges (compris dans le prix de votre voyage), mais vous avez le choix. Vous pouvez, si vous le préférez, opter pour un ou plusieurs plats à la carte, en supplément ou en remplacement. Le maître d'hôtel sera là pour vous aider.

Le train traverse la nuit enropéenne et cette nuit est à vous. Pour réaliser tous vos rêves, le pianiste joue jusqu'à l'aube. L'ambiance est douce. Il fait bon flâner à bord avant de retrouver le calme de votre cabine.

À l'heure que vous lui aurez indiquée, le steward vous apporte le petit déjeuner. Vous êtes en Suisse. Le lac de Constance s'éloigne et lentement la voie monte. Le paysage est impressionnant. Tiré par deux locomotives, le Venice Simplon Orient-Express franchit la ligne de l'Arlberg, l'une des plus hautes d'Europe, construite au siècle dernier par des ingénieurs de l'Empereur François-Joseph.

Le déjeuner, servi aux environs d'Innsbruck, vous permet d'apprécier d'autres qualités de la table.

Puis, tandis que vous dégustez un café de Colombie, vous passez d'Autriche en Italie par la voie splendide du Brenner. Enfin voici la haute vallée de l'Adige. La montagne cède devant les vergers et les vignobles du nord de Vérone. Désirez-vous prendre le thé ? Une pâtisserie ? Rien de plus facile.
Le conducteur a rassemblé vos bagages et, en fin d'après-midi, dans la lumière argentée de la lagune, Venise déploie ses sortilèges.

À la gare de Santa Lucia, tandis que vos bagages sont acheminés vers les canots, vous quittez un rêve pour entrer dans un autre songe. Le Venice Simplon Orient-Express et Venise font un mariage d'histoire, d'art et de plaisir que vous n'oublierez jamais.

DOCUMENT 1

UNE AVENTURE DANS LE TEMPS
LONDRES - PARIS - ZURICH - INNSBRUCK - VÉRONE - VENISE

FORFAITS VSOE/HÔTELS AU DÉPART DE PARIS

PARIS/VENISE À BORD DU VSOE

Prix par personne en FF. HÔTELS	1/2 - 31/3	1/4 - 30/6 1/9 - 15/11	1/7 - 31/8
CIPRIANI 5 ☆ DE LUXE	–	13335	13335
Chaque nuit supplémentaire	–	1955	1955
Supplément single par nuit	–	840	840
GRITTI PALACE 5 ☆ DE LUXE	11480	12650	12280
Chaque nuit supplémentaire	1290	1615	1430
Supplément single par nuit	540	810	685

Ces prix comprennent :
- L'aller Paris/Venise à bord du VENICE SIMPLON ORIENT-EXPRESS.
- Le séjour de 2 nuits à l'hôtel à Venise avec petit déjeuner continental (au Cipriani : petit déjeuner américain).
- Les transferts à Venise entre la gare, l'hôtel et l'aéroport.
- Le retour Venise/Paris en avion sur Air France ou Alitalia.

Inscription - Toute inscription doit être accompagnée d'un versement minimal de 25 % du montant total du voyage prévu, le solde devant être réglé au plus tard 30 jours avant le départ.

Modification d'une réservation
Une réservation pourra être modifiée une première fois sans frais à condition que la demande écrite parvienne à la Compagnie au moins 7 jours avant la date de départ. Toute modification supplémentaire donnera lieu à une facturation de 5 % du prix du voyage à titre de frais de gestion. Toute modification à moins de 7 jours du départ équivaut à une annulation et entraîne pour le passager les frais d'annulation ci-dessous.

Annulation	Date de l'annulation	Montant des frais d'annulation
	Plus de 90 jours avant le départ	10 % du prix du voyage.
	De 89 à 7 jours avant le départ	25 % du prix du voyage.
	De 6 jours à 48 heures avant le départ	50 % du prix du voyage.
	Moins de 48 heures ou non présentation au départ	100 % du prix du voyage.

OFFRE SPÉCIALE
Le Cipriani vous offre une 3ᵉ nuit à Venise.
Vous bénéficiez ainsi d'un séjour de 3 nuits pour le prix de 2 (base double uniquement).

ALLER	REPAS	LONDRES-VENISE		LONDRES-VIENNE	
JEUDI–DIMANCHE		ARR.	DÉP.	ARR.	DÉP.
Londres (Victoria)			11.00		11.00
Folkestone (Harbor)	DÉJEUNER	12.45		12.45	
TRAVERSÉE DE LA MANCHE					
Boulogne (Maritime)			16.57		16.57
Paris (Gare de l'Est)	DÎNER	20.37	21.33	20.37	21.33
VENDREDI–LUNDI		LENDEMAIN		LENDEMAIN	
Zürich (Flughafen)	PETIT DÉJ.	06.29	06.47		
Buchs		09.09	09.44	09.09	09.44
St. Anton am Arlberg		11.08	11.19	11.08	11.19
Innsbruck (Hauptbahnhof)	DÉJEUNER	12.42	13.02	12.42	13.02
Salzbourg (Hauptbahnhof)	THÉ			16.30	16.50
Vienne (Westbahnhof)				20.05	
Vérone (Porta Nuova)	THÉ	17.06	17.15		
Venise (Santa Lucia)		18.48			

DATES DE DÉPART			
LONDRES À VENISE		**LONDRES À VIENNE**	
Jeudis :	du 22 février au 11 octobre et 15 novembre (sauf les 12 et 26 juillet, et 9 et 23 août)	Jeudis :	12 et 26 juillet 9 et 23 août 18 et 25 octobre
Dimanches :	du 4 mars au 11 novembre		1er et 8 novembre

DOCUMENT 2

Le tourisme de luxe

1   Lisez le document 1, extrait du catalogue du voyagiste Venice Simplon Orient-Express (V.S.O.E.), et dites si les affirmations suivantes sont vraies ou fausses.
Soulignez la partie du texte qui vous permet de répondre et corrigez les affirmations fausses.

	Vrai	Faux
Le V.S.O.E. ne va que de Londres à Venise.	☐	☐
Le V.S.O.E. est un train composé de voitures restaurant/bar/lits qui offre le même confort qu'un hôtel de luxe.	☐	☐
Le V.S.O.E. est un train de conception moderne.	☐	☐
Les bagages des voyageurs sont enregistrés et installés dans le compartiment qui leur est attribué.	☐	☐
Les déjeuners et dîners sont servis dans les 3 voitures restaurant et chaque voyageur a sa place réservée.	☐	☐
Toute modification du menu entraîne le paiement d'un supplément.	☐	☐
Les voyageurs peuvent manger à la carte ou prendre le menu.	☐	☐
Les stewards sont responsables des voitures-lits.	☐	☐
Une tenue de soirée est exigée pour le dîner.	☐	☐
Les voyageurs se réveillent en Suisse.	☐	☐
À la fin du déjeuner, le V.S.O.E. traverse la frontière austro-suisse.	☐	☐
À l'heure du thé, traversée de la campagne italienne.	☐	☐
Le dîner est le dernier repas pris dans le V.S.O.E.	☐	☐
La durée du trajet Paris-Venise est de 2 jours et 1 nuit.	☐	☐
Élégance, luxe, raffinement et nostalgie caractérisent le V.S.O.E.	☐	☐

2   Lisez le document 2 extrait du catalogue du voyagiste Venice Simplon Orient-Express (V.S.O.E.) et complétez les informations manquantes pour chacune de ces trois situations :

A – Mme Rosekrans achète un forfait V.S.O.E. (Paris-Venise-Paris + hôtel).

Départ : Paris le jeudi 9-8 à ....
Arrivée : Venise le .... à ....
Hôtel : 2 nuits au Cipriani, en chambre simple ...
Retour : Paris le ...., vol Air France ....
Prix : ....

B – M. et Mme Villechenon achètent un forfait V.S.O.E. (Paris-Venise-Paris + hôtel).

Départ : Paris le jeudi 22-2 à ....
Arrivée : Venise le .... à ....
Hôtel : 2 nuits au ....., en chambre double .....
Retour : Paris le ...., vol Air France ....
Prix : ....
Date de la réservation : 3-1 ....
Montant du versement : ....

C – La Compagnie générale de croisières (C.G.C.), agence distributrice exclusive de V.S.O.E. en France, achète un forfait V.S.O.E. (Paris-Venise-Paris + hôtel) pour le groupe Santa, 8 PAX.

Départ : Paris le dimanche 20-4 à ....
Arrivée : Venise le .... à ....
Hôtel : 4 nuits au Cipriani, en chambre double ...
Retour : Paris le ...., vol Alitalia ....
Prix : ....
Le 16-4, la C.G.C. souhaite modifier les dates de réservation du groupe Santa, cette modification entraîne-t-elle une facturation supplémentaire ?
Non ☐   Oui ☐   Montant : ....

3   Lisez le document 3 (Hôtel Cipriani). Soulignez les descriptions spécifiques au tourisme de luxe. Rédigez un encart publicitaire (1/8 de page, format A4) à faire paraître dans une brochure de promotion du tourisme de luxe. Pour cela, sélectionnez et synthétisez les éléments soulignés au préalable.

RELAIS & CHATEAUX
les critères de
qualité des Relais & Châteaux,
symbolisés par la fameuse règle des 5
C : Caractère, Courtoisie, Calme,
Charme et Cuisine.

4   Mme Girard se présente à la Compagnie générale de croisières (C.G.C.), pour demander des informations sur un Paris-Venise en Orient-Express. L'employé(e) la renseigne sur les prestations offertes, sur la durée et les dates, puis amène la cliente à acheter un forfait pour 2 personnes. Faites ce dialogue par groupe de deux à partir des 3 documents 1, 2 et 3.
(Attention ! l'employé(e) commentera les documents en les montrant à la cliente.)

Hôtel Cipriani

★ ★ ★ ★ ★

VENISE

Véritable hôtel de grand luxe, le CIPRIANI, situé sur l'île de la Giudecca, face à la place Saint Marc, est fier de posséder la seule piscine olympique (eau de mer filtrée et chauffée) et le seul tennis aménagé en plein coeur de Venise ainsi que des jardins parfaitement entretenus.
L'emploi de matériaux précieux (marbre rose pour les salles de bain, bois exotiques, cristal) et de meubles inspirés du 18ème siècle et de l'Art Déco donne l'impression d'être sur un transatlantique d'autrefois.
Cet hôtel fait partie de la chaîne Relais & Châteaux.

Les Chambres
98 chambres d'un extrême confort, toutes munies de téléphone, télévision et air conditionné. Elles ont toutes une vue intéressante.

La Table
Une cuisine raffinée et renommée est servie soit au restaurant, soit le soir aux chandelles sur les terrasses au bord de l'eau.
Le CIPRIANI prépare chaque jour ses propres pâtes, croissants et pâtisseries.

Les Services
Salons somptueux, bar avec terrasse donnant sur les jardins, centre de remise en forme, sauna, bain turc.
Port privé avec service de bateaux de/pour la place Saint Marc.

Les Loisirs
Très belle piscine, tennis.
Possibilité de golf au Lido.

Ouverture
De mars à novembre.

DOCUMENT 3

5 Vous êtes maître d'hôtel à bord du V.S.O.E. Que conseilleriez-vous aux personnes dont les habitudes alimentaires sont les suivantes?
a) M. A. ne mange pas de porc et ne consomme pas d'alcool.
b) Mme B. est allergique au poisson et aux fruits de mer.
c) M. C. est végétarien. Il consomme du poisson et des œufs. Il n'aime pas les desserts glacés.
d) Mme D. n'aime pas les viandes rouges.

Pour chacune des quatre personnes, indiquez pour chaque plat s'il est compatible ou non avec les habitudes alimentaires de la personne en inscrivant dans la case correspondante : O (oui) : compatible, la personne pourra consommer ce plat; N (non) : elle ne pourra pas consommer ce plat.

ENTRÉES	M. A.	Mme B.	M. C.	Mme D.
Saumon fumé d'Écosse et sa brunoise	O	N	O	O
Caviar beluga et blinis Langouste rôtie Œufs pochés bénédictine Galinette et cigales de mer à l'effilochée de poireaux Homard et foie gras sauce champagne				
PLATS				
Papillote d'agneau au curry Escalope de foie gras au Beaumes de Venise Mignons de veau aux girolles de fromage, sauce au Porto Canon d'agneau façon chevreuil				
GARNITURES				
Tagliolini frais aux épinards Bâtonnets de légumes Pommes cocotte				
FROMAGE				
Sélection du maître fromager Plateau de fromages de France				
DESSERTS				
Salade de fruits frais et son sorbet Soufflé glacé et Ananas frais Hérisson de mangue et ses sorbets de fruits Œufs à la neige aux avelines				

6 Vous êtes maître d'hôtel à bord du Venice Simplon Orient-Express. M. A. et Mme B. passent commande et vous les conseillez. Si les plats proposés sur le menu du dîner ne correspondent pas à leurs habitudes alimentaires, proposez-leur une solution de remplacement en vous référant à la carte. (Afin de satisfaire vos clients, n'hésitez pas à enlever certains ingrédients de la composition des plats.) Faites cet exercice par groupe de trois et utilisez les données de l'exercice précédent.

7 Vous êtes maître d'hôtel à bord du V.S.O.E. Au déjeuner M. C. et Mme D. passent commande et vous les conseillez. Si les plats proposés sur le menu du déjeuner ne correspondent pas à leurs habitudes alimentaires, proposez-leur une solution de remplacement en vous référant à la carte.
(Afin de satisfaire vos clients, n'hésitez pas à enlever

certains ingrédients de la composition des plats.) Faites cet exercice par groupe de trois et utilisez les données de l'exercice 5.

8 Complétez le publipostage (document 4) accompagnant l'envoi du catalogue de la Compagnie générale de croisières, à l'aide de la liste de mots suivante :

à travers – avons le plaisir de – brochure – catalogue – ci-joint – parmi – D'autre part – fluviales – les meilleurs – mers – navires – parmi – proposent – Nous vous souhaitons – Responsable – Souhaitant – croisière – Suite à – vers.

9 À votre tour, rédigez le publipostage accompagnant l'envoi du catalogue *Venice Simplon Orient-Express* distribué par la Compagnie générale de croisières.

COMPAGNIE GÉNÉRALE DE CROISIÈRES

Madame, Monsieur,

.... votre demande, nous .... vous adresser .... notre .... «CROISIÈRES MARITIMES ET FLUVIALES 1991».

Vous retrouverez dans ce .... les grands noms de la.......... parmi lesquels CUNARD, WINDSTAR, ROYAL CARIBBEAN CRUISE LINE, DOLPHIN CRUISE LINE, HOLLAND AMERICA LINE et SEABOURN CRUISE LINE.

.........., vous découvrirez de nouvelles compagnies et de nouvelles destinations : la compagnie PETER DEILMANN et les croisières .... sur le Danube et l'Elbe; le M/S BERLIN et le VISTAMAR, deux .... qui sillonnent toutes les .... du globe.

En Méditerranée, l'ADRIANA et LA PALMA vous .... des croisières de 7 à 11 jours .... les plus beaux sites de cette mer millénaire.

.... un agréable voyage .... notre catalogue.

.... vous compter bientôt .... nous, recevez, Madame, Monsieur, l'expression de nos sentiments ....

Isabelle AUGER
.... Marketing

DOCUMENT 4

Le tourisme blanc

LE SECTEUR PROFESSIONNEL

Il s'agit des sports d'hiver et principalement du ski. On compte 60 millions de skieurs dans le monde dont 44 % d'Européens, 32 % d'Américains et de Canadiens et 22 % de Japonais. Avec un domaine skiable de 1 200 km^2 et 450 stations, la France est le premier pays de tourisme blanc au monde, devant la Suisse (840 km^2) et l'Autriche (790 km^2).

En France, les principaux domaines skiables sont par ordre de fréquentation : les Alpes du Nord (Les Arcs, Avoriaz, Chamonix, Courchevel, La Plagne, Tignes, Val-Thorens, etc.) ; les Alpes du Sud (Serre-Chevalier, etc.) ; les Pyrénées (Saint-Lary-Soulan, Font-Romeu, etc.) ; le Jura (Les Rousses, etc.) ; les Vosges (La Bresse-Honeck, Gérardmer, etc.) ; le Massif central (Le Mont-Dore, Super-Besse, etc.).

Les principales destinations étrangères des Français sont par ordre d'importance : la Suisse, l'Autriche, l'Italie, Andorre et l'Espagne.

L'association *Ski France* (61, boulevard Haussmann, 75008 Paris, tél. : (1) 47.42.23.32, Télex : 290819, Fax : 1 42 66 15 94) a pour but de promouvoir 100 stations de sports d'hiver et propose des informations actualisées sur les hébergements, les équipements, les prix, les activités, les animations et l'enneigement.

LES ACTEURS

En situation professionnelle interviennent :
– le personnel des organismes de promotion du secteur (Ski France, Maison de la France, Offices de tourisme et syndicats d'initiative) ;
– le personnel des agences de voyages (voyagistes et agences distributrices) ;
– le personnel des stations de sports d'hiver (tourisme, hôtellerie et restauration) ;
– la clientèle (skieurs, alpinistes, etc.).

LES SITUATIONS PROFESSIONNELLES

Dans cet itinéraire les situations sont les suivantes :
– informations et conseils dans le choix d'une station de sports d'hiver et d'un établissement hôtelier : n°s 1, 2 et 4 ;
– lettre de confirmation de réservation d'un hôtel à un client : n° 3 ;
– télex : demande d'option sur un séjour neige (formule club-hôtel) : n° 5 ;
– élaboration et remise d'un carnet de voyage : n° 6 ;
– conception d'un voyage à forfait suivie de la rédaction d'une page de catalogue : n° 7.

TYROL

HOCHGURGL

ICI ON PARLE FRANÇAIS

DES HÔTELS FRANCEMENT BIEN
AUTRICHE

2.150 m-3.082 m, la plus haute station d'Autriche est un village d'hôtels construit au milieu d'un domaine skiable rêvé avec enneigement assuré de novembre à mai et un bon ensoleillement. Excellente école de ski, nombreux refuges de montagne avec beaucoup d'ambiance, point de départ idéal pour randonnées à ski. Forfait rem. méc. 6 jours FF 875.

OLYMP SPORTHOTEL A-6456 Hochgurgl
Tél. : 1943-5256-491. Fax : 1943-5256-38065.

130 lits

Hôtel de grand confort en style tyrolien situé au pied des pistes et entouré de glaciers. Magnifiques installations sportives à l'hôtel : indoor tennis, putting green, piscine, bains turcs, sauna, salle de musculation. Grand programme d'animation pour adultes et enfants.
HIVER : 7 jours en demi-pension ; en FF :
N/HS/C/P 3850, BS 2450
Réd. enfants : – 2 ans : gratuit ; – 10 ans : 195 FF/jour ;
– 18 ans : 290 FF/jour
Fermé : début mai - mi-novembre

②

garderie d'enfants avec un large programme
d'animation dans un propre club d'enfants.

TYROL

PERTISAU

950 m ; village situé au bord du lac "Achensee" qui offre toutes possibilités de sports nautiques. Voile, planche à voile, terrain de golf (9 trous), 6 courts de tennis, parcours "conte de fée" pour enfants. Vaste programme de loisirs et de randonnées.

950-1.500 m ; idéal pour ski de fond (85 km de pistes), 7 rem méc., forf. rem. méc. 6 jours F 430 (valable pour toute la région d'Achensee), 30 km de sentiers de promenades, promenades en traîneaux, patinoire naturelle, curling.

HOTEL FÜRSTENHAUS Postfach 21, A-6213 Pertisau am Achensee. Tél. : 1943-5243-5442.
Tx : 534447. Fax : 1943-5243-6168.

120 lits

Situation idéale au bord du lac Achensee entouré de montagnes. Un hôtel d'une grande tradition et d'un riche passé, construit au 15ᵉ siècle comme relais de chasse pour l'empereur Maximilien Iᵉʳ. Aménagé dans un style élégant avec tout le confort moderne. Très bon restaurant, centre de cures, massages, mountain-bike. Institut de beauté.

ÉTÉ en FF/log. et pet. déj.	2 pers.	1 pers.	suppl. 1/2 pens.
4.5.91-5.7.91	600	360	100
6.7.91-21.9.91	700	410	100
22.9.91-20.10.91	600	360	100

HIVER : 7 jours en demi-pension ; en FF :
N 4025, HS 2975, C 3150, P 2765, BS 2625
Réd. enfants : - 3 ans : gratuit ; - 10 ans : 40 % ; - 14 ans : 25 %
Fermé : 7.4.91-4.5.91/20.10.91-20.12.91

DIET

②

V

Visa, Eurocard, Diner's, Amexco.

DOCUMENT 1

SYMBOLES

Symbole	Description	Symbole	Description	Symbole	Description	Symbole	Description
P	Parking		Tennis	TV	Télévision dans la chambre		Garderie d'enfants
P	Garage	DIET	Repas diététique		Équitation	A	Animation
	Ascenseur		Tennis couvert	MB	Minibar dans la chambre		Soins de beauté
	Enfants bienvenus		Cures		Voile		Remise en forme
	Parc/jardin		Bain à remous		Planche à voile		Réservation de spectacles
	Téléphone dans la chambre		Solarium		Piscine en plein air		Salle de réunion
	Radio dans la chambre		Chiens admis		Piscine couverte		Massage
	Terrain de golf		Pêche				
	Golf miniature		Sauna				
	Adapté aux handicapés		Fitness				

SAISONS

N : Noël et Nouvel An.
HS : haute saison (février, début mars).
C : semaines du Carnaval
BS : basse saison.
P : Pâques

① Hôtel de grand confort avec service de luxe.
② Hôtel de grand confort.
③ Réservation agences de voyages
confortable.

1

Lisez le document 1, extrait du catalogue Autriche Pro France (association regroupant 146 hôtels francophiles en Autriche). Complétez les deux tableaux ci-dessous.

Pays	Région	Station	Altitude		Enneigement	Ensoleillement	Domaine skiable			Forfait remontées mécaniques		Autres activités sportives hivernales
			Station point bas	Station point haut			Ski de fond	Ski alpin	Ski de randonnée	Nbre jours	Prix	
....	....	HOCHGURGL	....	....	....	....	.....	.....	.....	.....	.....	....
....	....	PERTISAU	....	....	....	....	.....	.....	.....	.....	.....	....

Station	Hôtel	Catégorie	Capacité d'hébergement	Équipement spécifique	Tarifs				Réservation
					Haute saison pp/jour	Basse saison pp/jour	Réduction	Carte de crédit acceptée	
HOCHGURGL	....	....	....	....	....	....	....	....	....
PERTISAU	....	....	....	....	....	....	....	....	....

2 Employé(e) à l'Office de tourisme autrichien à Paris, vous renseignez les Français qui désirent passer leurs vacances d'hiver en Autriche. Proposez-leur une station et un hôtel correspondant à leurs souhaits en leur donnant toutes les informations relatives à leur séjour (équipement et prestations offertes, réservations et tarifs, restauration).

A. <u>Personnes à renseigner</u> : couple d'une soixantaine d'années ne parlant pas allemand.
<u>Souhaits</u> : ski de fond (bon niveau), hébergement confortable et restauration de qualité.
<u>Période</u> : du 1-3 au 14-3.

B. <u>Personnes à renseigner</u> : 2 femmes dont une ne veut pas faire de ski.
<u>Souhaits</u> : ski alpin, repos et activités autres que le ski.
<u>Période</u> : du 7-1 au 14-1.

C. <u>Personnes à renseigner</u> : couple avec 3 enfants (2, 7 et 12 ans).
<u>Souhaits</u> : ski alpin (bon niveau pour les parents, niveau débutants pour les enfants), animations pour les enfants.
<u>Période</u> : 1 semaine pendant les vacances de Pâques.

Faites cet exercice par groupe de deux ou trois en vous référant au document 1 et aux deux tableaux que vous avez remplis.

3 M. et Mme Poirier (16, rue du 11-Novembre, 35000 Rennes) renvoient le coupon de réservation ci-dessous à l'Olymp Sporthotel. Rédigez la lettre de confirmation de réservation de l'hôtel à Mme Poirier en reprenant les points suivants :

– accord pour les 2 chambres aux dates demandées ;
– rappel de la gratuité du séjour pour l'enfant de 2 ans ;
– arrhes à verser : 2 500 öS par chambre soit 5 000 öS (prix brochure en français par commodité mais paiement à effectuer en shillings) ;
– mode de paiement : chèque bancaire en shillings autrichiens à adresser avant le 1er février.

4 Lisez le document 2 (Arc 2000), extrait du catalogue Club Aquarius 1990-1991, et indiquez oralement :
– quelle station de sports d'hiver est présentée ;
– quelle est sa situation ;
– quel produit touristique est proposé par le Club Aquarius ; quelles sont les informations concernant la station ;
– quelles sont les prestations incluses dans la formule Club ;
– à quelle(s) clientèle(s) s'adresse la formule du Club Aquarius (justifiez votre réponse) ;
– si la piste «des Marmottes» est ouverte à des skieurs débutants ; si la descente de l'Aiguille Rouge est une piste noire ;
– s'il y a une gare ferroviaire dans la station ;
– s'il est indispensable de venir avec son équipement de ski.

☐ **RÉSERVATION** **Envoyez ce coupon à l'hôtel de votre choix**

Du (jour d'arrivée) __22/4__ au (jour du départ) __28/4__

Période de remplacement : __29/4 - 5/5__

_____ ch. 1 lit (1 pers.)	☐ douche	☐ s/bains	☐ WC
__2__ ch. 2 lits	☐ douche	☒ s/bains	☒ WC
_____ ch. 3 lits	☐ douche	☐ s/bains	☐ WC

Veuillez ajouter dans ma chambre __1__ lit(s)
(âge de l'enfant __2__ ans).

☒ **Demi-pension** ☐ **Pension complète** ☐ **Chambre + petit déjeuner**

Date __17 / 12__ Signature

Patricia Poirier

FRANCE *Savoie*

club aquarius

Arc 2000, c'est l'espace montagne idéalement situé. De la toute mignonne piste « des Marmottes » à la vertigineuse descente de l'Aiguille Rouge qui culmine à 3 226 m, chacun peut y skier comme il le souhaite et profiter d'un enneigement exceptionnel.

ARC 2000

■ ACCÈS À LA STATION
• Par avion : Chambéry ou Lyon-Satolas.
• Par train : Gare de Bourg-Saint-Maurice puis navette en bus ou taxi (25 km).
• Par route : Paris 690 km, autoroute jusqu'à Chambéry, puis Moutiers-Bourg-Saint-Maurice.

■ VOTRE CLUB
• Le Club Aquarius ouvert depuis 1988, est situé au pied des pistes, en plein cœur de la station. Vue superbe sur les Alpes.
• L'hôtel construit sur 6 étages, desservis par ascenseurs, comprend 200 chambres modernes et fonctionnelles de 2, 3 ou 4 lits avec salle de bains complète et toilettes séparées.
• Restaurant. Terrasse ensoleillée.
• Salon, bar, coin cheminée, salle d'animations et de spectacles, boutique.

■ AVEC VOTRE FORFAIT DE REMONTÉES MÉCANIQUES
• Valable sur l'ensemble du domaine des Arcs. Il vous permet de visiter chaque station, de 1 600 m et 1 800 m. Il vous donne accès au sommet de l'Aiguille Rouge en téléphérique, d'où vous pourrez rejoindre la station. Un téléski vous emmène à proximité du parc national de la Vanoise. Toutes les remontées sont puissantes, avec de très bons débits.
• Cours de ski collectifs avec les moniteurs de l'E.S.F. (1/2 journée, matin ou après-midi, du dimanche au vendredi inclus).

■ LOISIRS AU CLUB
Gym tonic, tournois, jeux de société, jeux apéritif, films vidéo, soirées spectacles, dîners à thèmes.

■ MINI-CLUB
Pour les enfants de 4 à 12 ans pendant les vacances scolaires. Cours de ski collectifs avec moniteurs de ESF, à partir de 6 ans. Activités d'éveil, jeux, préparation de spectacles. Un espace indépendant leur est réservé. Garderie assurée pendant les autres périodes.

■ DANS LA STATION
Loisirs : cinémas, discothèques, patinoire, piscine couverte, salle de squash, de musculation, sauna, complexe sportif, promenade en raquettes, parapente, vol libre...
Commerces : librairie-papeterie, magasins de sports, station-service, tabacs, banques...

■ PRATIQUE
• L'hôtel dispose d'un ensemble de 200 places de parking couvert gratuit.
• Location de matériel de ski au club. • Ski-room.

■ VOTRE CLUB-NEIGE ET VOTRE STATION
En un seul coup d'œil, découvrez tout ce qu'il faut savoir sur les attraits de chaque station de sports d'hiver, à l'aide des petits pictogrammes répertoriés ci-dessous.

3 600 m
1 650 m
1 250 m

Altitude la plus basse et la plus élevée du domaine skiable. Le point indique l'altitude du Club Aquarius.

V : 22   B : 25   R : 20   M : 8

Vertes, bleues, rouges, noires : les chiffres indiquent le nombre de pistes, par couleur, du domaine skiable de la station.

25 km

Ski de fond : les chiffres indiquent le nombre de kilomètres réservés à la pratique de ce sport.

1

Pistes ouvertes la nuit : dans certaines stations, on peut pratiquer le ski en soirée.

19

Nombre total des remontées mécaniques de la station (téléskis, télésièges...).

1

Nombre de canons à neige en service sur les pistes de la station.

Le Club possède un mini-club pour les enfants de 4 à 12 ans.
Mini-club

Le Club met à votre disposition un baby-club pour les enfants de 3 mois à 4 ans.
Baby-club

DOCUMENT 2

5   La famille Labie (quatre personnes dont deux jeunes enfants) veut passer une semaine aux Arcs 2000 du 18 au 24-2. Mme Labie passe à l'agence Planète Voyages à Évry (télex : 603501) pour se renseigner sur les formules «club».
Vous êtes employé(e) dans cette agence et vous lui proposez la formule Arc 2000, du Club Aquarius. Après avoir posé quelques questions. Mme Labie est presque décidée. Vous lui conseillez de demander une option pour 4 personnes puisque la semaine choisie est très demandée en raison des vacances scolaires. Mme Labie accepte.
Faites cet exercice par groupe de deux.
Télexez au Club Aquarius à Paris (télex : 215144) pour demander cette option et demandez jusqu'à quand on peut la lui garder.

6   Sept jours avant le départ, Mme Labie repasse à votre agence. Elle vous règle le montant du solde de son voyage et vous lui remettez en échange son carnet de voyage.
Faites la liste des documents insérés dans ce carnet à l'aide des indications suivantes :

– Lieu de séjour : Arc 2000.
– Hébergement : Hôtel Club Aquarius.
– Séjour : 18 au 24-2.
– Départ : le 17-2 : Paris-Gare de Lyon (23 h 05) → Bourg-Saint-Maurice (8 h 18), 2e classe, 4 couchettes. (N'oubliez pas de commenter chaque document à Mme Labie.) Faites cet exercice par groupe de deux.

7   Voyagiste dans votre pays, vous êtes chargé(e) de l'organisation d'un voyage à forfait dans une station de sports d'hiver.
Prenez en compte les éléments ci-dessous dans la conception du forfait :
     Clientèle ciblée : jeunes couples (30-40 ans) avec ou sans enfants, budget moyen, durée de séjour : une semaine.
     Précisions à fournir :
     – caractéristiques du pays, de la station et de l'hôtel ;
     – prestations comprises (transport, ski, hébergement, restauration, animations) ;
     – tarifs.
En vous inspirant des documents 1 et 2, rédigez une page du catalogue de votre agence présentant votre voyage à forfait.

Le tourisme vert

LE SECTEUR PROFESSIONNEL

Le tourisme vert repose principalement sur 6 types d'hébergement classés selon leur confort en 3 catégories (1, 2 ou 3 épis) regroupés sous le label Gîtes de France : *le gîte rural* : maison ou logement indépendant situé près d'une ferme ou d'un village, il peut être loué pour une ou plusieurs semaines ou encore pour un week-end ; *la chambre (et la table) d'hôte* : logement chez l'habitant, le prix de la chambre comprenant le service du petit déjeuner et quelquefois tous les repas à la table de la famille d'accueil. L'unité de location est la nuitée ; *le gîte d'étape* : hébergement sommaire (une chambre pour 7 personnes) destiné aux randonneurs, qu'ils se déplacent à pied, à cheval ou à vélo. L'unité de location est la nuitée ; *la ferme-auberge* : lieu de restauration avec ou sans hébergement, aménagé sur des exploitations agricoles, gérées par des agriculteurs dans le but de valoriser les produits de leur ferme ; *le gîte d'enfants* : colonie de vacances verte (au sein d'une famille) qui n'accueille les enfants qu'en petits groupes (de 6 à 11 enfants) et pendant les périodes de vacances scolaires ; *le camping à la ferme* : installation d'une tente ou d'une caravane à proximité d'une ferme. Le terrain de camping est aménagé pour accueillir 20 personnes et dispose d'un bloc sanitaire complet. MAISON DES GÎTES DE FRANCE : 35, rue Godot-de-Mauroy, 75009 Paris, tél. : (1) 47.42.25.43.

La location de roulottes et de bateaux habitables (tourisme fluvial) est une des activités du tourisme vert. Le tourisme vert est une spécialité française très appréciée des voyagistes étrangers, notamment d'Europe du Nord. En France un tiers des adeptes du tourisme vert sont des étrangers.

LES ACTEURS

En situation professionnelle interviennent :
– en France, le personnel des organismes de promotion du secteur (les Comités départementaux de tourisme et les services Loisirs-Accueil qui dépendent des pouvoirs publics locaux ;
– le personnel des agences de voyages étrangères ;
– les acteurs du secteur (tourisme, hôtellerie et restauration) : agriculteurs, propriétaires de gîtes, loueurs de bateaux habitables et de roulottes ;
– les touristes.

LES SITUATIONS PROFESSIONNELLES

Dans cet itinéraire les situations sont les suivantes :
– lecture et sélection dans une brochure de promotion des informations se rapportant au tourisme vert : n° 1 ;
– information sur les activités et les modes d'hébergement : n°s 2 et 6 ;
– lecture et sélection des informations concernant les conditions générales de réservation : n° 3 ;
– télécopie : demande et confirmation de réservation : n° 4 ;
– rédaction d'un bon d'échange : n° 5 ;
– rédaction d'une brochure de promotion : n° 7, 8 et 9 ;
– promotion du tourisme vert lors d'un salon du tourisme : n°s 10 et 11.

1 Lisez le document 1 et dites :
- qui est l'émetteur de ce document ;
- qui sont les destinataires ;
- ce qu'est la Mayenne et quelle est sa situation ;
- quelle est son activité économique traditionnelle ;
- quel est le patrimoine historique et géographique de la Mayenne, point de départ du développement du tourisme vert ;
- quelles sont les activités touristiques proposées ;
- quels sont les termes valorisants de cette présentation.

2 Un(e) employé(e) de l'agence hollandaise France Exclusif fait un voyage de prospection en France. Il / elle rencontre le responsable du Comité départemental de la Mayenne afin d'obtenir des informations sur les activités et les modes d'hébergement proposés dans le cadre du tourisme vert. Faites ce dialogue par groupe de deux. Seul le responsable français pourra utiliser le paragraphe « Le secteur professionnel » de l'encadré théorique et le document 1.

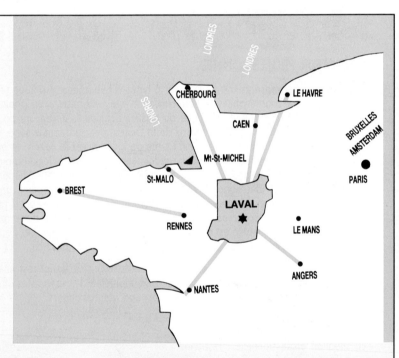

Comité départemental
du Tourisme
**BP 343 - 84, av. Robert-Buron
53018 LAVAL CEDEX**

Pays d'accueil, la Mayenne vous offre sa simplicité et son authenticité.
La variété de ses paysages dissimule une multitude de sites et de monuments, témoins de la richesse de notre histoire.
Cette région à vocation agricole s'est dotée d'équipements de loisirs diversifiés.
Tout y est histoire, nuance, calme et sensibilité.
Elle a su préserver tout un réseau de chemins reliant les fermes entre elles aux moulins et aux villages.
De nombreux circuits sont offerts aux promeneurs pour des randonnées de quelques heures ou de plusieurs jours à pied ou à bicyclette.

Originales et hors du temps : les balades en roulottes peuvent aussi faire découvrir des paysages invisibles des grandes artères.

La rivière « La Mayenne » du même nom que le département demeure une artère de fraîcheur.

Une large gamme de bateaux habitables permet de se laisser glisser au fil de l'eau et de deviner la vie qui animait jadis moulins, écluses et hameaux tout au long du chemin de halage. Actuellement, la Mayenne est rattachée à 4 autres départements qui forment ensemble les Pays de la Loire.

DOCUMENT 1

CONDITIONS GÉNÉRALES DE RÉSERVATION POUR LA CLIENTÈLE INDIVIDUELLE
de la Fédération Nationale des Services de Réservation Loisirs-Accueil (SYCOMORE 3 avril 1989)

1 - LES SERVICES «LOISIRS-ACCUEIL» - Les services «LOISIRS-ACCUEIL» sont conçus pour assurer la réservation et la vente de tous les types de prestations de loisirs et d'accueil, principalement en espace rural. Ils facilitent la démarche du public en lui offrant un choix de nombreuses prestations et en assurant une réservation rapide et sûre. Les Services «LOISIRS-ACCUEIL» sont des instruments d'intérêt général mis à la disposition de tous les types de prestataires qui en sont membres et qui ont passé avec eux une convention de mandat; ils n'effectuent des opérations que pour des services dont leurs membres sont eux-mêmes prestataires.

2 - RESPONSABILITÉ - Le Service «LOISIRS-ACCUEIL» qui offre à un client des prestations est l'unique interlocuteur de ce client et répond devant lui de l'exécution des obligations découlant des présentes conditions de vente. Il ne peut être tenu pour responsable des cas fortuits, des cas de force majeure ou du fait de toute personne étrangère à l'organisation, au déroulement du séjour et aux prestations fournies à cette occasion.

3 - RÉSERVATION - La réservation devient ferme lorsqu'un acompte de 25 % du prix du séjour et 1 exemplaire du bulletin d'inscription/contrat de location signé par le client ont été retournés au Service «LOISIRS-ACCUEIL», et ceci avant la date limite figurant sur le bulletin d'inscription/contrat de location. Lorsque des frais de dossiers sont exigés, ceci est précisé sur le bulletin d'inscription/contrat de location et ils doivent être acquittés avec l'acompte.

4 - RÈGLEMENT DU SOLDE - Le client s'engage formellement à verser au Service «LOISIRS-ACCUEIL», sur présentation d'une facture, le solde de la prestation convenue et restant dû, et ceci un mois avant le début du séjour. Le client n'ayant pas versé le solde à la date convenue est considéré comme ayant annulé son séjour. Dès lors, la prestation est de nouveau offerte à la vente.

5 - BON D'ÉCHANGE - Dès réception du solde des frais de séjour, le Service «LOISIRS-ACCUEIL» adresse au client un bon d'échange que celui-ci doit remettre au prestataire dès son arrivée.

6 - ANIMAUX - Le bulletin d'inscription/contrat de location précise si le client peut ou non séjourner en compagnie d'un animal familier (rubrique «Observations»).

7 - ARRIVÉE - Le client doit se présenter le jour mentionné sur le bon d'échange. En cas d'impossibilité, il doit avertir le Service «LOISIRS-ACCUEIL»; en cas d'arrivée tardive ou d'empêchement de dernière minute, le client doit prévenir directement le prestataire dont l'adresse et le téléphone sont indiqués sur le bon d'échange.

8 - ANNULATION - Toute annulation doit être notifiée au Service «LOISIRS-ACCUEIL» par lettre recommandée ou télégramme. Pour toute annulation du fait du client, la somme remboursée à ce dernier par le Service «LOISIRS-ACCUEIL», à l'exception des frais de dossier (si ceux-ci ont été perçus lors de la réservation), sera la suivante :
• annulation plus de 30 jours avant le début du séjour : 90 % du montant du séjour; toutefois, la pénalité ne pourra excéder, dans ce cas, 200 Francs; • annulation entre le 30e et le 21e jour avant le début du séjour : 75 % du montant du séjour; • annulation entre le 20e et le 8e jour avant le début du séjour : 50 % du montant du séjour; • annulation entre le 7e et le 2e jour avant le début du séjour : 25 % du montant du séjour; • annulation moins de 2 jours avant le début du séjour : 10 % du montant du séjour. En cas de non-présentation du client, il ne sera procédé à aucun remboursement.

8 - BIS - En cas d'annulation du fait du Service «LOISIRS-ACCUEIL» ou d'un prestataire, le client recevra, outre la totalité des sommes versées, une indemnité égale à la pénalité qu'il aurait supportée si l'annulation était intervenue de son fait à cette date, sauf lorsque l'annulation est imposée par des circonstances de force majeure, ou par la sécurité des voyageurs ou a pour motif l'insuffisance des participants tel que précisé à l'article 17.

9 - INTERRUPTION DU SÉJOUR - En cas d'interruption du séjour par le client, il ne sera procédé à aucun remboursement.

10 - MODIFICATIONS - Dans le cas où le séjour serait modifié sur des éléments essentiels avant son commencement, du fait du Service «LOISIRS-ACCUEIL» ou d'un prestataire, le client peut, dans un délai de 7 jours après en avoir été averti : • soit mettre fin à sa réservation dans les conditions prévues à l'article 8 bis; • soit accepter de participer au séjour modifié en signant un avenant au bulletin d'inscription/contrat de location précisant les modifications apportées et la diminution ou l'augmentation de prix que celles-ci entraînent.

Lorsque, après le départ, le séjour est modifié par le Service «LOISIRS-ACCUEIL» ou un prestataire sur des éléments essentiels, le client peut, à son retour, demander le remboursement des prestations non exécutées et non remplacées. Le client ne peut, sauf accord préalable de l'organisateur, modifier le déroulement de son séjour. Les frais de modifications non acceptées restent entièrement à la charge du client sans qu'il puisse prétendre obtenir le remboursement des prestations dont il n'a pas bénéficié du fait de ces modifications.

Le bulletin d'inscription/contrat de location est établi pour un nombre précis de personnes. Au cas où ce nombre serait dépassé, le Service «LOISIRS-ACCUEIL» se réserve le droit de modifier ou de résilier le contrat.

11 - ASSURANCE - Le Service «LOISIRS-ACCUEIL» attire l'attention du client sur l'existence d'une assurance couvrant l'annulation résultant de certaines causes, la responsabilité civile du locataire et l'assistance pour un montant maximum de 2 % du coût du séjour. Ce taux peut être différent si l'assurance ne couvre que la responsabilité civile du locataire. Dans tous les cas, le montant de cette assurance est précisé sur le bulletin d'inscription / contrat de location, et une notice décrivant cette assurance est remise au client.

12 - INSCRIPTIONS TARDIVES - En cas d'inscription moins de 30 jours avant le début du séjour, la totalité du règlement sera exigée à la réservation.

13 - RÉCLAMATIONS - Toute réclamation relative à un séjour doit être adressée par lettre recommandée avec accusé de réception au Service «LOISIRS-ACCUEIL», au plus tard huit jours après la fin du séjour. Pour les locations, tout litige concernant l'état descriptif ou l'état des lieux ne pourra être soumis au Service «LOISIRS-ACCUEIL» au-delà du 3e jour d'occupation.

14 - GÎTES DE FRANCE - Les locations se font à la semaine, en règle générale du samedi au samedi, et parfois le week-end hors de la pleine saison. Pour les locations de gîtes, sauf indication contraire, le prix comprend un forfait de consommation en électricité (4 kwh/jour) et gaz de cuisine (1/2 bouteille par semaine). Sauf indication contraire, le prix du chauffage n'est pas compris et doit être réglé directement au propriétaire ou à son représentant par le locataire en fin de séjour; en cas de forfait de consommation, les éventuels suppléments de consommation sont également réglés au propriétaire par le locataire à la fin du séjour. Un inventaire sera effectué par le propriétaire ou son représentant à l'arrivée et au départ. Lorsqu'une caution est exigée par le propriétaire à l'arrivée dans le gîte, son montant est indiqué dans le bulletin d'inscription/contrat de location. Le nettoyage du gîte est à la charge du locataire.

15 - HÔTELS - Les prix comprennent la location de la chambre et le petit déjeuner ou la demi-pension ou la pension complète. Sauf indication contraire, ils ne comprennent pas les boissons des repas. Lorsqu'un client occupe seul une chambre prévue pour loger deux personnes, il lui est facturé un supplément dénommé «Supplément Chambre Individuelle». Le jour du départ, la chambre doit être libérée avant midi.

16 - CAMPINGS - Sauf indication contraire, les réservations d'emplacements se font à la semaine. La demande de branchement électrique doit être précisée lors de la réservation.

17 - AUTRES SÉJOURS - Les conditions particulières aux autres séjours sont adressées par le Service «LOISIRS-ACCUEIL» avec la proposition et la description du séjour. L'insuffisance du nombre de participants peut être un motif valable d'annulation pour certains types de séjours. Dans ce cas, le Service «LOISIRS-ACCUEIL» restitue la totalité des sommes versées. Cette éventualité ne saurait intervenir moins de 21 jours avant le début du séjour.

Tout litige portant sur l'application des présentes conditions générales sera de la compétence exclusive du tribunal du chef-lieu du département du Service «LOISIRS-ACCUEIL».

Le Service «LOISIRS-ACCUEIL» a souscrit une assurance responsabilité civile professionnelle.

DOCUMENT 2

3 Lisez le document 2 et dites si les affirmations suivantes sont vraies ou fausses. Soulignez la partie du texte qui vous permet de répondre et corrigez.

	Vrai	Faux
Ce document s'adresse à une clientèle de voyagistes.	☐	☐
Loisirs-Accueil est un organisme de réservation et de vente de produits touristiques proposés à la campagne.	☐	☐
«Prestataires» désigne les touristes.	☐	☐
Loisirs-Accueil est un intermédiaire entre les prestataires et la clientèle individuelle.	☐	☐
Loisirs-Accueil garantit les produits touristiques qu'il distribue dans la limite des conditions de vente.	☐	☐
La réservation prend effet à la signature du contrat.	☐	☐
Pour toute réservation, la date limite de paiement du solde est de 1 mois avant le début du séjour.	☐	☐
Le bon d'échange prouve que le client a acquitté les frais de séjour.	☐	☐
Pour toute prestation, les animaux sont interdits.	☐	☐
En cas de retard, le client doit prévenir le service Loisirs-Accueil.	☐	☐
Une annulation tardive du séjour entraîne un remboursement minimum des frais de séjour acquittés.	☐	☐
À 25 jours avant le début du séjour, si dans un groupe de touristes certains participants se désistent, ce qui aménerait le groupe à annuler son séjour, Loisirs-Accueil s'engage à rembourser la totalité du montant du séjour.	☐	☐
Si Loisirs-Accueil est responsable de certaines modifications du séjour, il s'engage à dédommager les participants.	☐	☐
Dans le cas où les participants modifieraient leur séjour, ils peuvent demander un remboursement d'une partie des frais.	☐	☐
Le montant de l'assurance s'élève à 2 % maximum des frais de séjour.	☐	☐
Toute inscription tardive entraîne une augmentation du prix de la location.	☐	☐
Si les participants ne sont pas satisfaits de leur hébergement, ils ont 3 jours pour en informer Loisirs-Accueil.	☐	☐
L'unité de location d'un gîte est la nuitée.	☐	☐
Pour toute location de gîte, les propriétaires exigent une caution.	☐	☐
Pour réserver une place au camping, il faut s'y prendre une semaine à l'avance.	☐	☐

4 Lisez le document 3, «Gîtes ruraux» ainsi que la télécopie suivante :

MESSAGE TÉLÉCOPIE

DATE : le 15 janvier 1991
A : Kirsten Baarn / France Exclusif
DE : Isabelle CARRÉ / Loisirs-Accueil Mayenne
REF. : Réservation gîte G.18 du 18-5

NOTES :

Madame,
Suite à votre télécopie de ce jour, vous confirme la réservation du gîte G18 pour la semaine du 18-5 au 25-5 pour 6 adultes + 1 enfant au tarif suivant : 800 F/semaine, à régler par chèque bancaire en F.F.
Réservation effective dès réception d'un acompte de 25 % du prix de la location.
Le règlement du solde devra être versé avant le 18-4.
Merci de votre précieuse coopération.
Amicales salutations.

Isabelle CARRÉ

Rédigez la télécopie qui a précédé celle que vous venez de lire, de Kirsten Baarn de l'agence hollandaise France Exclusif à Isabelle Carré du service Loisirs-Accueil Mayenne.

5 Complétez le bon d'échange (document 4), remis par Loisirs-Accueil à l'agence France Exclusif pour M. Lamens, locataire du gîte G.18, pour payer à son arrivée M. et Mme Duchesne, propriétaires du gîte. Pour cela aidez-vous du message télécopie ci-dessus et du document 3.

6 Mme Godeau de Bruxelles téléphone à Loisirs-Accueil Mayenne pour se renseigner sur les prestations comprises et non comprises dans la formule d'hébergement en gîte rural. Faites cette conversation téléphonique par groupe de deux en vous servant du document 3. (Attention ! seul(e) l'employé(e) de l'organisme de promotion a le document sous les yeux.)

Qu'est-ce qu'un gîte rural ?

C'est une maison de vacances située en milieu rural aménagée et équipée selon les critères d'une charte de qualité et offrant des garanties d'équipement, de prix, d'accueil.

Ces locations sont contrôlées et classées en fonction de leur situation et du degré de confort selon un barème établi par l'association nationale des Gîtes de France (1, 2 ou 3 épis).

Plus qu'un hébergement, c'est aussi l'accueil par les gens du pays qui sauront vous faire découvrir un autre rythme de vie dans un environnement privilégié.

Lassay-les-Châteaux

Le prix comprend :
– la mise à disposition de la maison avec tout son mobilier ;
– 500 l d'eau/jour ;
– 4 kw/h/jour d'électricité ;
– 4 kg de gaz butane par semaine.

Le prix ne comprend pas :
– les draps et linge de toilette (possibilité d'en louer sur place) ;
– le surplus en consommation d'eau, de gaz, d'électricité qui est facturé en fin de séjour ainsi que le chauffage ;
– le ménage : le locataire doit rendre le gîte propre à la fin de la période de location ;
– une caution peut être demandée par les propriétaires.

LE RIBAY

Réf. G.18 - 3 EPIS (C1)
Maison isolée - Capacité 5/6 personnes.
Rez-de-chaussée : cuisine, séjour avec cheminée, convertible, coin toilette, W.C., 1 ch. 1 lit 2 pers.
A l'étage : salle de bains, W.C., 1 ch. 1 lit 2 pers., 1 ch. 1 lit 2 pers., mezzanine 1 lit 1 pers., chauffage électrique.
Environnement : terrain 1200 m², salon de jardin barbecue, possibilité pêche dans un étang privé à 100 m, garage, à disposition vélos.

TARIFS : JUIN/SEPTEMBRE/NOEL/
    PAQUES et FEVRIER .... **950 F./s**
    JUILLET/AOUT .... **1150 F./s**
    HORS-SAISON .... **800 F./s**
Animaux non admis.

GÎTES RURAUX

DOCUMENT 3

LOISIRS-ACCUEIL MAYENNE

Bureaux et siège social :
COMITÉ DÉPARTEMENTAL DU TOURISME
84, avenue Robert-Buron
53018 LAVAL CEDEX
Tél. : 43 49 35 40
Télécopie : 43 67 11 20
Télex : TOURMAY 721 021

Groupement d'Intérêt Économique
régi par l'ordonnance N° 67-821 du 23 septembre 1967
Compte bancaire : B.P.O. Laval N° 140196567 18

BON D'ÉCHANGE

Date	Référence
1 5 0 1 9 1	

A   Mientweg 54   1732 LG LUTJEWINKEL
To   TÉL. 19.31.22.44.1656   CLIENT : _____
Nach

En faveur de   53640 LE RIBAY
On behalf to   TÉL. 43.03.90.29
In behalf

Service requis _____

Arrivée le _____ à __ 16 h __

Départ le _____ à __ 10 h __

Nbre de personnes _____

Adultes _____

Enfants _____

*La Mayenne
élargissez vos horizons!*

DOCUMENT 4

7   Choisissez une région de votre pays favorable au tourisme vert. À la manière du document 1, rédigez une présentation de cette région d'un point de vue géographique, historique, économique et culturel. Cette présentation d'une demi-page sera valorisante et paraîtra dans une brochure de promotion du tourisme vert diffusée en France par l'Office de tourisme de votre pays.

8   Dans cette région, répertoriez les différents types d'hébergement du tourisme vert. Rédigez une présentation d'une page à paraître dans une brochure de promotion du tourisme vert diffusée en France par l'Office de tourisme de votre pays. Pour cela, inspirez-vous de l'encadré théorique (paragraphe «Le secteur professionnel»).

9   Sélectionnez une recette de cuisine traditionnelle de la région choisie dans l'exercice 7. Rédigez cette recette sur une demi-page en distinguant les ingrédients du mode de préparation. Cette recette paraîtra dans la brochure de promotion du tourisme vert diffusée en France par l'Office de tourisme de votre pays.

10   Représentant d'un organisme de promotion du tourisme vert de votre pays (ou de votre région), vous êtes chargé(e) lors de la journée professionnelle du Salon mondial du tourisme à Paris de présenter oralement en 15 minutes les principaux acteurs et prestations de ce secteur touristique. Le reste de la classe jouera le rôle des professionnels présents au salon et pourront intervenir pendant ou après votre présentation. Cet exercice peut être préparé en groupe.
(Procurez-vous votre documentation au préalable.)

11   Représentant d'un organisme de promotion du tourisme vert de votre pays, vous êtes chargé(e) lors des journées grand public du Salon mondial du tourisme à Paris de répondre aux questions des visiteurs sur les régions concernées par le tourisme vert, sur les différentes formules d'hébergement et les conditions de réservation, sur les possibilités de loisirs et sur les tarifs. Faites cet exercice par groupe de quatre (1 représentant et 3 visiteurs.)

fermes-auberges

Renseignements pratiques

COMMENT FONCTIONNE LE TOURISME

Le public, les sociétés, les groupes peuvent s'adresser directement aux :

- compagnies aériennes,
- compagnies maritimes,
- compagnies de chemin de fer,
- loueurs de voitures,
- hôtels, restaurants et autres prestataires de services,
- organismes de promotion touristique,

mais aussi aux agences de voyages.

Les agences de voyages peuvent s'adresser directement aux :

- compagnies aériennes,
- compagnies maritimes,
- compagnies de chemin de fer,
- loueurs de voitures,
- hôtels, restaurants et autres prestataires de services,
- organismes de promotion touristique,

mais aussi aux voyagistes dont elles vendent les programmes.

Les voyagistes (*tour-operator* en anglais, « tour-opérateur » en franglais et *TO* dans le langage professionnel) proposent des voyages « tout compris » ; qu'ils élaborent en s'adressant aux :

- compagnies aériennes,
- compagnies maritimes,
- compagnies de chemin de fer,
- loueurs de voitures,
- hôtels, restaurants et autres prestataires de services,
- organismes de promotion touristique,
- agences de réceptif du pays de destination qui s'occupent sur place d'organiser séjours, circuits et excursions. Les agences réceptives sont des spécialistes de l'accueil ;

et qu'ils proposent au public, soit directement, soit, plus fréquemment, par l'intermédiaire des agences de voyages : dans ce cas, le voyagiste est le *fabricant* du voyage, et l'agence est le *vendeur.*

COMMENT FONCTIONNE UNE AGENCE DE VOYAGES

Les agences de voyages n'ont pas forcément toutes la même organisation. L'exemple que nous présentons est cependant assez typique. Il s'agit de l'agence Kuoni de Grenoble, qui fait partie du groupe suisse Kuoni. Il y a quatre services :

Le service tourisme, où travaillent deux agents qui accueillent les clients et les renseignent. Ils vendent des voyages à forfait tout faits (« package » ou forfait d'un TO) sur catalogue, en particulier ceux de Kuoni, et des forfaits sur mesure à la demande du client.

Le service sociétés, où travaillent deux personnes dont un agent.

L'agent travaille pour des sociétés (industries, etc.) qui recourent à Kuoni pour tous les voyages d'affaires de leur personnel. Les rapports avec les clients se passent surtout par téléphone. L'agent s'occupe de :

- la réservation des billets d'avion ou de train,
- la réservation de chambres d'hôtel,
- la location de voitures.

L'autre personne s'occupe de la facturation de ces services et porte aux sociétés les billets et bons d'échange qui ont été émis.

Les sociétés qui travaillent régulièrement avec Kuoni ont un compte auprès de Kuoni et règlent chaque mois les services fournis.

Le service groupes, où travaillent deux agents, qui travaillent sans brochures : ils préparent des voyages sur mesure pour des groupes préformés.

L'agent, dans ce cas, n'est pas *revendeur* de services, mais *fabricant.* Il est donc soumis à la concurrence. Il fait toutes les démarches auprès des transporteurs, hôteliers, etc., et prépare un *devis* pour les clients.

Si les clients passent leur commande, il tape les itinéraires, qu'il met dans une pochette avec un guide de la région visitée, des informations pratiques, et des étiquettes pour les bagages.

L'agent peut accompagner le voyage, mais il ne sert pas de guide.

Le travail est plus complexe quand il s'agit d'un congrès, l'agent doit en effet :

- faire parvenir à chaque congressiste ses documents de voyage,
- organiser plusieurs transferts aéroport ou gare / hôtel,
- quelquefois, réserver des chambres différentes selon la personne.

Le service billetterie, où travaillent deux personnes :

- elles renseignent les clients (heures, prix, etc., des voyages aériens ou ferroviaires) ;
- elles délivrent les billets.

OÙ LES AGENTS DE VOYAGES PRENNENT-ILS LEURS INFORMATIONS ?

Les agences de voyages disposent, pour leur travail, d'un certain nombre d'ouvrages de consultation.

• Les horaires des compagnies de chemin de fer et des compagnies maritimes des différents pays.

• L'*ABC,* qui est un guide des horaires de toutes les compagnies aériennes. Il paraît chaque mois. Les prix sont indiqués en F.C.U. *(Fare Construction Unit),* qui est une unité de référence, et dans la monnaie du pays de départ.

• Le *JET GUIDE,* qui contient les mêmes informations que l'*ABC,* mais sur un nombre plus limité de destinations.

Dans ces deux guides, les villes sont indiquées par un groupe de trois lettres (LON = Londres ; DUS = Düsseldorf ; LAX = Los Angeles ; PAR = Paris ; LIL = Lille, etc.).

• L'*APT* (Airline Passengers Tariffs), qui publie quatre fois par an tous les tarifs de tous les vols.

• *ICOTOUR* (éditions Icotecnica, 15, rue Victor-Duruy, 75015 Paris, tél. : (1) 48.28.74.00), qui reste l'annuaire professionnel français de référence. Il contient les coordonnées de toutes les entreprises du secteur touristique ainsi que de nombreux renseignements pratiques :

– formalités de police (passeports, visas, etc.),
– formalités sanitaires (vaccins obligatoires, etc.),
– somme de devises autorisées,
– décalage horaire,
– indications sur le climat, etc.

Aujourd'hui, toutes ces informations peuvent être obtenues aussi par ordinateur. Les systèmes informatiques relient les agences de voyages aux ordinateurs des centrales de réservation des chaînes hôtelières et des différents transporteurs du monde entier. Créé en 1982, ESTEREL est le réseau français multi-serveur permettant aux agences de voyages d'accéder aux systèmes informatiques de leurs prestataires. Exemples de serveurs :

– ALPHA 3 d'Air France,
– SIRENE d'Air Inter,
– Mabel Greta de la S.N.C.F.,
– VEHITEL regroupant les loueurs de véhicules,
– SESAMTEL des chaînes hôtelières,
– VOYATEL et ATOLL des voyagistes,
– TELASSUR des compagnies d'assurance-assistance,
– NAVITEL des compagnies maritimes.

LA PROMOTION DU TOURISME EN FRANCE

Les organismes de promotion touristique ou organismes institutionnels constituent la vitrine touristique de l'Hexagone, à la fois pour les professionnels du tourisme et pour les vacanciers français et étrangers.

Au niveau municipal

• *Syndicats d'initiative* (SI) : ils sont chargés d'informer visiteurs et habitants, et d'assurer l'animation et la promotion de la commune.

• *Offices du tourisme* (OT) : ils ont une ambition plus large, non seulement renseigner et promouvoir, mais aussi organiser (fêtes et spectacles), réaliser (études) et gérer (remontées mécaniques, ports de plaisance, installations sportives et distractives...).

Au niveau départemental

• *Comité départemental du tourisme* (CDT) : il dépend du conseil général et est chargé principalement des opérations de promotion. Il est appelé à recenser les ressources touristiques du département, et à prévoir les mesures nécessaires pour les mettre en valeur.

• *Services Loisirs-Accueil* (SLA) : ils dépendent également du conseil général et ont une mission d'information et d'accueil du public ; ils sont l'équivalent, au niveau départemental, des OT et des SI. Ils remplissent également le rôle d'agence de réceptif dans les départements où ce type d'entreprise est généralement absent et commercialisent de véritables forfaits touristiques.

Au niveau régional

• *Comité régional du tourisme* (CRT) : il dépend du conseil régional, et a pour mission l'élaboration de la politique touristique et la promotion de la région.

Au niveau national

• *Ministère du tourisme :* il a pour mission de promouvoir et d'orienter les activités de tous ordres concourant à l'expansion du tourisme français et à l'aménagement touristique.

• *Direction de l'industrie touristique* (DIT) : administration centrale du tourisme, elle applique les décisions du ministère du Tourisme.

• *Maison de la France :* elle a pour but d'informer les bureaux français situés à l'étranger sur les innombrables possibilités de vacances qu'offre l'Hexagone.

• *Maisons de province :* leur siège est à Paris, elles assurent la promotion de leur département ou de leur région. Leur rôle est semblable à celui des OT, mais en plus elles commercialisent des produits touristiques (séjours, circuits) et dans certains cas elles proposent même des spécialités gastronomiques régionales.

ADRESSES UTILES

La presse professionnelle :

L'Hôtellerie (hebdomadaire)
  9, rue Ybry, 92200 Neuilly,
  tél. : (1) 46.40.08.08.
Tour hebdo (hebdomadaire)
  14, rue Chaptal, 92303 Levallois Cedex,
  tél. : (1) 47.57.31.66.
L'Écho touristique (hebdomadaire)
  9, rue Portalis, 75008 Paris,
  tél. : (1) 42.94.01.04.
Les Bancs d'essai du tourisme (mensuel)
  41, bd du Montparnasse, 75006 Paris,
  tél. : (1) 45.48.41.49.

L'Officiel des congrès et du tourisme d'affaires (mensuel) 85, rue La Fayette, 75009 Paris, tél. : (1) 42.80.12.19.

Pour avoir des informations sur le tourisme en France, vous pouvez prendre contact avec un certain nombre d'organismes :

Direction du tourisme 2, rue Linois, 75740 Paris Cedex 15, tél. : (1) 45.75.62.16.
Maison de la France 8, avenue de l'Opéra, 75001 Paris, tél. : (1) 42.96.10.23.
Office du tourisme 127, avenue des Champs-Élysées, 75008 Paris, tél. : (1) 47.23.61.72.
Direction de la protection de la nature, Service des Parcs nationaux 14, boulevard du Général-Leclerc, 92524 Neuilly, tél. : (1) 47.58.12.12.
Direction des musées de France Palais du Louvre, 75001 Paris, tél. : (1) 42.60.39.39.
Comités départementaux du tourisme (au chef-lieu de chaque département)
Union nationale des associations de tourisme 8, rue César-Franck, 75015 Paris, tél. : (1) 47.83.21.73.
Association internationale de l'hôtellerie 80, rue de la Roquette, 75011 Paris, tél. : (1) 47.00.84.57.
Camping-club de France 218, boulevard Saint-Germain, 75007 Paris, tél. : (1) 45.48.30.03.
Fédération française des gîtes ruraux 35, rue Godot-de-Mauroy, 75009 Paris, tél. : (1) 47.42.25.43.
Fédération unie des auberges de jeunesse 27, rue Pajol, 75018 Paris, tél. : (1) 46.07.00.01.
CIDJ (Centre d'information et de documentation jeunesse : tout ce qui peut intéresser les jeunes : tourisme, travail, formation, etc.) 101, quai Branly, 75740 Paris Cedex 15, tél. : (1) 45.66.40.20.
Fédération française de randonnée pédestre, Comité national des sentiers de grande randonnée 9, avenue George-V, 75008 Paris, tél. : (1) 47.23.62.32.
Association nationale pour le tourisme équestre 15, avenue de Bruxelles, 75009 Paris, tél. : (1) 42.81.42.82.
Fédération française de cyclotourisme 8, rue Jean-Marie-Jego, 75013 Paris, tél. : (1) 45.80.20.21.
Syndicat national des loueurs de bateaux de plaisance Port de la Bourdonnais, 75007 Paris, tél. : (1) 45.55.10.49.

Pour programmer des voyages en France, il peut vous être utile :

– de vous procurer la brochure *Festivals de France,* publiée par la Direction du tourisme ;

– d'écrire à la Fédération française des salons spécialisés : 22, avenue Franklin-Roosevelt, 75008 Paris, tél. : (1) 42.25.05.80.

Pour vous procurer des horaires de poche, vous pouvez écrire à :

Aéroports de Paris (département Relations publiques), 291, boulevard Raspail, 75675 Paris Cedex, tél. : (1) 43.35.70.00.
Air France 1, square Max-Hymans, 75757 Paris Cedex 15, tél. : (1) 43.23.81.81.
SNCM 61, boulevard des Dames, 13002 Marseille, tél. : 91.56.32.00.

Pour vous procurer des catalogues de voyages, vous pouvez écrire aux voyagistes ou aux associations suivants :

Club Méditerranée Place de la Bourse, 75002 Paris, tél. : (1) 42.96.10.00.
Nouvelles Frontières 87, bd de Grenelle, 75738 Paris Cedex 15, tél. : (1) 45.68.70.00.
FRAM 1, rue Lapeyrouse, 31008 Toulouse Cedex, tél. : 61.29.33.11.
Frantour Voyages 163 *bis*, avenue de Clichy, 75017 Paris, tél. : (1) 42.29.90.90.
Kuoni 95, rue d'Amsterdam, 75008 Paris, tél. : (1) 42.85.71.22.
Caisse nationale des monuments historiques 62, rue Saint-Antoine, 75004 Paris, tél. : (1) 44.61.20.00.
GO Voyages 3, rue d'Edimbourg, 75008 Paris, tél. : (1) 45.22.08.50.
Compagnie générale de croisières 2, rue Joseph-Sansbœuf, 75008 Paris, tél. : (1) 42.93.81.82.
CLIO Les amis de l'Histoire 34, rue du Hameau, 75015 Paris, tél. : (1) 42.50.49.79.
Terres d'Aventure 16, rue Saint-Victor, 75005 Paris, tél. : (1) 43.29.94.50.
VVF (Villages Vacances Familles) 38, bd Edgar-Quinet, 75014 Paris, tél. : (1) 43.20.12.88.
Maeva locations 30, rue d'Orléans, 92200 Neuilly, tél. : (1) 47.45.17.21.

LES VACANCES DES FRANÇAIS

Pour proposer aux Français des voyages et des séjours dans votre pays, vous devez tenir compte des dates de leurs vacances et des jours fériés en France. Reportez-vous au tableau présenté à la page 170.

Pour connaître les dates précises des vacances de l'année en cours pour les différentes régions, vous pouvez téléphoner au (1) 45.50.10.00 mis en place par le ministère de l'Éducation pour le public.

LEXIQUE

Cet index répertorie tous les mots contenus dans les encadrés de la rubrique «**Vos Compétences**» et plus généralement dans les 22 dossiers. Quelques mots, précédés d'un astérisque, apparaissent dans les itinéraires.

Abréviations :

adj. : adjectif — *n.* : nom — *n.f.* : nom féminin — *n.m.* : nom masculin — *n.f.pl.* : nom féminin pluriel — *n.m.pl.* : nom masculin pluriel — *v.* : verbe

A

143	abbaye, *n.f.*	abbey	Abtei	abadía	abadia
13	abonnement, n.m.	season ticket	Abonnement	abono	assimatura, passe
143	abriter, *v.*	to accommodate	beherbergen	abrigar	abrigar
149	abside, *n.f.*	apse	Apsis	ábside	abside
115	accéder, *v.*	to reach	kommen zu	entrar	ter acesso
115	accès, *n.m.*	access	Zufahrt	acceso	acesso
35	accueil, *n.m.*	welcome	Empfang	recepción/acogida	recepção, acolhimento
35	accueillir, *v.*	to welcome	empfangen	recibir	receber, acolher
53	acompte, *n.m.*	deposit	Anzahlung	a cuenta	pagamento por conta
127	activité, *n.f.*	activity	Aktivität	actividad	actividade
66	addition, *n.f.*	bill	Rechnung	cuenta	conta/
59	adepte de ..., *n.*	expert at	Anhänger von	adepto a	adepto de
53	adresser, *v.*	to address	senden an	dirigir	endereçar
87	aérer (s'), *v.*	to breathe (wine)	atmen	airear	respirar
19	aérogare, *n.f.*	airport/terminal	Flughafen	aeropuerto	aeroporto (estação)
25	aéroglisseur, *n.m.*	hovercraft	Luftkissenboot	hovercraft	"hovercraft"
19	aéroport, *n.m.*	airport	Flughafen	aeropuerto	aeroporto
155	agriculture, *n.f.*	agriculture	Landwirtschaft	agricultura	agricultura
93	ail, *n.m.*	garlic	Knoblauch	ajo	alho
149	aile, *n.f.*	wing	Flügel	ala	ala
59	aimer, *v.*	to like	gern machen	gustar	gostar
93	ajouter, *v.*	to add	hinzufügen	añadir	adicionar
13	aller, *n.m.*	single ticket	einfach (Fahrkarte)	ida	ida
13	aller-retour, *n.m.*	return ticket	Rückfahrtkarte	ida y vuelta	ida-e-volta
59	ambiance, *n.f.*	atmosphere	Stimmung	ambiente	ambiente
103	ameublement, *n.m.*	furniture	Einrichtung	mobiliario	mobília
143	amphithéâtre, *n.m.*	amphitheatre	Amphitheater	anfiteatro	anfiteatro
155	anecdote, *n.f.*	anecdote	Anekdote	anécdota	anedota
127	animateur (-trice), *n.*	organiser	Animateur(in)	animador(-ra)	animador (-ra)
127	animation, *n.f.*	activities	Freizeitgestaltung	animación	animação
19	annulation, *n.f.*	cancellation	Annulation	anulación	anulação
19	annuler, *v.*	to cancel	annulieren	anular	anular
143	Antiquité, *n.f.*	Antiquity	Altertum	Antigüedad	Antiguidade
81	apéritif, *n.m.*	aperitif	Aperitif	aperitivo	aperitivo
25	appareillage, *n.m.*	casting off	Ablegemanöver	salida	aparelhamento
25	appareiller, *v.*	to cast off	Anker lichten	zarpar	aparelhar
115	appartement, *n.m.*	flat, suite	Wohnung	apartamento	apartamento
143	après J.C.	A.D.	nach J.C.	d. d. C.	após J..C.
143	arc de triomphe, *n.m.*	triumphal arch	Triumphbogen	arco de triunfo	Arco do Triunfo
149	arc-boutant, *n.m.*	flying buttress	Strebebogen	arbotante	arco-botante
93	aromate, *n.m.*	herb, spice	Aromastoffe	planta aromática	aroma
53	arrhes, *n.f.pl.*	deposit	Anzahlung	señal	garantia, simal
13	arrivée, *n.f.*	arrival	Ankunft	llegada	chegada

	French	English	German	Spanish	Portuguese
13	arriver, v.	to arrive	ankommen	llegar	chegar
149	art baroque	baroque art	Barock	arte barroco	arte barroca
149	art classique	classical art	Klassizismus	arte clásico	arte clássica
149	art gothique	Gothic art	Gotik	arte gótico	arte gótica
149	art néo-classique	neo-classical art	Neoklassizismus	arte neoclásico	arte neoclássica
149	art néo-gothique	neo-gothic art	Neugotik	arte neogótico	arte neogótica
149	art nouveau	art nouveau	Jugendstil	art nouveau	"art nouveau"
149	art renaissance	Renaissance art	Renaissance	arte renacentista	arte renascentista
149	art rococo	rococo art	Rokoko	arte rococo	arte rococó
149	art romain	Roman art	Romanik	arte romano	arte románica
81	assiette, n.f.	plate	Teller	plato	prato
59	assister à, v.	to be (present) at	beiwohnen	asistir a	assistir a
115	assurance, n.f.	insurance	Versicherung	seguro	seguro
59	atelier, n.m.	workshop	Atelier	taller	sala de estudo (pintor)
155	atelier	workshop	Werkstatt	taller	oficina
19	atterrir, v.	to land	landen	aterrizar	aterrar
19	atterrissage, n.m.	landing	Landung	aterrizaje	aterragem
93	au four, n.m.	in the oven	im Ofen	al horno	no forno
35	auberge, n.f.	inn	Gasthof	albergue	albergue
143	auditorium, n.m.	auditorium	Auditorium	auditorio	auditório
103	autocar, n.m.	coach	Bus	autocar	autocarro
103	autocar long-courrier	long-distance coach	Langstreckenbus	autocar de larga distancia	autocarro
103	autocariste, n.m.	coach operator	Busunternehmen	propietario de autobuses	motorista (autocarros)
143	avant J.C.	B.C.	vor J.C.	a. d. C.	antes J.C.

B

	French	English	German	Spanish	Portuguese
13	bagages, n.m.pl.	luggage	Gepäck	equipaje	bagagens
47	bagagiste, n.m.	porter	Gepäckträger	botones	bagageiro
115	balcon, n.m.	balcony	Balkon	balcón	balcão
127	balnéaire, adj.	seaside	— am Meer	balneario	balneário
35	bar, n.m.	bar	Bar	bar	bar
115	barbecue, n.m.	barbecue	Grill	barbacoa	churrasco
155	barrage, n.m.	dam	Staudamm	presa	barragem
53	barrer, v.	to cross out	durchstreichen	cruzar/tachar	riscar
149	bas-côté, n.m.	side aisle	Seitenschiff	nave lateral	nave lateral
143	basilique, n.f.	basilica	Basilika	basílica	basílica
25	bateau, n.m.	boat	Schiff	barco	barco
143	bâtiment, n.m.	building	Gebäude	edificio	prédio
25	bénéficiaire, n.	beneficiary	Berechtigte	beneficiario	beneficiário
93	beurre, n.m.	butter	Butter	mantequilla	manteiga
81	bien cuit	well done	gut durch	muy hecho	bem cozido
75	bière, n.f.	beer	Bier	cerveza	cerveja
13	billet, n.m.	ticket	Fahrkarte	billete	bilhete
25	billet non cessible	non-transferable ticket	Fahrschein nicht übertragbar	billete no transferible	bilhete não cessível
93	blanchir, v.	to blanch	blanchieren	sancochar	dar uma fervura
75	boisson, n.f.	drink	Getränk	bebida	bebida
35	bon, adj.	good	gut	bueno	bom
66	bon d'échange, n.m.	exchange coupon	Wechsel	vale	vale de troca
59	bonne humeur, n.f.	good humour	gute Laune	buen humor	bom-humor
25	bord (à ...)	on board	an Bord	bordo (a ...)	a bordo
81	bouilli, adj.	boiled	gekocht	hervido	fervido
93	bouquet, n.m.	bunch, bouquet	Strauss, Bouquet	manojo	aroma
75	bouteille, n.f.	bottle	Flasche	botella	garrafa
19	boutique hors-taxe	duty-free shop	Duty-free Shop	tienda libre de impuesto	loja livre de imposto
93	braiser, v.	to braise	schmoren	asar a fuego lento	assar sobre brasas
93	brin, n.m.	a little	Zweig	brizna	um bocadinho
133	brochure, n.f.	brochure	Prospekt	prospecto	brochura
87	brut (champagne), adj.	extra dry	trocken	muy seco	champanhe bruto
115	bungalow, n.m.	bungalow	Bungalow	bungalow	"bungalow"

C

19	cabine (avion ou bateau), *n.f.*	cabin	Kabine	cabina	cabina
115	cabine, *n.f.*	boxroom	Kabine	rincón para dormir	compartimento
41	cabinet de toilette, *n.m.*	toilet	Waschraum	cuarto de aseo	casa de banho
66	calculer, *v.*	to calculate	rechnen	calcular	calcular
59	calme, *adj.*	calm	Ruhe	tranquilidad	calma
133	campagne publicitaire	advertising campaign	Werbekampagne	campaña publicitaria	campanha publicitária
25	caravane, *n.f.*	caravan	Wohnwagen	caravana	caravana
133	carte, *n.f.*	map	Karte	mapa	guia turístico
81	carte (menu)	menu	Speisekarte	carta	ementa
81	carte (à la ...)	à la carte	Karte (nach...)	carta (a la ...)	"à la carte"
66	carte à mémoire	memory card	Mikrochipskarte	tarjeta con memoria	carta com memória
66	carte à puce	smart card	Microchipskarte	tarjeta con dispositivo electrónico	carta com circuito electrónico
19	carte d'embarquement	boarding card	Bordkarte	tarjeta de embarque	cartão de embarque
66	carte de crédit	credit card	Kreditkarte	tarjeta de crédito	carta de crédito
93	casserole, *n.f.*	pan	Topf	cacerola	caçarola
100	catalogue, *n.m.*	catalogue	Katalog	catálogo	catálogo
143	cathédrale, *n.f.*	cathedral	Kathedrale	catedral	catedral
115	caution, *n.f.*	deposit	Kaution	fianza	caução
35	célèbre, *adj.*	famous	berühmt	célebre	célebre
155	centrale, *n.f.*	power station	Zentrale	central	central
155	centre de recherches, *n.m.*	research centre	Forschungszentrum	centro de investigaciones	centro de pesquisas
109	centre historique	historic centre	historisches Zentrum	centro histórico	centro histórico
25	cessible, *adj.*	transferable	übertragbar	transferible	cessível
35	chaîne hôtelière, *n.f.*	hotel chain	Hotelkette	cadena hotelera	cadeia de hoteis
35	chaleureux, *adj.*	warm	warm(herzig)	acogedor	caloroso
41	chambre, *n.f.*	bedroom	Zimmer	habitación	quarto
41	chambre double	double room	Doppelzimmer	habitación doble	quarto duplo
41	chambre simple	single room	Einzelzimmer	habitación individual	quarto simples
87	chambré, *adj.*	at room temperature	in Zimmertemperatur	a la temperatura ambiente	colocado à temperatura do ambiente
87	chambrer, *v.*	to bring to room temperature	auf Zimmertemperatur bringen	poner a la temperatura ambiente	colocar à temperatura ambiente
115	chambrette, *n.f.*	small bedroom	ganz kleines Zimmer	cuartito	quarto pequeno
155	champ, *n.m.*	field	Feld	campo	campo
87	champagne, *n.m.*	champagne	Champagner	champagne	champanha
143	chapelle, *n.f.*	chapel	Kapelle	capilla	capela
75	charcuterie, *n.f.*	delicatessen	Wurstwaren	tienda de embutidos	salsicharia
35	charmant, *adj.*	charming	charmant	encantador	charmoso
47	chasseur, *n.m.*	bellboy	Boy	botones	criado
143	château, *n.m.*	castle	Schloss	castillo	castelo
81	chaud, *adj.*	hot	warm	caliente	quente
81	chef de rang, *n.m.*	senior waiter	Rangkellner	encargado	responsável de setor
66	chèque, *n.m.*	cheque	Scheck	cheque	cheque
149	chevet, *n.m.*	chevet	Apsis	presbiterio	sítio onde está o altar-mor
149	choeur, *n.m.*	choir	Chor	coro	coro
53	ci-après	below	nachfolgend	a continuación	em seguida
53	ci-contre	opposite	gegenüber	al lado	em frente
53	ci-dessous	below	darunter	más adelante	abaixo
53	ci-dessus	above	darüber	anteriormente	acima
53	ci-joint	enclosed	beiliegend	adjunto	em anexo
133	cibler, *v.*	to target	zielen	determinar el blanco	visar
75	cidre, *n.m.*	cider	Cidre	sidra	cidra
109	circuit, *n.m.*	circuit	Reiseroute	circuito	circuito
143	citadelle, *n.f.*	citadel	Zitadelle	ciudadela	cidadela
35	classe (de grande ...)	(high) class	ersten Ranges	clase (de mucha ...)	de grande classe
19	classe affaires	business class	Business Klasse	primera clase	classe executiva
19	classe économique	economy class	Economyklasse	clase económica	classe económica
19	classe touriste	economy class	Touristenklasse	clase turista	classe turística
75	coca-cola, *n.m.*	Coca-Cola	Coca-Cola	coca-cola	coca-cola
53	cocher, *v.*	to tick	ankreuzen	marcar	marcar
93	cocotte, *n.f.*	casserole	Schnellkochtopf	olla	panela-de-pressão
149	colonne, *n.f.*	column	Säule	columna	coluna
19	commandant, *n.m.*	captain	Kapitän	comandante	comandante

81	commis (-ise)	steward(-ess)/clerk	Aushilfe	empleado (-da)	caixeiro (-a) de casa comercial
19	compagnie aérienne, n.f.	airline	Fluggesellschaft	compañía aérea	companhia aérea
13	compartiment, n.m.	compartment	Abteil	compartimiento	compartimento
115	complexe résidentiel, n.m.	residential complex	Anlage mit Villen	complejo residencial	complexo residencial
13	compostage, n.m.	(ticket) punching	Entwertung	perforación del billete	validação
13	composter, v.	to punch (a ticket)	entwerten	picar	validar
41	compris, adj.	included	inbegriffen	incluido	compreendido
59	concert, n.m.	concert	Konzert	concierto	concerto
47	concierge, n.	caretaker	Hausmeister	portero (-ra)	porteiro
35	confortable, adj.	comfortable	bequem	confortable	confortável
13	consigne, n.f.	left-luggage office	Gepäckabgabe	consigna	guarda-volumes
143	construction, n.f.	building	Konstruktion	construcción	construção
155	construction	building	Bau	construcción	construção
143	construit, adj.	built	gebaut	construido	construído
59	contact, n.m.	contact	Kontakt	contacto	contacto
13	contrôleur, n.m.	ticket inspector	Schaffner	revisor	fiscal, revisor
81	coquillage, n.m.	shellfish	Muschel	marisco	mariscos
149	corps central	main body (of a building)	Hauptgebäude	cuerpo central	corpo central
13	correspondance, n.f.	connection	Verbindung	cambio	transbordo
87	corsé, adj.	full-bodied (wine)	kräftig	de cuerpo	forte
75	côte (de porc), n.f.	pork chop	Kotelett	costilla (de cerdo)	costeleta de porco
13	couchette, n.f.	couchette	Liege	litera	cama
93	couper, v.	to cut	schneiden	cortar	cortar
143	cour, n.f.	courtyard	Hof	patio	pátio
81	couteau, n.m.	knife	Messer	cuchillo	faca
81	couvert, n.m.	place setting	Gedeck	cubierto	talher
115	couverture, n.f.	blanket	Decke	manta	cobertor
155	crise économique	economic crisis	Wirtschaftskrise	crisis económica	crise económica
109	croisière, n.f.	cruise	Kreuzfahrt	crucero	cruzeiro
149	croisillon, n.m.	transept	Querbalken	crucero	parte transversal da igreja
81	cru, adj.	raw	roh	crudo	cru
87	cru, n.m.	good vintage (wine)	Jahrgang	cosecha	espécie de vinho de qualidade
75	crudités, n.f.pl.	mixed salad	Rohkost	ensalada de verduras	alimentos servidos crus
81	crustacés, n.m.pl.	shellfish	Krustentiere	crustáceos	crustáceos
81	cuillère, n.f.	spoon	Löffel	cuchara	colher
93	cuire (faire ...)	to cook	kochen lassen	cocer	cozer
93	cuisson, n.f.	cooking	Kochen	cocción	cozimento
81	cuit, adj.	cooked	gar	cocido	cozido
155	culture, n.f.	cultivation	Anbau	cultivo	cultura
130	curiosités, n.f.pl.	unusual sites	Sehenswürdigkeiten	curiosidades	curiosidades

D

59	danse folklorique	folk dancing	Folkloretanz	baile regional	dança folclórica
155	d'après ...	according to ...	laut	según ...	segundo...
143	dater de, v.	to date from	stammen aus	datar de	datar de
149	déambulatoire, n.m.	ambulatory	Chorumgang	deambulatorio	deambulatório
25	débarquement, n.m.	landing	Ausschiffung	desembarco	desembarque
25	débarquer, v.	to land	von Bord gehen	desembarcar	desembarcar
87	déboucher, v.	to uncork	entkorken	descorchar	desarrolhar
87	décanter (faire ...)	to decant	abklären lassen	decantar	decantar
19	décollage, n.m.	take-off	Start	despegue	descolagem
19	décoller, v.	to take off	starten	despegar	descolar
35	décontracté, adj.	relaxed	lässig	relajado	descontraído
59	décontraction, n.m.	relaxation	Lockerung	relajamiento	descontração
59	découverte, n.f.	discovery	Entdeckung	descubrimiento	descoberta
41	demi-pension, n.f.	half-board	Halbpension	media pensión	meia pensão
87	demi-sec, adj.	medium dry	halbtrocken	semi seco	meio seco
13	demi-tarif, adj. et n.	half fare	halber Preis	media tarifa	meia tarifa
13	départ, n.m.	departure	Abfahrt	salida	partida
133	dépliant, n.m.	leaflet	Faltblatt	folleto	prospecto
75	dépliant publicitaire	advertising leaflet	Werbeprospekt	folleto publicitario	prospecto
59	désirer, v.	to want	wünschen	desear	desejar

75	dessert, *n.m.*	dessert	Nachtisch	postre	sobremesa
13	destination, *n.f.*	destination	Richtung	destino	destino
53	devis, *n.m.*	estimate	Kostenvoranschlag	presupuesto	orçamento
103	devise, *n.f.*	currency	Devise	divisa	divisa
81	digestif, *n.m.*	liqueur	Digestif	digestivo	digestivo
47	directeur, *n.m.*	manager	Direktor	director	director
59	discothèque, *n.f.*	discotheque	Diskothek	discoteca	discoteca
115	disposer de, *v.*	to have (at one's disposal)	verfügen über	disponer de	dispor de
115	disposition, *n.f.*	disposal	Verfügung	disposición	disposição
149	dôme, *n.m.*	dome	Kuppel	cúpula	domo
149	donjon, *n.m.*	dungeon	Bergfried	torreón	torreão
19	douane, *n.f.*	customs	Zoll	aduana	alfândega
41	douche, *n.f.*	shower	Dusche	ducha	ducha
87	doux, *adj.*	sweet	mild	suave	suave
115	drap, *n.m.*	sheet	Bettuch	sábana	lençol
159	dynamisme, *n.m.*	dynamism	Dynamismus	dinamismo	dinamismo

E

93	eau (à l'... bouillante)	water (in boiling ...)	Wasser (in kochendem)	agua (en el ... hirviendo)	em água fervente
75	eau minérale, *f.*	mineral water	Mineralwasser	agua mineral	água mineral
143	édifice, *n.m.*	building	Gebäude	edificio	edifício
133	édifice public	public building	öffentliches Gebäude	edificio público	edifício público
133	édifier, *v.*	to construct	errichten	edificar	edificar
143	église, *n.f..*	church	Kirche	iglesia	igreja
155	élevage, *n.m.*	rearing	Zucht	ganadería	criação
19	embarquement, *n.m.*	boarding	Anbordgehen	embarque	embarque
81	émincé, *adj.*	thinly sliced	in dünne Scheiben geschnitten	loncha de carne	fatia de carne delgada
103	emplacement, *n.m.*	site	Standort	emplazamiento	sítio
127	encadrement, *n.m.*	personnel	Betreuung	marco (ambiental)	meio (ambiente)
47	encart publicitaire	advertising insert	Werbebeilage	encarte publicitario	encarte publicitário
13	enregistrement, *n.m.*	registration	Aufgabe	facturación	registro
13	enregistrer, *v.*	to register	aufgeben	facturar	registrar
81	entier, *adj.*	whole	ganz	entero	inteiro
81	entrée, *n.f.*	starter	Vorspeise	primer plato	antepasto
115	entrée, *n.f.*	entrance hall	Vorraum	entrada	entrada
109	envol, *n.m.*	taking off	Abflug	vuelo/despegue	voo
35	épeler, *v.*	to spell	buchstabieren	deletrear	soletrar
19	escale, *n.f.*	stop(over)	Zwischenlandung	escala	escala
66	espèces (en ...), *n.f.pl.*	by cash	in bar	en metálico	em espécie
143	esplanade, *n.f.*	esplanade	Esplanade	explanada	esplanada
66	établir une facture	to make out a bill	Rechnung ausstellen	extender una factura	preparar uma factura
35	établissement, *n.m.*	establishment	Geschäft	establecimiento	estabelecimento
81	étouffée (à l'...)	steamed, braised	im eigenen Saft	estofar	estufada
93	étouffer, *v.*	to steam	im eigenen Saft kochen	estofar	estufar (carne)
35	excellent, *adj.*	excellent	ausgezeichnet	excelente	excelente
35	exceptionnel, *adj.*	exceptional	aussergewöhnlich	excepcional	excepcional
109	excursion, *n.f.*	trip	Ausflug	excursión	excursão
66	expédier, *v.*	to send	senden	expedir	expedir
155	exploitation agricole	farming	landwirtschaftlicher Betrieb	explotación agrícola	exploração agrícola
133	exposition, *n.f.*	exhibition	Ausstellung	exposición	exposição

F

155	fabrication, *n.f.*	manufacture	Herstellung	fabricación	fabricação
155	fabuleux, *adj.*	legendary	märchenhaft	fabuloso	fabuloso
53	facture, *n.f.*	bill	Rechnung	factura	factura
109	fameux, *adj.*	famous	bekannt	famoso	famoso
35	familial, *adj.*	family	familiär	familiar	familiar

59	fanatique, *n.*	fanatic	Fan	fanático	fanático
93	farine, *n.f.*	flour	Mehl	harina	farinha
60	faune, *n.f.*	fauna	Fauna	fauna	fauna
60	fax, *n.m.*	fax	Fax	fax	fax
155	fée, *n.f.*	fairy	Fee	hada	fada
47	femme de chambre	chambermaid	Zimmermädchen	camarera	empregada de quarto
155	ferme, *n.f.*	farm	Bauernhof	granja	fazenda
25	ferry, *n.m.*	ferry	Fähre	transbordador	ferry-boat
93	feu (à ... doux)	over a slow heat	bei schwacher Hitze	fuego (a ... lento)	em fogo brando
93	feu (à ... vif)	over a fast heat	bei starker Hitze	fuego (a ... fuerte)	em fogo alto
41	fiche (de réservation)	reservation slip	Zettel (Reservierung)	ficha de reserva	ficha de reserva
59	film vidéo	video film	Videofilm	película de vídeo	fita de vídeo
149	flèche, *n.f.*	spire	Turmspitze	aguja	parte superior da torre
61	flore, *n.f.*	flora	Flora	flora	flora
155	florissant, *adj.*	flourishing	blühend	floreciente	florescente
133	foire-exposition, *n.f.*	trade fair	Messe-Ausstellung	feria-exposición	feira-exposição
35	fonctionnel, *adj.*	functional	praktisch	funcional	funcional
143	fontaine, *n.f.*	fountain	Brunnen	fuente	fonte
25	forfait, *n.m.*	fixed price	Pauschale	forfait/precio global	preço global
19	formalités, *n.f.pl.*	formalities	Formalitäten	formalidades	formalidades
103	formalités sanitaires	health formalities	Überprüfung des Gesundheitspasses	formalidades sanitarias	formalidades sanitárias
25	formulaire, *n.m.*	form	Formular	formulario	formulário
143	forteresse, *n.f.*	fortress	Festung	fortaleza	fortaleza
143	fortifications, *n.f.pl.*	fortifications	Befestigung	fortificaciones	fortificações
115	four à micro-ondes, *n.m.*	micro-wave oven	Mikrowellenherd	horno micro hondas	forno de microondas
81	fourchette, *n.f.*	fork	Gabel	tenedor	garfo
115	fournir, *v.*	to provide	stellen	proporcionar	fornecer
66	fournir une prestation	to provide a service	Leistung erbringen	proporcionar una prestación	prestar um serviço
155	foyer, *n.m.*	centre	Heim	cuna/hogar	origem/lar
87	frais, *adj.*	fresh, cool	frisch	frío	gelado
87	frappé, *adj.*	chilled	eisgekühlt	helado	batido
75	frapper (du vin), *v.*	to chill (wine)	kühlen	enfriar	refrescar
93	frire, *v.*	to fry	in Fett braten	freír	fritar
75	frites, *n.f.*	chips	Pommes Frites	patatas fritas	batatas fritas
81	froid, *adj.*	cold	kalt	frío	frio
75	fromage, *n.m.*	cheese	Käse	queso	queijo
75	fruit, *n.m.*	fruit	Obst	fruta	fruta
13	fumeur, *n.m.*	smoker	Raucher	fumador	fumador

G

143	galerie, *n.f.*	gallery	Galerie	galería	galeria
81	garçon de restaurant	waiter	Ober	camarero	empregado de mesa
47	garçon d'étage	bellboy/shoeshiner	Etagenkellner	camarero	criado encarregado do andar
13	gare, *n.f.*	station	Bahnhof	estación	estação ferroviária
25	gare maritime	harbour station	Seehafen	estación marítima	estação ferroviária/porto
47	gouvernante, *n.f.*	housekeeper	Erzieherin	gobernanta	governanta
87	grand cru, *n.m.*	great vintage (wine)	edler Wein	vino fino	um vinho de qualidade superior
25	gratuit, *adj.*	free	gratis	gratis	gratuito
93	griller, *v.*	to grill	grillen	asar	grelhar
47	groom, *n.m.*	bellboy	Hoteldiener	botones (recadero)	mandarete
75	groupe, *n.m.*	group	Gruppe	grupo	grupo
13	guichet, *n.m.*	ticket office	Schalter	ventanilla	bilheteria

H

81	haché, *adj.*	minced	gehackt	picado	ralado
93	hacher, *v.*	to mince	zerkleinern	picar	moer
127	hébergement, *n.m.*	accommodation	Übernachtung	hospedaje	hospedagem

155	héros, *n.m.*	hero	Held	héroe	herói
19	heure internationale	international time	Weltzeit	hora internacional	hora internacional
19	heure locale	local time	Ortzeit	hora local	hora local
47	homologué, *adj.*	approved	amtlich genehmigt	homologado	homologado
13	horaire, *n.m.*	timetable	Fahrplan	horario	horário
75	hors-d'oeuvre, *n.m.*	starter	Vorspeise	entremeses	antepasto
155	horticulture, *n.f.*	horticulture	Gartenbau	horticultura	horticultura
35	hospitalité, *n.f.*	hospitality	Gastfreundschaft	hospitalidad	hospitalidade
35	hôtel, *n.m.*	hotel	Hotel	hotel	hotel
143	hôtel (particulier)	mansion	Privathaus	palacio	mansão
143	hôtel de ville	town hall	Rathaus	ayuntamiento	casa da câmara municipal
143	Hôtel-Dieu, *n.m.*	general hospital	Krankenhaus	hospital	Hospital
103	hôtelier, *n.m.*	hotelier	Hotelbesitzer	hotelero	hoteleiro
19	hôtesse, *n.f.*	hostess	Stewardesse	azafata	hospedeira-de-bordo
93	huile, *n.f.*	oil	Öl	aceite	óleo

I

115	immeuble, *n.m.*	block of flats	Wohnhaus	inmueble	imóvel
155	industrie, *n.f.*	industry	Industrie	industria	indústria
59	initier à, (s'), *v.*	to take up	Grundkenntnisse aneignen	empezar	inciar-se em
35	intime, *adj.*	intimate	intim	íntimo	íntimo

J

| 143 | jardin, *n.m.* | garden | Garten | jardín | jardim |
| 59 | jeu de société | parlour game | Gesellschaftsspiel | juego de sociedad | jogo de salão |

K

| 115 | Kitchenette équipée | Fitted kitchen | Kochnische | cocina equipada | pequena cozinha equipada |

L

155	laboratoire, *n.m.*	laboratory	Labor	laboratorio	laboratório
115	lave-linge, *n.m.*	washing machine	Waschmaschine	lavadora	lava-roupas
115	lave-vaisselle	dishwasher	Spülmaschine	lavavajillas	lava-louças
155	légendaire, *adj.*	legendary	sagenhaft	legendario	lendário
155	légende, *n.f.*	legend	Legende	leyenda	lenda
87	léger, *adj.*	light	leicht	suave	leve
75	légume, *n.m.*	vegetable	Gemüse	verdura	legume
93	lentement	slowly	langsam	poco a poco	lentamente
25	lettre, *n.f.*	letter	Brief	carta	carta
59	liberté, *n.f.*	freedom	Freiheit	libertad	liberdade
47	liftier, *n.m.*	lift boy	Liftboy	ascensorista	rapaz que faz andar o elevador
13	ligne ferroviaire	railway line	Eisenbahnlinie	línea ferroviaria	linha ferroviária
87	liquoreux, *adj.*	syrupy	likörartig	generoso	licoroso
133	liste, *n.f.*	list	Liste	lista	lista
115	lit convertible	convertible couch	Schlafcouch	cama plegable	cama convertível
115	lit double	double bed	französisches Bett	cama de matrimonio	leito duplo
115	lit gigogne	pullout bed	Schiebebett	cama nido	bicama
115	lit simple	single bed	Einzelbett	cama individual	leito simples

115	lits superposés	bunk beds	Etagenbett	literas	beliche
118	litige, *n.m.*	litigation	Streitfall	litigio	litígio
115	location, *n.f.*	renting	Mietwohnung	alquiler	locação
41	logement, *n.m.*	accommodation	Unterkunft	alojamiento	alojamento
115	loggia, *n.f.*	loggia	Loggia	terraza (casa)	varanda
127	loisirs, *n.m.pl.*	leisure activities	Vergnügen	distracciones	lazeres
115	louer, *v.*	to rent	(ver) mieten	alquilar	alugar

M

81	maître d'hôtel, *n.m.*	head waiter	Oberkellner	maître	"maître "
133	manifestation, *n.f.*	demonstration	Demonstration	acto	manifestação
143	mausolée, *n.m.*	mausoleum	Mausoleum	mausoleo	mausoléu
75	mayonnaise, *n.f.*	mayonnaise	Mayonnaise	mayonesa	maionese
93	mélanger, *v.*	to mix	mischen	mezclar	misturar
81	menu, *n.m.*	set menu	Menü	menu	ementa
47	message, *n.m.*	message	Nachricht	mensaje	mensagem
133	message publicitaire	advertisement	Werbemitteilung	mensaje publicitario	mensagem publicitária
161	métropole, *n.f.*	metropolis	Mutterland	metrópolis	metrópole
81	mets, *n.m.*	dish	Speise	plato	iguaria
93	mijoter, *v.*	to simmer	lange kochen lassen	cocer a fuego lento	cozer a fogo brando
143	millénaire, *n.m.*	millennium	Jahrtausend	milenario	milenar
66	mode de paiement	method of payment	Zahlungsart	forma de pago	modo de pagamento
25	modification, *n.f.*	modification	Änderung	modificación	modificação
25	modifier, *v.*	to modify	ändern	modificar	modificar
87	moelleux, *adj.*	mellow	weich	suave	macio
143	monastère, *n.m.*	monastery	Kloster	monasterio	mosteiro
127	moniteur (-trice), *n.*	instructor	Sportlehrer(in)	monitor (-ra)	monitor (-ra)
155	monoculture, *n.f.*	single-crop farming	Monokultur	monocultivo	monocultura
155	monstre, *n.m.*	monster	Monster	monstruo	monstro
66	montant, *n.m.*	total amount	Betrag	importe	montante
133	monument, *n.m.*	monument	Bauwerk	monumento	monumento
143	mosquée, *n.f.*	mosque	Moschee	mezquita	mesquita
35	motel, *n.m.*	motel	Motel	motel	motel
93	moule, *n.m.*	mould	Form (Back-)	molde	forma
87	mousseux, *adj.*	sparkling	schäumend	espumoso	espumoso
143	Moyen-Age, *n.m.*	Middle Ages	Mittelalter	Edad Media	Idade Média
133	moyens promotionnels	promotional methods	verkaufsfördernde Mittel	medios de promoción	meios promocionais
143	muraille, *n.f.*	high wall	Mauer	muralla	muralha
133	musée, *n.m.*	museum	Museum	museo	museu

N

19	navette, *n.f.*	shuttle	Zubringerbus	autobús	autocarro
25	navire, *n.m.*	ship	Seeschiff	navío	navio
149	nef, *n.f.*	nave	Schiff	nave	nave
115	nettoyage, *n.m.*	cleaning	Reinigung	limpieza	limpeza
41	non compris	not included	nicht inbegriffen	no incluido	não compreendido
13	non fumeur	non-smoker	Nichtraucher	no fumador	não fumador
66	note, *n.f.*	bill	Rechnung	nota	nota
144	note d'information	memorandum	Mitteilung	nota de información	nota informativa

O

75	oeuf, *n.m.*	egg	Ei	huevo	ovo
133	office de tourisme, *n.m.*	tourist office	Touristeninformation	oficina de turismo	oficio de turismo
133	offre spéciale	special offer	Sonderangebot	oferta especial	oferta especial

143	opéra, *n.m.*	opera	Oper	ópera	ópera
53	option, *n.f.*	option/extra	Vorverkaufsrecht	opción	opção
121	organiser, *v.*	to organise	organisieren	organizar	organizar
115	ouverture, *n.f.*	opening	Öffnung	apertura	abertura

P

143	pagode, *n.f.*	pagoda	Pagode	pagoda	pagode
25	paiement, *n.m.*	payment	Zahlung	pago	pagamento
143	palais, *n.m.*	palace	Palast	palacio	palácio
25	paquebot, *n.m.*	liner	Passagierdampfer	buque	paquete
143	parc, *n.m.*	park	Park	parque	parque
115	parking, *n.m.*	car park	Parkplatz	aparcamaiento	estacionamento
115	parking couvert	covered car park	überdachter Parkplatz	aparcamiento cubierto	estacionamento coberto
115	parking payant	paying car park	gebührenpflichtiger Parkp.	zona azul	estacionamento pago
59	participer à, *v.*	to take part in	teilnehmen an	participar en	participar de
13	partir, *v.*	to leave	abfahren	salir	partir
143	parvis, *n.m.*	square (in front of church)	grosser Platz	plaza	adro
143	passage, *n.m.*	passage	Durchgang	pasaje	passagem
25	passager, *n.m.*	passenger	Passagier	pasajero	passageiro
19	passeport, *n.m.*	passport	Reisepass	pasaporte	passaporte
59	passionné(e) de ..., *adj.*	crazy about	begeistert von	apasionado (-da) por ...	apaixonado(a) por
75	pâtisserie, *n.f.*	cakes	Gebäck	pasteles	pásteis
155	paturage, *n.m.*	grazing	Weide	pasto	pasto
143	pavillon, *n.m.*	house	Pavillon	pabellón	casa
66	payer, *v.*	to pay	zahlen	pagar	pagar
41	pension complète	full-board	Vollpension	pensión completa	pensão completa
87	pétillant, *adj.*	sparkling	spritzig	espumoso	espumante
41	petit-déjeuner, *n.m.*	breakfast	Frühstück	desayuno	pequeno-almoço
47	petite annonce, *n.f.*	small ad	Kleinanzeige	anuncio	pequeno anúncio
59	piano bar, *n.m.*	piano bar	Bar mit Pianist	piano bar	piano-bar
149	pilier, *n.m.*	pillar	Pfeiler	pilar	pilar
93	pincée, *n.f.*	pinch	Messerspitze	pizca	pitada
13	place, *n.f.*	seat	Platz	asiento	assento
115	places (à deux ...)	sleeps two	mit zwei Plätzen	personas (de dos ...)	de dois lugares
133	plan, *n.m.*	street map	Plan	plano	mapa
115	plaque chauffante, *n.f.*	hot plate	Kochplatte	placa (radiador)	placa eléctrica para cozer
93	plat, *n.m.*	dish	Platte	fuente	prato
75	plat chaud	hot dish	warme Speise	plato caliente	prato quente
81	plat garni	dish served with vegetables	Gericht mit Beilagen	plato con guarnición	prato guarnecido
81	plat principal	main course	Hauptgericht	segundo plato	prato principal
13	plein tarif, *adj.*	full fare	voll Tarif	tarifa completa	tarifa plena
161	PME (petite et moyenne entreprises), *n.f.pl.*	small and medium-sized companies	mittlere und kleinere Betriebe	pequeñas y medianas empresas	pequenas e médias empresas
93	pocher, *v.*	to poach	pochieren	escalfar	escalfar
93	poêle, *n.f.*	frying pan	Pfanne	sartén	frigideira
93	poêler, *v.*	to fry	braten	pasar por la sartén	cozer numa frigideira fechada
81	point (à ...)	medium	medium	en su punto	a ponto
81	poisson, *n.m.*	fish	Fisch	pescado	peixe
93	poivre, *n.m.*	pepper	Pfeffer	pimienta	pimenta
155	polyculture, *n.f.*	mixed farming	Mischkultur	policultivo	policultura
143	pont, *n.m.*	deck	Deck	puente	ponte
25	pont, *n.m.*	bridge	Brücke	puente	ponte
149	porche, *n.m.*	porch	Tor	porche	pórtico
25	port, *n.m.*	port	Hafen	puerto	porto
149	portail, *n.m.*	portal	Torbogen	pórtico	portal
143	porte, *n.f.*	door, gate	Tür	puerta	porta
19	porte (d'embarquement)	(departure) gate	Abflugstür	puerta	porta
75	portion, *n.f.*	portion	Portion	porción	porção
81	potage, *n.m.*	(thick) soup	Gemüsesuppe	sopa	caldo
75	poulet rôti	roast chicken	gebratenes Hähnchen	pollo asado	frango assado
59	pratiquer, *v.*	to practise	ausüben	practicar	praticar
59	préférer, *v.*	to prefer	vorziehen	preferir	preferir

13	première classe	first class	Erster Klasse	primera clase	primeira-classe
81	prendre le menu à x... f	to take the menu at x... francs	das Menü zu x..f nehmen	elegir el menu de x... f	escolher a ementa a x...f
93	préparation, n.f.	preparation	Vorbereitung	preparación	preparação
66	prestation, n.f.	service	Leistung	prestación	serviço
35	prestigieux, adj.	prestigious	hervorragend	prestigioso	de prestígio
155	production, n.f.	production	Produktion	producción	produção
59	projection diapos	slide show	Diavorführung	proyección de diapositivas	projeção de diapositivos
109	promenade, n.f.	walk	Spaziergang	paseo	passeio
133	promotion, n.f.	promotion	Förderung	promoción	promoção
133	promouvoir, v.	promote	fördern	promover	promover
155	prospère, adj.	prosperous	gutgehend	próspero	próspero
128	publipostage, n.m.	mailshot	Wurfsendung	mailing	publicidade por via postal
143	pyramide, n.f.	pyramid	Pyramide	pirámide	pirâmide

Q

143	quai, n.m.	platform	Bahnsteig	andén	cais
13	quai, n.m.	embankment	Kai	muelle	cais
75	quart de vin	quarter-litre carafe of wine	Viertel Wein	cuarto de vino	um quarto de litro de vinho
143	quartier, n.m.	neighbourhood	Viertel	barrio	bairro

R

155	raconter, v.	to tell	erzählen	contar	contar
87	rafraîchir, v.	to chill	erfrischen	enfriar	esfriar
93	râper, v.	to grate	reiben	rallar	ralar
66	rappeler à l'ordre	to call to order	zur Ordnung rufen	llamar al orden	chamar à ordem
35	réception, n.f.	reception	Rezeption	jefe de recepción	recepção
35	réceptionnaire, n.	head of reception	Empfangschef	receptor	chefe de recepção
35	réceptionniste, n.	receptionist	Empfangschef	recepcionista	recepcionista
13	réduction, n.f.	reduction	Ermässigung	reducción	redução
115	réfrigérateur, n.m.	refrigerator	Kühlschrank	nevera	refrigerador
155	regain, n.m.	revival	Neubelebung	renovación	retomada
155	régional, adj.	regional	regional	regional	regional
66	règlement, n.m.	payment	Vorschrift	pago	pagamento
66	régler, v.	to pay	bezahlen	pagar	pagar
35	remarquable, adj.	remarkable	bemerkenswert	notable	notável
13	remboursement, n.m.	reimbursement	Rückzahlung	devolución	devolução
13	rembourser, v.	to reimburse	zurückzahlen	devolver	devolver
143	remonter à, v.	to date back to	zurückgehen auf	remontar a	remontar a
25	remorque, n.f.	trailer	Anhänger	remolque	reboque
143	Renaissance, n.f.	Renaissance	Renaissance	Renacimiento	Renascimento
35	renommé, adj.	renowned	von guten Ruf	célebre	célebre
35	rénové, adj.	renovated	renoviert	renovado	renovado
109	repos, n.m.	rest	Ruhe	descanso	repouso
87	reposer (laisser ...)	to let stand (wine)	ruhen lassen	reposar (dejar ...)	deixar em repouso
13	réservation, n.f.	reservation	Reservierung	reserva	reserva
13	réserver, v.	to reserve	reservieren	reservar	reservar
115	résidence, n.f.	residential flats	Luxusvilla	residencia	residência
127	responsable local	local person in charge	örtlicher Verantwortliche	responsable local	responsável local
35	restaurant, n.m.	restaurant	Restaurant	restaurante	restaurante
103	restaurant gastronomique	gastronomic restaurant	gastronomisches Restaurant	restaurante gastronómico	restaurante gastronómico
81	restaurateur, n.m.	restaurant owner	Wirt	dueño de un restaurante	dono de restaurante
13	retard, n.m.	delay	Verspätung	retraso	atraso
13	retour, n.m.	return journey	hin und zurück	vuelta	volta
81	revenu à la poêle	browned	angebraten	pasado por la sartén (carne)	(carne) tostada na frigideira
167	* revue grand-public	general interest magazine	Zeitschrift	revista para público en general	revista de grande circulação

	French	English	German	Spanish	Portuguese
167	* revue professionnelle	trade journal	Fachzeitschrift	revista profesional	revista especializada
149	rosace, n.f.	rose window	Fensterrose	rosetón	rosácea
81	rôti, adj.	roasted	gebraten	asado	assado
75	rôti (de veau), n.m.	roast veal	Braten (Kalb)	asado (de ternera)	assado de vitela
115	rôtissoire, n.f.	(roasting) spit	Grill	asador	assadeira
143	ruines, n.f.pl.	ruins	Ruinen	ruinas	ruínas

S

	French	English	German	Spanish	Portuguese
13	S.N.C.F. (Société Nationale des Chemins de fer Français)	National French Railway Company	Staatliche französische Eisenbahn	sociedad nacional de ferrocarriles	Sociedade Nacional dos Caminhos de Ferro Frances
75	sachet, n.m.	sachet	Tüte	saquito	saquinho de chá
81	saignant, adj.	rare	blau	poco hecho	em sangue
93	saisir, v.	to seal	anbraten	soasar	expor imediatamente ao lume (carne)
115	saison (en basse ... / B.S.)	in the low season	Vorsaison	temporada baja	em baixa estação
115	saison (en haute ... / H.S.)	in the high season	Hauptsaison	temporada alta	em alta estação
115	saison (en moyenne ... / M.S.)	in the mid-season	Zwischensaison	temporada media	em média estação
75	salade, n.f.	green salad	Salat	ensalada/lechuga	salada
81	salade (en ...), n.f.	in a salad	als Salat	en la ensalada	na salada
13	salle, n.f.	room	Saal	sala	sala
115	salle d'eau, n.f.	shower room	Waschraum	aseo	casa de banho
41	salle de bains, n.f.	bathroom	Badezimmer	cuarto de baño	quarto de banho
149	salon, n.m.	drawing room	Wohnzimmer	salón	salão
81	sauce (en ...)	(with) sauce	Sosse (mit...)	salsa (en ...)	em molho
93	sauter (faire ...)	to sauté	braten	saltear	saltear
87	sec, adj.	dry	trocken	seco	seco
13	seconde classe	second class	Zweiter Klasse	segunda clase	segunda-classe
115	séjour, n.m.	stay	Aufenthalt	estancia	estadia
115	séjour (pièce principale), n.m.	living room	Wohnzimmer	sala de estar	sala
103	séjour à forfait	package holiday	Pauschalaufenthalt	estancia global	estadia a preços reduzidos
115	séjourner, v.	to stay	sich aufhalten	quedarse	deter-se em algum lugar
93	sel, n.m.	salt	Salz	sal	sal
35	séminaire, n.m.	seminar	Seminar	seminario	seminário
81	serveur (-euse), n.	waiter (-tress)	Bedienung	camarero (-ra)	empregado(a) de mesa
143	siècle, n.m.	century	Jahrhundert	siglo	século
143	siège de, n.m.	seat of	Sitz von	sede de	local de
143	site, n.m.	site	Stätte	emplazamiento	sítio
115	situation, n.f.	situation	Lage	situación	situação
35	situer	to situate	liegen	situar	situar-se
59	socialisation, n.f.	socialisation	Sozialisierung	socialización	socialização
75	soda, n.m.	fizzy drink	Soda	soda	soda
35	soigner, v.	to take care over	pflegen	cuidar	cuidar
59	soirée, n.f.	party	Abend	velada	noitada
103	solarium, n.m.	solarium	Solarium	solario	solário
66	solde, n.m.	balance	Restposten	saldo	saldo
53	solder, v.	to pay the balance	gutschreiben	pagar	pagar
81	sommelier, n.m.	wine waiter	Weinkellner	sommelier	copeiro
59	souhaiter, v.	to wish	wünschen	desear	desejar
81	soupe, n.f.	soup	Suppe	sopa	sopa
35	souriant, adj.	smiling	lächelnd	sonriente/alegre	sorridente/alegre
81	sous vide	vacuum packed	luftdicht	en vacío	a vácuo
93	spatule, n.f.	spatula	Spachtel	espátula	espátula
59	sportif (-ve) chevronné (-e)	practised sportsman/ woman	erfahrener Sportler	deportista experimentado (-da)	atleta laureado (-da)
75	steak, n.m.	steak	Steak	filete	bife
19	steward, n.m.	steward	Steward	aeromozo	comissário-de-bordo
115	studio, n.m.	studio	Einzimmerappartement	estudio	apartamento de um cómodo
41	suite, n.f.	suite	Suite	suite	suite
13	supplément, n.m.	supplement	Zuschlag	suplemento	suplemento
35	sympathique, adj.	nice	sympathisch	agradable	simpático
133	syndicat d'initiative	tourist office	Fremdenverkehrsamt	oficina de turismo	orgão promotor de turismo

T

13	T.G.V. (Train à Grande Vitesse)	high-speed train	Höchstgeschwindigkeitszug	tren de gran velocidad	trem de grande velocidade
115	taie, *n.f.*	pillow slip	Kopfkissenbezug	funda de almohada	fronha
149	tapis, *n.m.*	carpet	Teppich	alfombra	tapete
149	tapisserie, *n.f.*	tapestry	Wandteppich	tapicería	tapeçaria
13	tarif, *n.m.*	fare	Tarif	tarifa	tarifa
19	taxe d'aéroport	airport tax	Flughafengebühr	tasa de aeropuerto	taxa de aeroporto
25	taxe de modification	modification charge	Änderungszuschlag	tasa de modificación	taxa de modificação
115	taxe de séjour	tourist tax	Kurtaxe	impuesto de estancia	taxa de estadia
155	technopole, *n.f.*	centre for hi-tech industries	Technopol	centro tecnológico	centro tecnológico
60	télécopie, *n.f.*	facsimile	Telekopie	fax	telécopia
13	télex, *n.m.*	telex	Telex	télex	telex
143	temple, *n.m.*	temple	Tempel	templo	templo
109	temps libre	free time	Freizeit	tiempo libre	tempo livre
19	temps universel (T.U.)	universal time	Weltzeit	tiempo universal	tempo universal
66	tenir à jour	to keep up to date	auf dem laufenden halten	tener al día	manter em dia
13	terminal (d'ordinateur)	(computer) terminal	Terminal	terminal (de ordenador)	terminal de computador
19	terminal, *n.m.*	terminal	Terminal	terminal	terminal
115	terrasse, *n.f.*	terrace	Terrasse	terraza	terraço
143	théâtre, *n.m.*	theatre	Theater	teatro	teatro
143	thermes, *n.m.pl.*	thermal baths	Thermen	termas	termas
13	titre de transport	ticket	Fahrschein	billete	bilhete
115	toilettes, *n.f.pl.*	toilet	Toilette	aseo	sanitários
143	tombe, *n.f.*	grave	Grab	tumba	tumba
143	tombeau, *n.m.*	tomb	Grabmal	tumba	túmulo
66	total, *n.m.*	total	gesamt	total	total
149	tour, *n.f.*	tower	Turm	torre	torre
59	tournoi, *n.m.*	tournament	Turnier	torneo	torneio
100	tour opérateur (TO)	tour operator	Tour Operator	organizador de tours	organizador de viagens
35	traditionnel, *adj.*	traditional	traditionell	tradicional	tradicional
13	train, *n.m.*	train	Zug	tren	comboio
75	tranche, *n.f.*	slice	Scheibe	loncha	fatia
81	tranches (en ...)	(in) slices	Scheiben (in...)	lonchas (en ...)	em fatias
149	transept, *n.m.*	transept	Querschiff	transepto	transepto
103	transfert, *n.m.*	transfer	Transfer	traslado	transferência
19	transit, *n.m.*	transit	Durchreise	tránsito	trânsito
103	transporteur, *n.m.*	carrier	Spediteur	transportista	transportador
25	traversée, *n.f.*	crossing	Überfahrt	travesía	travessia
149	tribune, *n.f.*	gallery	Empore	tribuna/púlpito	tribuna

U

155	usine, *n.f.*	factory	Werk	fábrica	usina
143	utilisé pour	used for	gebraucht für	utilizado por	utilizado por

V

59	vacanciers, *n.m.pl.*	holidaymakers	Urlauber	personas de vacaciones	pessoas em férias
19	vaccination, *n.f.*	vaccination	Impfung	vacuna	vacinação
25	valable, adj.	valid	gültig	válido	válido
25	validité, *n.f.*	validity	Gültigkeit	validez	validade
81	vapeur (à la ...)	steamed	Dampf	al vapor	no vapor
25	véhicule tracté	towed vehicle	gezogenes Fahrzeug	vehículo remolcado	veículo rebocado
47	veilleur de nuit	night porter	Nachtwächter	recepcionista de noche	guarda-nocturno
155	verger, *n.m.*	orchard	Obstgarten	huerto	pomar
81	verre, *n.m.*	glass	Glas	vaso	copo

25	versement, *n.m.*	payment	Einzahlung	ingreso/pago	pagamento/depósito
53	verser, *v.*	to pay	bezahlen	ingresar/pagar	pagar
87	verser, *v.*	to pour	einschenken	servir	virar
81	viande, *n.f.*	meat	Fleisch	carne	carne
155	vignoble, *n.m.*	vineyard	Weinberg	viñedo	vinhedo
115	villa (en bord de mer)	(seaside) villa	Villa (am Meer)	villa	vivenda
143	villa, *n.f.*	villa	Villa	villa	vila
115	village de vacances	holiday village	Feriendorf	pueblecito de vacaciones	aldeia de férias
75	vin, *n.m.*	wine	Wein	vino	vinho
81	vinaigrette (à la ...)	(with) French dressing	Vinaigrette (mit...)	vinagreta (a la ...)	em molho de vinagre
87	vin blanc	white wine	Weisswein	vino blanco	vinho branco
87	vin mousseux	sparkling wine	Sekt	vino espumoso	vinho espumoso
87	vin rosé	rosé (wine)	Rosé Wein	vino rosado	vinho rosé
87	vin rouge	red wine	Rotwein	vino tinto	vinho tinto
66	virement bancaire	credit transfer	Banküberweisung	giro bancario	depósito bancário
66	virement C.C.P.(compte chèque postal)	giro transfer	Postüberweisung	giro postal	depósito em conta de cheque postal
19	visa, *n.m.*	visa	Visum	visado	visto
109	visite, *n.f.*	visit	Besuch	visita	visita
59	visiter, *v.*	to visit	besichtigen	visitar	visitar
149	vitrail, *n.m.*	stained glass window	Fenster	vidriera	vitral
13	voiture, *n.f.*	carriage	Wagen	coche	carruagem
13	voiture-bar	buffet car	Barwagen	coche bar	carruagem-bar
13	voiture-restaurant	dining car	Speisewagen	coche restaurante	carruagem-restaurante
47	voiturier, *n.m.*	coachman	Portier	cochero	carreteiro
19	vol, *n.m.*	flight	Flug	vuelo	voo
19	(vol) charter	charter flight	Charter	charter	"charter"
19	vol régulier	scheduled flight	Linienflug	vuelo regular	voo regular
81	volaille, *n.f.*	poultry	Geflügel	aves	ave
66	voucher, *n.m.*	voucher	Wechsel	vale	bónus
149	voûte, *n.f.*	vault	Gewölbe	bóveda	abóbada
13	voyage, *n.m.*	journey	Reise	viaje	viagem
13	voyageur, *n.m.*	passenger	Reisender	viajero	viajante
103	voyagiste, *n.m.*	tour operator	Reiseunternehmen	organizador de tours	organizador de viagens

W

115	W.C. séparés	separate toilet	W.C. separat	aseo	sanitários separados
13	wagon-lit, *n.m.*	sleeper	Schlafwagen	coche cama	vagão-leito

Z

155	zone artisanale	craft industry area	Gebiet mit handwerkl. Betrieben	zona artesanal	zona de artesanato
155	zone industrielle	industrial area	Industriegebiet	zona industrial	zona industrial

TABLE DES MATIÈRES

Table des illustrations et des documents

Photos : D. Besson / REA : 8 ■ DIAF / J. Ch. Pratt - D. Pries : 171 ; Bernard Régent : 177 ■ Hervé Donnezan : 201 ■ M.H. : 183 ■ Office du tourisme et des congrès de Paris : 157 ■ PIX - D.P.A. : 189 ■ Rapho / Ciccione : 117 ; De Sazo : 139 ; Henri de Châtillon : 195 ; F. Le Diascorn : 159, 165 ; Marc Tulane : 142 (bg) ■ Sealink SNAT, Le «Fiesta» : 7 ■ Thomas Craig / REA : 142 (bd).

Presse : *Courrier international* (n° 26, 2 mai 1991) : 179 ■ *L'Officiel des congrès et du tourisme d'affaires* (n° 137, nov.-déc. 1990) : 166 ■ *7 à Paris* (mars 1985) : 72 ■ *Tourhebdo* : 135 (hd-bd).

Extraits documents : Aéroports de Paris (ADP) : 15, 20 ■ Air France / Air Inter : 7, 16 ■ Café Philippe, 17, boulevard des Capucines, Paris : 77, 79, 83 ■ Printemps Haussmann : 138 ■ Sealink SNAT : 27 ■ SNCF : 6, 8, 9, 10, 11, 12, 27 ■ Syndicats d'initiative : Annonay : 131 ; Beaune : 145 ; Grenoble : 153 ; Lyon : 141 ; Montélimar, Saint-Malo : 131 ; Senlis : 129 ; Vaison-la-Romaine : 131 ■ «Visit France Gastronomie» : 95.

Extraits de catalogues : C.I.T. Sicile Évasion : 99, 101 ■ CLIO voyages culturels (1991) : 164 ■ Club A3 (séjours de langues) : 123, 125 ■ Coditour : 119 ■ Cofitel : 113 ■ Eldorador - Jet Tours (été 1985) : 57 ■ FRAM : 181, 182 ■ France Accueil (1991) : 31, 32, 36 ■ Le Guide de l'Étudiant (1991) : 135 (g) ■ Horizons européens (1984) : 105 ■ Mapotel / Best Western (1985) : 28, 33 ■ SIP voyages : 180 ■ Terres d'aventure (1991) : 185 ■ Le Tourisme français : 98.

Droits réservés pour les photos et documents des pages : 5, 9, 21, 24, 28, 29, 37, 43 (Saint-Malo), 55, 58, 61, 68, 69, 87, 89, 91, 94, 97, 100, 111, 136, 137, 145, 147, 151.

Couverture : Gilles Vuillemard ; photo : HOA-QUI / M. Renaudeau.
Conception graphique : Gilles Vuillemard.
Maquette : Françoise Crozat.
Secrétaire d'édition : Hélène Gonin.
Recherche iconographique : Nicole Laguigné.

Imprimé en France par I.M.E. - 25110 Baume-les-Dames
Dépôt légal n° 1597-11/1995
Collection n° 27 - Edition n° 03
15/4867/6